ERP 沙盘模拟应用教程

王保安　张春平　王翠兰 ◎主编

中国书籍出版社
China Book Press

本书编委会

主　编　王保安　张春平　王翠兰

副主编　时小荣　王永娟　左婧楠　焦珊珊

编　委　薛晓林　游玉庆　郭栓富　曹若霈

目录
CONTENTS

第一章　ERP 沙盘模拟概述 ·· 1

　　第一节　ERP 沙盘模拟课程简介 ·· 1

　　第二节　ERP 沙盘模拟的起源与应用 ·· 11

　　第三节　相关会计知识 ·· 14

第二章　手工沙盘规则及运营 ·· 19

　　第一节　手工沙盘盘面与主要角色分工 ··· 19

　　第二节　模拟企业概况与初始状态设定 ··· 24

　　第三节　市场规则与企业运营规则 ·· 34

第三章　ERP 沙盘模拟相关企业管理知识 ··· 63

　　第一节　企业战略管理 ·· 63

　　第二节　市场营销管理 ·· 76

　　第三节　企业财务管理 ·· 88

　　第四节　企业生产管理 ·· 95

　　第五节　企业采购管理 ·· 97

　　第六节　企业人力资源管理及团队建设 ··· 102

第四章　ERP 电子沙盘运营规则 ·· 109

　　第一节　ERP 电子沙盘简介 ··· 109

　　第二节　运营规则简介 ·· 111

　　第三节　筹资活动规则 ·· 115

　　第四节　投资活动规则 ·· 116

　　第五节　生产管理规则 ·· 121

　　第六节　市场管理规则 ·· 123

第七节　综合费用和税金 …………………………………………… 126

　　第八节　经营业绩综合评价 ………………………………………… 128

第五章　模拟企业概况 ………………………………………………… 132

　　第一节　模拟企业简介 ……………………………………………… 132

　　第二节　模拟企业的主要角色及职责分工 ………………………… 133

　　第三节　模拟企业的财务状况 ……………………………………… 138

　　第四节　P系列产品的市场预测 …………………………………… 145

第六章　ERP电子沙盘模拟运营实战 ………………………………… 151

　　第一节　系统初始操作 ……………………………………………… 151

　　第二节　企业运营流程与操作 ……………………………………… 154

　　第三节　新商战"三表"编制与提交 ……………………………… 175

第七章　ERP电子沙盘实战案例分析 ………………………………… 179

　　第一节　实战前准备 ………………………………………………… 179

　　第二节　制订企业战略及经营策略 ………………………………… 180

　　第三节　6年经营实战演练 ………………………………………… 182

　　第四节　模拟经营结果分析 ………………………………………… 190

第八章　ERP沙盘模拟经营心得和总结 ……………………………… 213

附录1　实训报告 ………………………………………………………… 233

附录2　沙盘模拟应用表 ………………………………………………… 234

附录3　2017年河南省高职组沙盘省赛竞赛规则 ……………………… 258

附录4　2018年黑龙江省职业院校学生技能大赛（高职组）沙盘模拟经营赛项

　　　………………………………………………………………………… 270

参考文献 ………………………………………………………………… 281

第一章 ERP沙盘模拟概述

章前导读

ERP沙盘模拟培训源自西方军事上的战争沙盘模拟推演。最早的沙盘是基于战争中指挥部队作战的需要，根据实地的地形、地貌及双方军事装备的部署情况按一定比例缩小而成的，通过模拟推演红、蓝两军在战场上的对抗与较量，发现双方战略、战术上存在的问题以提高指挥员的作战能力。这种方法在军事上获得了极大的成功，被世界各国普遍应用。商场如战场，英、美知名商学院和管理咨询机构意识到这种方法同样适用于企业管理人才的培养，最终开发出了企业沙盘实战模拟培训这一新型现代化教学模式。

ERP是英文Enterprise Resource Planning（企业资源计划）的缩写。ERP沙盘体现了ERP的核心管理思想，ERP沙盘模拟采用沙盘情景教学模式，通过游戏模拟展示企业经营和管理的全过程，其体验式教学方式成为继传统教学及案例教学之后教学创新的典范。

教学目标

1. 了解和掌握ERP沙盘模拟的含义及特点。
2. 了解ERP沙盘模拟教学方式。
3. 了解ERP沙盘模拟教学意义。
4. 掌握ERP沙盘模拟的起源与应用等内容。

第一节 ERP沙盘模拟课程简介

ERP？沙盘？模拟？ERP沙盘模拟？看到这个书名，大家往往会疑惑：这是一门什么课？在这一小节里，首先让我们熟悉这些概念，理解"ERP沙盘模拟"所蕴涵的内容，了解学习这门课程能够从哪些方面获益，并掌握其中的精髓。

一、ERP沙盘模拟的含义

管理学大师彼得·德鲁克说："管理是一种实践，其本质不在于知，而在于行；其验证不在于逻辑，而在于成果；其唯一权威就是成就。"从中可见管理实践教学的重要性，但是多年来一直缺乏有效的教学手段。

ERP有四个含义：第一，ERP是一个先进的管理思想；第二，ERP是一个复杂的管理信息系统；第三，ERP是一个复杂的系统工程；第四，ERP是一个大型软件。它实现零库存、准时制生产，通过大量科学计算，提高效率，使企业资源达到最合理的配置，从而将企业的效能发挥到极致。

ERP沙盘模拟是在充分调研了ERP培训市场需求的基础上，汲取了国内外咨询公司和培训机构的管理训练课程的精髓而设计的企业经营管理实训课程。新道新商战沙盘系统（以下简称"新商战沙盘"）是一款针对财经商贸类专业教学而设计的企业经营管理综合模拟实训系统。企业经营管理综合模拟实训是指在训练过程中，由4~5名左右学员组成一个团队合作完成一个制造型企业，从建厂、投入生产到正常运营经历完整的六年模拟企业运营任务。

新商战沙盘是在针对财经商贸类专业人才培养方案确定的人才培养目标指导下，进行辅助专业课程学习或专业技能训练的实训课程。

新商战沙盘针对总经理（CEO）、财务总监（CFO）、市场总监（CMO）、生产总监（COO）、采购总监（CPO）等岗位，以生产制造型企业运营全过程的管理作为训练内容，通过模拟六年完整的企业运营全过程，训练生产管理、采购管理、营销管理、财务管理、战略管理等方面的实训任务，把企业运营所处的内外部环境抽象为一系列的规则，由学习者组成6~10个相互竞争的模拟企业，通过模拟企业数年的经营，让学习者在分析市场、制定战略、组织生产、财务管理等一系列活动中，领悟科学的管理规律，全面提升管理能力。

（一）ERP沙盘模拟教学的特点

ERP沙盘模拟教学不同于一般的以理论和案例为主的课程，它是一种融角色扮演、案例分析和专家诊断为一体，充分体现"学生学为主，教师教为辅"的全新的教学方式。通过直观的沙盘方式模拟企业实际的运行状况，使学生在完成企业各项经营活动的实验过程中体验成败，总结得失，掌握经营管理技巧，把握科学的管理规律，同时激发学生的学习热情，锻炼其全局观念以及战略规划能力。总而言之，这种创新形式的实验教学有着非常鲜明的知识性、趣味性、综合性、实战性、竞争性、有效性等特点。

1. 知识性

在ERP沙盘模拟中，学生担任不同的岗位角色，在沙盘上模拟演练企业的商业运作，在实际参与中学习，获得高层次、多方面的经验性知识。这种知识的获取直接来自于学生的实际操作，与教师的间接讲解相比更具自主性，印象会更加深刻，实践应用效果也要好很多，难怪有学生感慨："这几天的收获比过去四年都要多。"

2. 趣味性

一般的以理论为主的企业管理类课程都相对比较枯燥乏味，尽管中间会加入一些案例分析，但始终都是以教师的主导教学为主，学生的学习兴趣难以被真正调动起来。在这一点上，ERP 沙盘模拟则明显不同，与其说它是一种教学方式，倒不如说它是一种以游戏方式模拟现实企业资源计划运作的活动，将纷繁复杂、抽象难懂的经营管理理论融入到生动有趣的教学体验中，真正做到寓教于乐，让学生快乐地学习。

3. 综合性

ERP 沙盘模拟这种教学方式，能够让学生在学习过程中感受企业的经营现状。在实验中，会遇到在企业经营中经常出现的各种典型问题，这些问题几乎涵盖了企业运营的所有关键环节，学生们必须共同分析问题、寻找机遇、制定决策并组织实施计划，这极大地提高了学生的综合素质。

4. 实战性

在 ERP 沙盘模拟课程中，每组同学要亲自经营一家资产雄厚、销售良好、运作正常的企业，每个学生以部门主管的身份参与所属企业的经营活动。面对同行竞争、市场单一、资金不足、产品老化等困境，企业要如何保持成功并不断成长，是每位同学面临的重大挑战。学生们身临其境，真实感受模拟中的火热实战气氛，进而认识到企业经营的精彩与残酷，体验承担责任的乐趣与艰辛。

5. 竞争性

在 ERP 沙盘模拟中，学生被分成若干团队，分别接管初始状况完全相同的若干个企业，构成相互竞争的统一市场。在后续若干年的经营过程中，面对同样的市场规则和潜在机会，各个团队需使出浑身解数，在占领市场、获取资源、争夺订单及赢得利润等方面进行较量。由于各团队采用的经营手段不尽相同，其结果也会明显分化，最终呈现出完全不同的状况——有的企业危机四起、破产出局，有的企业勉强支撑、举步维艰，有的企业则脱颖而出、赢得优势。学生们从中可以真正体会到商场竞争的惨烈和企业经营之不易。

6. 有效性

在传统的管理类教学过程中，学生会产生许多的设想和理念，但是在绝大多数情况下这只能存在于头脑中而难以落实。在 ERP 沙盘模拟课程中，企业的基本组织构架、主要资源分布状况全部被展示在沙盘上，每个学生都被允许直接参与企业的模拟运作，平时积累的管理思想和经营理念得以充分展示，抽象的管理知识也以最直观的方式传输给学生，让学生对所学理论内容理解更透彻，记忆更深刻，把握更准确。同时，由于能够看到自己的经营决策所产生的立竿见影的实际效果，学生的潜能、才智更能得到充分发挥，学习的主动性更为高涨。

(二) ERP 沙盘模拟课程的教学内容

ERP 沙盘模拟课程涉及了诸多企业管理方面的知识，如企业整体战略、产品研发、生产排程、市场营销、财务管理（会计核算）、团队沟通与合作等多个方面，在本门课程中涉及的具体内容如下。

1. 整体战略方面

评估内部资源与外部环境，制定企业的长期和中短期经营策略；预测市场趋势及调整既定战略。

2. 产品研发方面

产品研发决策；修改研发计划，必要时甚至中断原项目计划。

3. 生产方面

选择获取生产能力的方式（购买或租赁）；设备更新与生产线改良；全盘生产流程调度决策，匹配市场需求、交货期、产品品种和数量及设备产能；库存管理以及产销配合。

4. 市场营销方面

市场开发决策；新产品开发、产品组合与市场定位决策；模拟在市场中短兵相接的激烈竞标过程；刺探同行商情，抢攻市场；建立并维护市场地位，必要时作出退出市场的决策。

5. 财务方面

制定投资计划；预测企业的长期资金和短期资金的需求，寻求资金来源；掌握资金的来源与用途，妥善控制成本；经营资金短缺前兆，争取以最佳方式筹措资金；分析财务报表、掌握报表重点与数据含义；运用债务指标进行内部诊断，协助 CEO 进行管理决策；如何利用有限资金扭亏为盈，并且争创高额利润；编制财务报表、结算投资报酬和评估决策效益。

6. 团队合作与沟通方面

实地学习如何在立场不同的各部门之间进行沟通协调；培养不同部门人员的共同价值观与经营理念；建立以整体利益为导向的团队协作组织。

(三) ERP 沙盘模拟教学方式

ERP 沙盘模拟课程将企业结构和管理的操作全部展示在模拟沙盘上，把复杂、抽象的经营管理理论以最直观的方式表现出来，让学生体验、学习，培养学生制订企业计划、实时控制、协调生产的能力，充分表现出团队对环境的应变能力。因为沙盘经营是 6~10 个团队模拟企业运作，每个团队都面临同行竞争、产品老化、市场单一化等重大挑战，如何根据自身的实际情况采取不同的应对策略；面对风云突变的市场与彼此竞争的企业，如何才能在市场竞争中立于不败之地，就需要我们团队中的同学各尽其职，树立现代化企业经营管理的理念，具备现代企业要求的企业精神。

1. 体验式的教学方式

ERP 沙盘模拟课程将理论与实践融为一体，能让学生将自己的想法和经营理念在企业模拟经营中进行充分验证，通过亲自动手模拟企业运营，将角色扮演与岗位体验集于一身，使每一位学生都完全融入到实训中，各尽其职、各尽其责，体验企业经营管理过程，在参与、体验中完成从知识到技能的转化。这种体验式教学方式完全不同于传统理论教学及案例教学，是教学方式的一大创新。

2. 实战性的教学方式

ERP沙盘模拟课程是让学生在参与中学习，这个学习过程接近企业的运行现状。在学习过程中，会经常遇到企业经营中出现的各种典型问题，学生们必须一起去寻找市场机会、分析规律、制定策略、实施全面管理，在各种决策成功或失败的体验中，学习管理知识，掌握管理技巧，提高管理素质。

3. 趣味性的教学方式

ERP沙盘模拟课程以其科学、简易、实用、趣味的设计为大家所关注，其体验式教学方式成为继传统教学及案例教学之后教学创新的典范。ERP沙盘模拟课程可以强化学习者的管理知识，训练其管理技能，全面提高学习者的综合素质。传统教育划分了多个专业方向，学习者只能择其一选修，专业壁垒禁锢了学习者的发展空间和思维方式，而ERP沙盘模拟课程则通过沙盘模拟增强了学习的趣味性，使枯燥的课程变得生动有趣。通过游戏过程可以激发参与者的竞争热情，让他们有学习的动力。

4. 互动式的教学方式

ERP沙盘模拟课程通过组织"沙盘模拟对抗演练—ERP理论学习—软件学习与操作—情景教学"等系列教学活动，将学生置身于企业的虚拟环境之中，并通过模拟企业的主要运作过程，使学生了解、认识企业所处的复杂多变的环境，熟悉企业的业务流程，亲身体验企业的团队建设、经营决策、经营管理、营销策略、企业间的竞争与协作关系等，变被动学习为主动学习，最大限度地调动学生的学习积极性，实现教与学的有机结合，形成教师与学生的良性互动。ERP沙盘模拟课程通过争取订单、购买原材料与设备、申请贷款、出售产成品等一系列的企业运作活动，促进教师与学生之间的互动。在互动过程中激发学生的学习热情，调动学生的学习兴趣，充分发挥学生的聪明才智，锻炼学生的应变能力和规划能力。

5. 综合性的教学方式

ERP沙盘模拟课程实际上是一门综合性课程，涉及整体战略、产品研发、设备投资改造、生产能力规划与排程、物料需求计划、资金需求计划、市场与销售、财务经济指标分析、团队沟通与建设等多个方面。ERP沙盘模拟课程对于开阔学生的视野、提高学生的综合素质等都具有重要意义，让学生在分析市场、制定战略、组织生产、整体营销和财务结算等一系列活动中体会企业经营运作的全过程，认识到企业资源的有限性，从而深刻理解ERP的管理思想，领悟科学的管理规律，提升管理能力。

可见，通过实战性的ERP沙盘模拟教学可以全面提高学生的综合素质，使学生树立共赢理念，亲自感受团队精神，体验全局观念，体会诚信、个性与职业定位等综合素质在企业中的重要性。

二、ERP沙盘模拟的重要性分析

沙盘模拟作为一种体验式的教学方式，是继传统教学及案例教学之后的一种教学创新。借助 ERP 沙盘模拟，可以强化学员的管理知识、训练管理技能、全面提高学员的综合素质。沙盘模拟教学融理论与实践于一体、集角色扮演与岗位体验于一身，可以使学员在参与、体验中完成从知识到技能的转化。

1. 多方位拓展知识体系

ERP 沙盘模拟通过对企业经营管理的全方位展现，通过模拟体验，可以使学员在以下几方面获益。

（1）战略管理

成功的企业一定有着明确的企业战略，包括产品战略、市场战略、竞争战略及资金运用战略等。从最初的战略制订到最后的战略目标达成分析，经过几年的模拟，经历迷茫、挫折、探索，学员将学会用战略的眼光看待企业的业务和经营，保证业务与战略的一致，在未来的工作中更多地获取战略性成功而非机会性成功。

（2）营销管理

市场营销就是企业用价值不断满足客户需求的过程。企业所有行为、所有资源，无非是要满足客户的需求。模拟企业几年中的市场竞争对抗，学员将学会如何分析市场、关注竞争对手、把握消费者需求、制订营销战略、定位目标市场，制订并有效实施销售计划，最终达成企业战略目标。

（3）生产管理

在模拟中，把企业的采购管理、生产管理、质量管理统一纳入到生产管理领域，那么新产品研发、物资采购、生产运作管理、品牌建设等一系列问题背后的一系列决策问题就自然地呈现在学员面前，它跨越了专业分隔、部门壁垒。学员将充分运用所学知识积极思考，在不断的成功与失败中获取新知。

（4）财务管理

在沙盘模拟过程中，团队成员将清晰掌握资产负债表、利润表的结构；掌握资本流转如何影响损益；解读企业经营的全局；预估长短期资金需求，以最佳方式筹资，控制融资成本，提高资金使用效率；理解现金流对企业经营的影响。

（5）人力资源管理

从岗位分工、职位定义、沟通协作、工作流程到绩效考评，沙盘模拟中每个团队经过初期组建、短暂磨合，逐渐形成团队默契，完全进入协作状态。在这个过程中，各自为战导致的效率低下、无效沟通引起的争论不休、职责不清导致的秩序混乱等情况，可以使学员深刻地理解局部最优不等于总体最优的道理，学会换位思考。明确只有组织中的全体成员有着共同愿景、朝着共同的绩效目标努力、遵守相应的工作规范、彼此信任和支持的氛围下，企业才能取得成功。

(6) 基于信息管理的思维方式

通过ERP沙盘模拟，使学员真切地体会到构建企业信息系统的紧迫性。企业信息系统如同飞行器上的仪表盘，能够时刻跟踪企业运行状况，对企业业务运行过程进行控制和监督，及时为企业管理者提供丰富的可用信息。通过沙盘信息化体验，学员可以感受到企业信息化的实施过程及关键点，从而合理规划企业信息管理系统，为企业信息化做好观念和能力上的铺垫。

2. 全面提高学员综合素质

ERP沙盘模拟作为企业经营管理仿真教学系统，还可以用于综合素质训练，使学员在以下方面获益。

(1) 树立共赢理念

市场竞争是激烈的，也是不可避免的，但竞争并不意味着你死我活。寻求与合作伙伴之间的双赢、共赢才是企业发展的长久之道。这就要求企业知彼知己，在市场分析、竞争对手分析上做足文章，在竞争中寻求合作，企业才会有无限的发展机遇。

(2) 全局观念与团队合作

通过ERP沙盘模拟对抗课程的学习，学员可以深刻体会到团队协作精神的重要性。在企业运营这样一艘大船上，CEO是舵手、CFO保驾护航、营销总监冲锋陷阵……在这里，每一个角色都要以企业总体最优为出发点，各司其责，相互协作，才能赢得竞争，实现目标。

(3) 保持诚信

诚信是一个企业的立足之本、发展之基。诚信原则在ERP沙盘模拟课程中体现为对"游戏规则"的遵守，如市场竞争规则、产能计算规则、生产设备购置以及转产等具体业务的处理。保持诚信是学员立足社会、发展自我的基本素质。

(4) 个性与职业定位

每个个体因为拥有不同的个性而存在，这种个性在ERP沙盘模拟中会显露无遗。虽然，个性特点与胜任角色有一定关联度，但在现实生活中，很多人并不是因为"爱一行"才"干一行"的。在学习组建团队时，笔者采取了学生自愿的基本原则，但也有个别学生没有如愿得到自己喜欢的角色。但是，这些学生最后却都得到了意外的收获，这说明在实际工作中并不只是要"爱一行，干一行"，更多的是需要大家"干一行，爱一行"，否则会因个人的喜好而影响工作的完成。

(5) 感悟人生

在学习中，学生性格特点的差异使ERP沙盘模拟课程异彩纷呈。有的团队轰轰烈烈，有的团队稳扎稳打，还有的团队则不知何去何从，学生个性能力的不同深深地渗透到企业的运营管理过程中。此外，学生还认识到做人的道理以及个性特点与角色胜任的关联性。在市场竞争的残酷与失败风险的面前，是轻言放弃还是坚持到底，这不仅是一个企业可能面临的问题，更是我们在人生旅途中常常需要做出的抉择。

3. 实现从感性到理性的飞跃

哲学是各门学科的基础，在ERP沙盘模拟对抗课程中，尤其是在ERP的思维理念中充分体现了"中庸之道"、"全局观念"、"稳扎稳打"、"出奇制胜"等哲学与军事理念。这也意味着在市场情况不明朗的情况下，不要去生产风险与投入太大的产品；同时做好各种准备，一旦其他企业已经证明某种产品利润可观，则迅速进入该产品市场。

在ERP沙盘模拟中，学员经历了一个从理论到实践再到理论的上升过程，把自己亲身经历的、宝贵的实践经验转化为全面的理论模型。学员借助ERP沙盘推演自己的企业经营管理思路，每一次基于现场的案例分析及基于数据分析的企业诊断，都会使学员受益匪浅，达到磨炼商业决策敏感度、提升决策能力及长期规划能力的目的。

三、ERP沙盘模拟课程的教学优势

ERP沙盘模拟课程现在正被各类院校的相关专业所认可和接受，该课程也因其主观性、动手操作性、团队合作性而深受学生的喜欢，已经成为高校经济管理类实践教学的首选课程。目前，许多学校为学生搭建了一个仿真的企业平台，通过实战方式培养了学生解决实际问题、思考、交流及团队协作等能力。

1. ERP沙盘模拟课程促进教学改革

以实践性教学改革作为高校教学改革的核心工作，已经成为教学改革的共识，那么如何落实实践性教学改革，如何把实践性教学改革引向深处，使培养的学生在就业越来越严峻的时代能够更好地就业，解决其生存问题，进而能够成就其职业生涯的发展，是现在进行实践性教学改革深化的探讨重点。ERP沙盘模拟课程改造、整合了职业课程和学术课程，使二者有机融合，增强了学术教育的职业性，有利于加强教育与学生未来工作之间的联系，提高学生的学习动力。目前，大家普遍认识到实践性教学的重要性，这是由它的职业性决定的，因此实践性教学方式有其独特的功能与价值。从这个意义上看，它的重要性超过了其他教学方式，也符合教学改革的核心，以实践教学改革为核心，突出应用性，从而体现高校的职业性，使教学课程内容服务于职业领域的岗位要求。

2. ERP沙盘模拟是一种全新的人才培养模式

ERP沙盘模拟课程是一种体验式的互动学习。企业结构和管理操作全部展示在模拟沙盘上，每个学生都能直接参与模拟的企业运作，体验复杂、抽象的经营管理理论。ERP沙盘模拟课程互动式的教学方式融角色扮演、案例分析和专家诊断于一体，充分体现了"以学为主，以教为辅"的全新教学方式。这种教学方式使学生在学习过程中接近企业实战，面对企业经营中经常出现的各种典型问题，学生可以从中发现问题、分析问题、制定决策并组织实施。体验式学习的过程极大地提高了学生学习的积极性和学习效率，学生的潜能也得到了激发。ERP沙盘模拟课程融理论与实践于一体、集角色扮演与岗位体验于一身的设计思路，通过模拟企业的经营，使学习者在分析市场、制定战略、组织生产、财务管理等一系列活动中，强化管理知识、训练管理技能，在参与、体验中完成了从知识到技能的转化，领悟科学的管理规律，全面提升管理能力。

3. ERP沙盘模拟课程可以在实战中培育精英

ERP沙盘模拟课程的教学提供真实的实战气氛，在实战中培育精英。它不同于一般的以理论和案例为主的管理课程，涉及整体战略、产品研发、设备投资改造、生产能力规划、物料需求计划、资金需求计划、市场与销售、财务经济指标分析、团队沟通与建设等多方面的内容。在成功与失败的体验中，学生学到了管理知识，掌握了管理技巧，感受到了管理真谛；同时，能启发学生进行换位思考，加强学生之间的沟通与交流，体验团队协作精神，从而全面提高学生经营管理的素质与能力。

四、ERP沙盘模拟在教学中的应用

1. ERP沙盘模拟的教学目的

ERP沙盘模拟课程综合运用了案例教学、模拟教学和角色扮演等教学方式，将抽象的企业管理过程模型化、可视化，极大地调动了学生参与的积极性。

ERP沙盘模拟学习内容可以帮助学习者更好地领会和掌握企业战略、运行的知识，提高经营管理能力，学习者可以有以下收获。

（1）亲身体验企业经营管理的完整流程，包括物流、资金流、信息流以及分工合作、知识管理、技能培训等人力资源管理的重要性。

（2）认知企业现金流控制的重要性，了解企业财务管理流程、融投资能力、资产回报率（ROA）、权益回报率（ROE）、速动比率等因素对绩效考核的作用。

（3）掌握企业在接受订单、原材料采购、生产、库存、销售等物流管理中相互协调以及产销排程、成本控制、JIT（看板管理）等的理论和方法。

（4）理解国际化进程、营销战略、需求预测、竞争环境的重要性，找准市场切入点，合理投资。重视信息流对决策的关键作用，深刻剖析竞争对手，出其不意，攻其不备。

（5）通过操作贷款、融资、投资等财务过程，认识其在经营活动中的重要作用以及现金流量和存量、资产回报率、权益回报率、速动比率等指标对经营业绩的反映，理解企业的财务系统。

（6）通过销售订单、原材料采购、产品销售、生产、库存等物流管理环节的操作以及产销排程、成本控制、合理开支、JIT生产等理论的具体应用，理解企业的生产系统。

（7）通过分析与预测企业营销环境、寻找合理的市场切入点、安排市场的品牌建设投入，在与对手的竞争中理解企业的市场营销战略。

（8）通过采集、加工和报送各种财务的和非财务的数据，实际演练会计报表的生成过程，体会信息对决策的支持作用，理解企业的信息系统。

ERP沙盘模拟课程强调师生之间的互动沟通效果，在这种体验式的教学模式中，指导教师根据学生在教学现场的实际决策及其结果数据,结合角色扮演、情景模拟、讲师点评,动态地分析成败的原因和关键因素,使实验过程中的感性体验上升到理性认识。

2. ERP沙盘模拟课程体系

以用友 ERP 沙盘为例,ERP 沙盘模拟系列实训由以下三类实训组成。

(1)体验企业类实训(用友 ERP 物理沙盘)——主要用于体验企业管理流程、角色与岗位等。

(2)经营管理类实训(用友创业者企业模拟经营系统,简称"用友电子沙盘")——主要训练如何从战略规划到战略执行的各个层面理性运作企业。

(3)专项技能类实训(用友 ERP 沙盘+U8 管理软件)——主要训练企业管理的专项方法,如全面预算管理、信息化管理等。

用友 ERP 沙盘系列实训的对象是那些缺乏实践经验、缺乏为成果而工作的思维习惯的本科、高职的学生。训练达到的目的包括以下几点:

(1)提升遇到问题时的分析能力——能否将问题背后的客观原因找出来;

(2)提升执行能力——能否将既定的战略或规划执行到位;

(3)提升学习能力——能否及时总结经验,并用于下一次行动;

(4)提升沟通协调能力——学会与人相处,学会说服他人的技巧;

(5)增强以结果为导向的管理和责任意识。

建议的训练安排如图 1-1 所示。

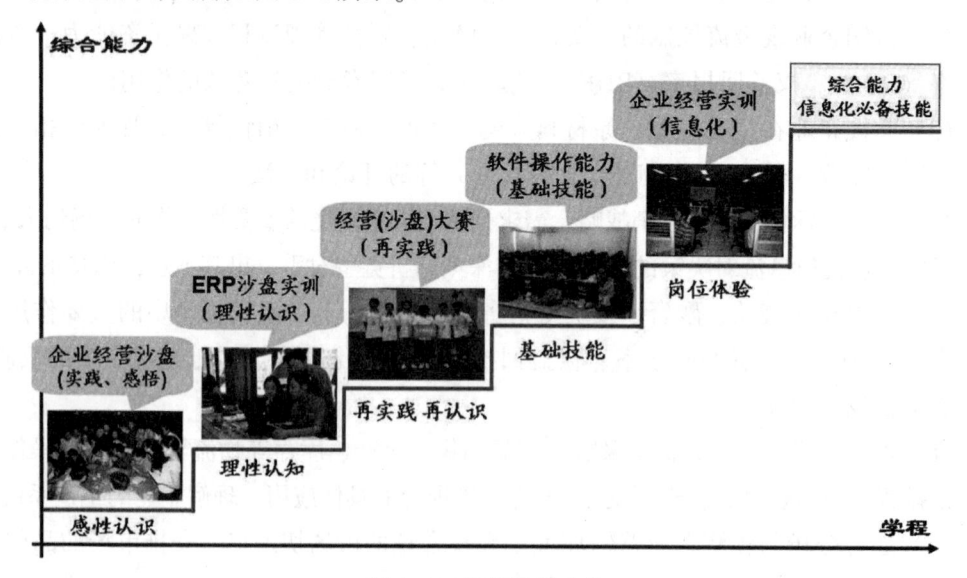

图 1-1 训练阶段安排

第二节 ERP沙盘模拟的起源与应用

ERP沙盘将企业合理简化，同时反映了经营本质，让学员在这个模型上进行实际演练，为管理实践教学提供了良好的手段。一个受训者说："ERP沙盘模拟如此神秘，令我痴迷不已，几经求索，未识沙盘真面目！"下面我们将从含义、起源、发展状况、分类、课程组成、学习目标等六个方面逐步为您解开ERP沙盘神秘的面纱。

一、ERP沙盘模拟的起源

提到"沙盘"，很容易使人联想到战争年代的军事作战指挥沙盘或房地产开发商销售楼盘时的小区规划布局沙盘，它们都清晰地模拟了真实的地形地貌或楼盘全景，不必让其所为之服务的对象亲临现场，就能对所关注的位置了然于胸，从而运筹帷幄，制定经营决策。

"沙盘"源于军事"聚米为山谷，指画形势"，它根据地形图、航空照片或实地地形，按一定的比例用泥沙、兵棋等各种材料堆制而成的模型。在军事上，常供研究地形、敌情、作战方案、组织协调动作和实施训练时使用。

由于ERP沙盘模拟教学完全不同于传统的灌输式授课方式，它通过模拟企业系统运营，使学生在模拟企业各项经营管理活动的训练过程中体验得失，总结成败，进而领悟科学管理规律，提高经营管理能力。

二、ERP沙盘发展历程

"沙盘"经过不断的发展演变，现在有地形沙盘、建筑模拟沙盘、工业地形沙盘、房地产沙盘、企业经营沙盘等等。

1. 第一阶段 用于军事

沙盘在我国已有悠久的历史，最早在古代是统治者的将帅指挥战争的用具。据《后汉书·马援列传》记载，公元32年，汉光武帝征讨陇西的隗嚣，召名将马援商讨进军战略。马援对陇西一带的地理情况很熟悉，就用米堆成一个与实地地形相似的模型，从战术上做了详尽的分析。光武帝刘秀看后，高兴地说："敌人尽在我的眼中了！"这就是最早的沙盘作业。

沙盘在国外最早出现于1811年。当时，普鲁士国王菲特烈·威廉三世的文职军事顾问冯·莱斯维茨，用胶泥制作了一个精巧的战场模型，用颜色把道路、河流、村庄和树林表示出来，用小瓷块代表军队和武器，陈列在波茨坦皇宫里，用来进行军事游戏。后来，莱斯维茨的儿子利用沙盘、地图表示地形地貌，用各种标志表示军队和武器的配置情况，按照实战方式进行策略谋划。这种"战争博弈"就是现代沙盘作业的雏形。

19世纪末和20年代初，沙盘主要用于军事训练，在军事中带来了极大的成功。第一次世界大战后，才在实际中得到运用。

2. 第二阶段　应用于教学

企业沙盘模拟培训源自西方军事上的战争沙盘模拟推演。战争沙盘模拟推演通过红、蓝两军在战场上的对抗与较量，使得作战指挥员不需要亲临现场就能清晰的总揽全局，发现双方战略战术上存在的问题，从而运筹帷幄，并做出最优的决策。由于沙盘节省了实战演习的巨大经费开支，不受士兵演习时间与空间的限制，因而在世界各国广泛运用。

自从1978年被瑞典皇家工学院的Klas Mellan开发之后，ERP沙盘模拟演练迅速风靡全球。现在国际上许多知名的商学院（例如哈佛商学院、瑞典皇家工学院等）和一些管理咨询机构都在用ERP沙盘模拟演练，对职业经理人、MBA、经济管理类学生进行培训，以期提高他们在实际经营环境中决策和运作的能力。同时，沙盘模拟也成为世界500强企业广泛采用的一种经理人培训方法。

20世纪中叶，美国哈佛大学经过长期研究表明：财商提高的最有效方法是实践。但人们一般很少有机会去实践，因为实践需要金钱的投入。于是哈佛大学创建了模拟沙盘，希望学生在模拟的财经实践活动中，逐步完成财商的提高。

20世纪80年代初期，该课程被引入我国，率先在企业的中高层管理者培训中使用并快速发展。21世纪初用友、金蝶等软件公司相继开发出了ERP沙盘模拟演练的教学版，用友软件公司率先将沙盘实验引入中国高校ERP教学实验中，将其命名为用友ERP沙盘企业经营模拟仿真对抗实验，而后国内一些知名软件厂商也开始积极探索沙盘模拟，并推出相应的"ERP沙盘模拟"工具。现在，越来越多的高等院校为学生开设了"ERP沙盘模拟"课程，并且都取得了很好的效果。后来受市场变化影响，ERP沙盘从支撑转变为独立的盈利产品。市场竞争让ERP沙盘及电子沙盘大赛无人不知。

3. 第三阶段　广泛推广

企业沙盘模拟是一种理解和领悟企业经营管理过程的方法。1996年国际企业管理挑战赛中国大陆赛区的比赛共有96支队伍参加，包含了大多数提供MBA学位教育的国内著名的管理学院。比赛从美国、加拿大、德国、日本等国家引进一些模拟软件，然而，英文界面的企业竞争模拟软件在中国应用有很大的局限性。中文界面的企业竞争模拟软件最早是由北京大学从1995年开始研发的，后来几经改进，在2003年全国MBA培养院校企业竞争模拟比赛中使用了此软件，有112个队伍报名参加。但是计算机模拟仍有其局限性，例如模拟空洞、过于抽象、互动性不强。随后又开发出了一系列的物理沙盘，国内如用友 ERP 模拟沙盘、金蝶模拟沙盘、GMC 模拟沙盘等，进一步完备了企业管理模拟，给企业管理模拟带来了真实的感受。

目前，沙盘模拟已风靡全球，成为世界 500 强企业中高层管理人员经营管理能力培训的首选课程。北大、清华、浙大、人大等 18 所高等院校也相继将系列沙盘模拟课程纳入其 MBA、EMBA 及中高层经理在职培训的教学之中。众多本科院校、高职院校陆续引进沙盘模拟课程以供管理课程教学所用，各软件开发公司也为沙盘模拟的应用和推广做着自己的努力。从 2005 年至今，用友软件连续举办了多届全国大学生 ERP 沙盘对抗赛，参与的大学生越来越多，比赛的规模也越来越大，成为国内企业界有一定影响力的沙盘模拟大赛。

三、沙盘分类

大家在国内能看到的 ERP 企业资源计划（enterprise resource planning，ERP）沙盘模拟课程大多是自国外引进的，沙盘模拟课程在国外被统称为 simulation 课程。由于是仿照真实商业环境开发的，具有很强的实战性，所以被译作"沙盘模拟"、"模拟经营"、"商业模拟"等，其中"沙盘模拟"这一名称认可度最高，"ERP 沙盘"是部分 ERP 软件厂商特别使用的名称。

Simulation 课程可以分为棋盘类沙盘（board-based simulation 国内俗称"物理沙盘"）和软件模拟类沙盘（software simulation 国内俗称"电子沙盘"）两大类。在欧洲棋盘类沙盘受欢迎，而美国则更认同软件模拟类沙盘。

1. 第一代沙盘采用物理沙盘，手工操作。
2. 第二代沙盘采用物理沙盘+execl 表操作模式，也有采用参数设置纯电子沙盘。
3. 棋盘类沙盘和软件模拟类沙盘结合的第三代企业经营管理沙盘系统。

ERP 沙盘模拟对抗训练是集知识性、趣味性和对抗性为一体的综合性管理实验课程。在游戏般的训练中学生可以体验到完整的企业经营过程，感受企业发展的典型历程，感悟正确的经营思路和管理理念。在训练中，学生将遇到企业经营中常出现的各种典型问题，他们必须一同去寻找市场机会，分析规律，制定策略，实施全面管理。在各种决策的成功和失败的体验中，学习管理知识，掌握管理技巧，提高管理素质，保证公司成功及不断的成长。

四、用友电子沙盘与物理沙盘的关系

电子沙盘与物理沙盘不论是在理论层面上还是操作层面上都是有区别的。

1. 电子沙盘虽然操作简单，但相较于物理沙盘而言其可视性较弱，在操作过程中需要对过程做详实的记录。尤其是下原料订单的时候，由于原料的提前期，电子沙盘不能像物理沙盘一样一目了然，这给电子沙盘实验增大了难度。

2. 电子沙盘与物理沙盘在规则上也有些不同。两者的基本贷款单位、贷款的时

间点是不同的，租金、利息等费用的交纳时间也是不一样的。

3. 电子沙盘在交不了订单的情况下可以紧急采购避免违约，物理沙盘就只能交违约金了。

4. 电子沙盘不能够重做。之前在做物理沙盘的时候，我们组做错了两次（贷款没有规划好、不了解贴现规则），我们就重做了一遍。而在做电子沙盘的时候，事前没有规划好产品、贷款或者现金的话，就只有等着破产、老师注资了。虽然每个组有一次还原的机会，但是要知道在现实中是永远不可能重来的，这反而培养了我们心思缜密、考虑全面的行事作风。

第三节 相关会计知识

在 ERP 沙盘里会计知识显得十分重要，它是企业取得良好业绩的基础。

一、资金问题

1. 筹集资金

筹集资金主要有两方面的来源：投资者投入的资金和债权人介入的资金。投资者投入的资金有货币投资、实物投资、证券投资、无形资产投资等。从债权人借入的资金主要是向金融机构和其他单位借入的资金。这部分资金就成了负债，包括长期负债和流动负债。

2. 使用资金（主要介绍资金在供、产、销三个过程中是如何变化的）

（1）供应过程

用货币资金购买各种劳动对象（即材料物资）作为生产储备。

在这个过程中，采购原料经纪业务引起资金发生了如下变化：

A. 实物形态转化：银行存款减少，材料增加；

B. 价值形态转化：货币资金减少，储备资金增加。

（2）生产过程

生产过程既是产品的制造过程又是生产的消耗和新价值的创造过程。即生产资金的形成过程和转化成品资金的过程。

在这个过程中，生产产品的经济业务，引起资金发生了如下变化：A.实物形态转化：材料减少，在产品增加；然后在产品增加，库存在产品增加。另外在这个过程中还要支付工资，提取固定资产折旧，还会发生其他费用。B.价值形态转化：**储备资金减少，生产资金增加**；然后再由生产资金减少，产品资金增加。

（3）销售过程

企业把生产的产成品销售给购买单位，并取得销售收入，收回货币资金。

在这个过程中，销售产品的经营业务，引起资金发生了如下变化：

A. 实物形态转化：产成品减少，银行存款增加；

B. 价值形态转化：成品资金减少，结算资金增加；再有结算资金减少，货币资金增加（新实现的产品价值）。

二、会计等式

会计等式亦称会计恒等式或会计平衡公式。表示如下：

资产=负债+所有者权益

这个等式表明企业在一定时点上资金运动的相对静止状态。

从企业的一定时期来观察，企业在经营活动中要发生各种费用，也取得各种收入，因而会计平衡公式为：

资产=负债+所有者权益+收入−费用

也可转换为：

资产+费用=负债+所有者权益+收入

企业资金的任何变化，都会表现为数量上的变化。经济业务的发生，会引起企业资金运动发生四种情况的变化：

（1）一种资产增加，同时，另一种资产减少；

（2）一种负债及所有者权益增加，同时，另一种负债及所有者权益减少；

（3）一种负债及所有者权益增加，同时，一种资产增加；

（4）一种负债及所有者权益减少，同时，一种资产减少；

这四种情况的变化结果，都不会破坏会计平衡公式。

会计平衡公式及其所反映的经济关系，是建立复式记账法的依据，也是处理经济业务、编制会计分录和编制会计报表的依据。在后面的资产负债表中，可以清晰地看到这种平衡关系。

三、折旧

折旧方法有直线法和加速折旧法两类，直线分配的折旧费用在资产使用年限的每一年都是相同的，其他大多数折旧方法都是各种形式的加速折旧法。加速折旧要求在资产使用早期多计提折旧，在资产使用后期少计提折旧。

在资产的整个使用年份中，直线法和加速折旧法计提的折旧总额是相通的。

直线折旧的方法只有一种，而加速折旧法有多种，每一种计算的结果稍有差异。当然，使用的折旧方法会在财务报表的附注中披露。

直线法下资产使用年限中每一年确认的折旧费用占总资产成本的比率相同。

年度折旧费用的计算是资产成本减去估计残值后剩余的应计折旧成本除以估计使用年限。公式如下：

年度折旧费用=（成本−估计残值）/使用年限

四、报表

1. 利润表

利润表是反映企业在一定会计期间的经营成果情况的会计报表。编制利润表要依据如下公式：

纯收入=销售收入−产品销售成本

产品销售利润=纯收入−产品销售税金−产品销售费用

销售利润=产品销售利润+其他销售利润−管理费用−财务费用

最终财务成果（利润总额）=销售利润+投资净收益+营业外收入−营业外支出

税后利润=利润总额（税前）−所得税

税后利润按一定比例提取盈余公积金，向投资者分配利润等。还有一部分投入到生产经营过程中。

在 ERP 沙盘里，利润表见表 1-1 所示。

表 1-1　利润表

项目	上年数	本年数
销售收入		
直接成本		
毛利		
综合费用		
折旧前利润		
折旧		
支付利息前利润		
财务收入/支出		
其他收入/支出		
税前利润		
所得税		
净利润		

2. 资产负债表

资产负债表是总括反映企业在某一特定日期资产、负债和所有者权益及构成情况的会计报表。

资产负债表依据"资产=负债+所有者权益"的会计恒等式设置和编制。

资产负债表分为基本内容和补充资料两部分。

其基本内容通常采用左、右双方相互对照的账户式报表结构。其中，报表左方列示资产项目，报表右方列示负债项目和所有者权益项目。

报表左方合计数等于报表右方合计数。即资产总额等于负债和所有者权益总额合计，该报表的结构特点在于突出报表项目的平衡关系。

在 ERP 沙盘课程里，资产负债表见表 1-2 所示。

表 1-2 资产负债表

资产	期初数	期末数	负债和所有者权益	期初数	期末数
流动资产：			负债：		
现金			长期负债		
应收款			短期负债		
在制品			应付账款		
成品			应缴税金		
原料			一年内到期的长期负债		
流动资产合计			负债合计		
非流动资产：			所有者权益：		
土地和建筑			股东资本		
机器和设备			利润留存		
在建工程			年度净利		
非流动资产合计			所有者权益合计		
资产总计			负债和所有者权益合计		

复习思考题

1. 简述 ERP 沙盘模拟的起源。
2. 简述 ERP 沙盘模拟在教学中的应用。

实训拓展

访问某一个生产制造型企业或一位管理者

【实训项目】

通过访问某一个企业或一位管理者，培养学生关注企业、了解企业和学习管理学的兴趣，提高参加社会实践活动的主动性、积极性和创造性。

【实训内容】

1. 要求学生了解该企业的某一基本业务职能，如计划管理、生产管理、技术管理、营销管理、物资设备管理、财务管理、行政管理、人事管理、后勤管理等。

2. 向管理者了解他的职位、工作职能、胜任该职务所必需的管理技能等情况，了解企业管理者应该具备哪些方面的素质和能力。

【实训组织】

1. 把全班同学分成两组，第一组学生访问企业，第二组学生访问某位管理者。

2. 第一组学生以5~7人为一个小组，分别走访某一个工商企业。

3. 第二组学生以3~5人为一个小组，分别走访某一位管理者。

【实训考核】

1. 要求每位学生写出访问报告或小结。

2. 要求学生填写实训报告。其内容包括：①实训项目；②实训目的；③实训内容；④本人承担任务及完成情况；⑤实训小结。

3. 教师评阅后写出实训评语，实训小组或全班进行交流。

第二章 手工沙盘规则及运营

章前导读

ERP沙盘模拟企业经营是采用物理沙盘或电子沙盘的方式，将一个企业的组织结构、各种职能管理的业务操作、经营的全部环节和操作过程用沙盘进行模拟，通过直观的企业沙盘，模拟企业实际运行状况，内容涉及企业整体战略、产品研发、生产、市场、资金需求、销售、财务管理、团队协作等多个方面，全真展现一个企业的营运元素和场景，而且融入市场环境、市场变数和竞争机制，由不同学生团队组成多家企业同场竞技。每个公司团队都会面对同行竞争对手、产品老化、市场单一化等的重大挑战，在挑战中将根据自身的实际情况采取不同的应对策略，最后将会以一定的指标综合评价各个团队所模拟公司的经营状况。本章将重点介绍物理沙盘的规则及应用。

教学目标

1. 了解ERP物理沙盘的角色分工。
2. 了解ERP物理沙盘的初始状态设置。
3. 掌握ERP物理沙盘的运营规则。
4. 掌握ERP物理沙盘的初始状态设置规则、实际操作等内容。

第一节 手工沙盘盘面与主要角色分工

一、手工沙盘盘面

ERP沙盘模拟教学以一套沙盘教具为载体。下图就是沙盘盘面全图。沙盘盘面按照制造企业的职能部门划分了四个职能中心，分别是营销与规划中心、生产中心、物流中心和财务中心。各职能中心覆盖了企业运营的所有关键环节：战略规划、市场营销、生产组织、采购管理、库存管理、财务管理等，是一个制造企业的缩影（见图

2-1)。

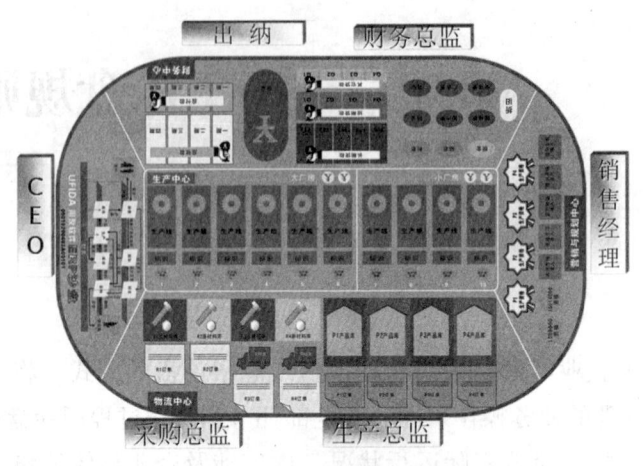

图 2-1 手工沙盘盘面

二、组织准备工作——人员分组与职能定位

企业创建之初，任何一个企业都要建立与其企业类型相适应的组织机构。组织机构是保证企业正常运转的基本条件。在"ERP沙盘模拟"课程中，采用了简化企业组织机构的方式，企业组织由几个主要角色代表，包括：企业首席执行官、营销总监、生产总监、采购总监、财务总监。考虑到企业业务职能部门的划分，可以把教学对象按 5~6 人分为一组，组成一个企业，每个人扮演不同的角色。当人数较多时，还可以适当增加商业间谍、财务助理等辅助角色。在几年的经营过程中，可以进行角色互换，从而体验角色转换后考虑问题的出发点的相应变化，也就是学会换位思考。特别需要提醒的是：诚信和亲历亲为。诚信是企业的生命，是企业生存之本。在企业经营模拟过程中，不要怕犯错误，学习的目的就是为了发现问题，努力寻求解决问题的手段。

下面对每个角色的岗位职责做简单描述，以便于受训者根据自身情况来选择扮演相应角色。

（一）角色定位与任务分工

1. CEO：首席执行官/总经理（必须）

负责制定和实施公司总体战略与年度经营计划；带领团队共同决定企业决策；审核财务状况；听取企业盈利（亏损）状况；主持公司的日常经营管理工作，实现公司经营管理目标和发展目标。成功的企业一定有着明确的企业战略，包括产品战略、市场战略、竞争战略及资金运用战略等。从最初的战略制订到最后的战略目标达成分析，经过几年的模拟，经历迷茫、挫折、探索，学会用战略的眼光看待企业的业务和经营，保证业务与战略的一致，在未来的工作中更多地获取战略性成功而非机会性成功。

现代企业的治理结构分为股东会、董事会和经理班子三个层次。在"企业经营沙盘模拟"实训中，省略了股东会和董事会，企业所有的重要决策均由 CEO 带领团队成员共同决定，如果大家意见相左，由 CEO 拍板决定。做出有利于企业发展的战略决策是 CEO 的最大职责，同时 CEO 还要负责控制企业按流程运行。与此同时，CEO 在实训中还要特别关注每个人是否能胜任其岗位。

注意：在沙盘模拟中 CEO 发挥最大职能，如果所带领的团队在模拟对抗中意见相左，由 CEO 拍板决定。

2. CFO：财务总监（必须）

在企业中，财务与会计的职能常常是分离的，他们有着不同的目标和工作内容。会计主要负责日常现金收支管理，定期核查企业的经营状况，核算企业的经营成果，制定预算及对成本数据的分类和分析。财务的职责主要负责资金的筹集、管理；做好现金预算，管好、用好资金；支付各项费用，核算成本；按时报送财务报表，做好财务分析。如果说资金是企业的血液，财务部门就是企业的心脏。财务总监要参与企业重大决策方案的讨论，如设备投资、产品研发、市场开拓、ISO 资格认证、购置厂房等。公司进出的任何一笔资金，都要经过财务部门。

在受训者较少时，将上述两大职能归并到财务总监身上，统一负责对企业的资金进行预测、筹集、调度与监控。在受训者人数允许时，增设主管会计（财务总监助理）分担会计职能。

在沙盘模拟过程中，团队成员将清晰掌握资产负债表、利润表的结构；掌握资本流转如何影响损益；解读企业经营的全局；预估长短期资金需求，以最佳方式筹资，控制融资成本，提高资金使用效率；理解现金流对企业经营的影响。

3. COO：生产总监（必须）

生产总监是企业生产部门的核心人物，对企业的一切生产活动进行管理，并对企业的一切生产活动及产品负最终的责任。生产总监既是生产计划的制定者和决策者，又是生产过程的监控者，对企业目标的实现负有重大的责任。他的工作是通过计划、组织、指挥和控制等手段实现企业资源的优化配置，创造最大经济效益。

在"企业经营沙盘模拟"实训中，生产总监负责企业生产管理工作；协调完成生产计划，维持生产成本；落实生产计划和能源的调度；保持生产正常运行，及时交货；组织新产品研发；做好生产车间的现场管理等工作。在本实训中，生产能力往往是制约企业发展的重要因素，因此生产总监要有计划地扩大生产能力，以满足市场竞争的需要。

4. CSO：营销总监/销售总监（必须）

企业的利润是由销售收入带来的，销售实现是企业生存和发展的关键。营销总监所担负的责任主要是：广告策略、挑选订单、稳定企业现有市场；积极拓展新市场、实现销售。为此，营销总监应结合市场预测及客户需求制定销售计划，有选择地进行广告投放，取得与企业生产能力相匹配的客户订单，与生产部门做好沟通，保证按时交货给客户，监督货款的回收，进行客户关系管理。

营销总监还可以兼任商业间谍的角色和任务，因为他最方便监控竞争对手的情况，比如对手正在开拓哪些市场，未涉足哪些市场，他们在销售上取得了多大的成功，他们拥有哪类生产线，生产能力如何等，充分了解市场，明确竞争对手的动向可以有利于今后的竞争与合作。

5. 采购总监：材料订购（必须）

采购是企业生产的首要环节。采购总监负责各种原料的及时采购和安全管理，确保企业生产的正常进行；负责编制并实施采购供应计划，分析各种物资供应渠道及市场供求变化情况，力求从价格上、质量上把好第一关，为企业生产做好后勤保障；进行供应商管理；进行原材料库存的数据统计与分析。

在"企业经营沙盘模拟"实训中，采购总监负责制定采购计划，与供应商签订供货合同，监督原料采购过程并按计划向供应商付款，管理原料库等具体工作，确保在合适的时间点，采购合适的品种及数量的物质。

6. 人力资源总监（可选）

21世纪，国家经济的核心是企业，企业的核心是人才，人才是现代企业竞争的核心竞争力。一流的企业是由一流的人员组成的，人力资源是企业的第一资源。人力资源总监负责企业的人力资源管理工作，具体包括企业组织架构设计、岗位职责确定、薪酬体系安排、组织人员招聘、考核等工作。

在"企业经营沙盘模拟"实训中，原来没有设定此角色。但经过多轮实训，我们觉得有必要增设此角色，特别是在受训者人数比较多的情形下，对每个受训者的参与度与贡献度进行考评，提交CEO最终做出组内排名，可以作为学生实训成绩评定的重要依据之一。

7. 商业情报人员/商业间谍（可选）

知己知彼，方能百战百胜，闭门造车是不行的。商业情报工作在现代商业竞争中有着非常重要的作用，不容小觑。在受训者人数较少时，此项工作可由营销总监承担；在人数较多时，可设专人协助营销总监来负责此项工作。

8. 其他角色（可选）

在受训者人数较多时，可适当增加财务助理、CEO助理、营销助理、生产助理等辅助角色，特别是财务助理。为使这些辅助角色不被边缘化，应尽可能明确其所承担的职责和具体任务。

提示：对于有实践经验的受训者来说，可以选择与实际任职不同的职位，以体验换位思考。在课程进行的不同阶段，也可以互换角色，以熟悉不同职位的工作及流程。

(二) 职能定位

用友ERP沙盘模拟训练是集知识性、趣味性、对抗性于一体的企业管理技能训练课程。受训学生被分成 6~10 个团队，每个团队由 5~8 个学生组成，每个学生分别担任总经理、营销总监、生产总监、财务总监、采购总监等。每个团队经营一个销售良好、资金充裕的虚拟公司，连续从事 1~6 个会计年度的经营活动（见图 2-2）。

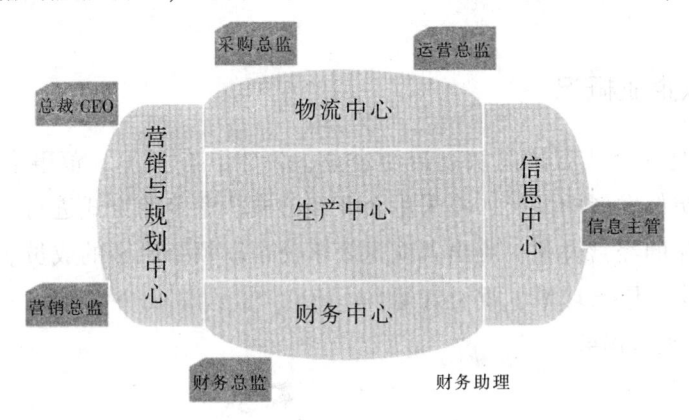

图 2-2　职能定位

另外，在课程进行的不同阶段，也可以互换角色，以熟悉不同职位的工作及流程。

(三) 各角色间的关系

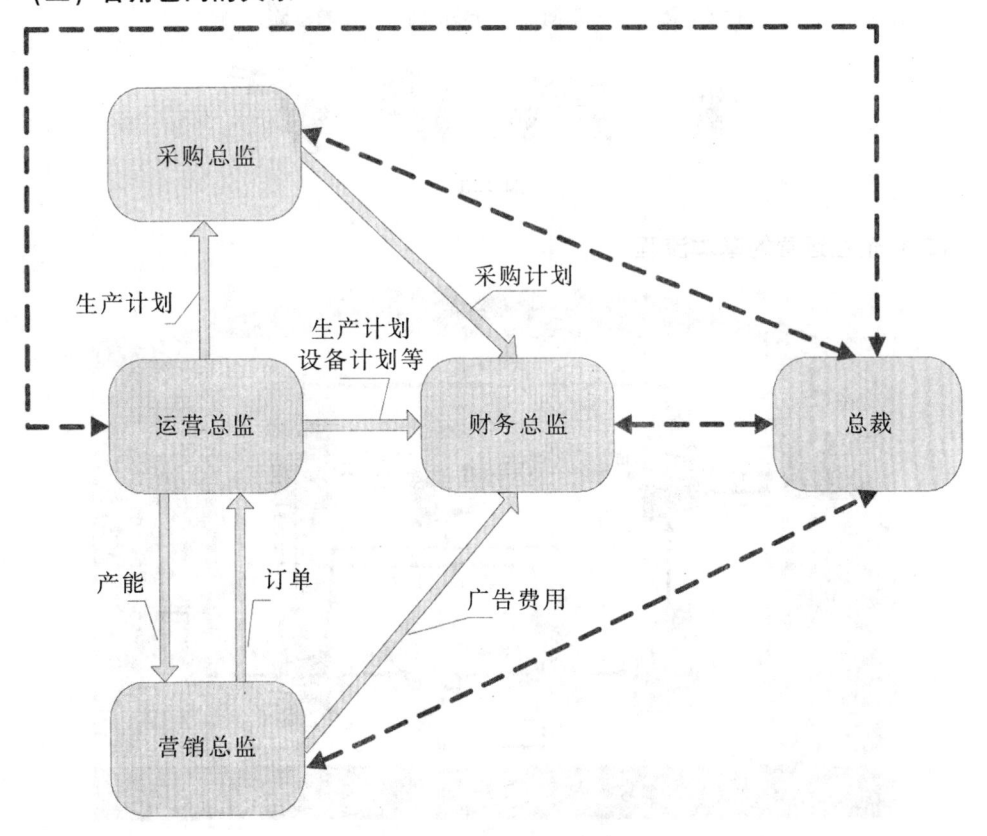

图 2-3　各角色间的关系

第二节 模拟企业概况与初始状态设定

一、模拟企业概况

笨笨公司是一个典型的离散制造型企业,创建已有三年,董事会为了选出一位能够带领企业更好发展的领导,将采用企业经营模拟竞争的方式进行,用两天多的时间模拟企业六年的经营过程,胜出者就是笨笨公司新领导班子的成员。这是一个年薪百万的工作机会,愿君珍惜,祝君好运!

(一)企业组织构架

图 2-4

(二)企业运营的基本流程

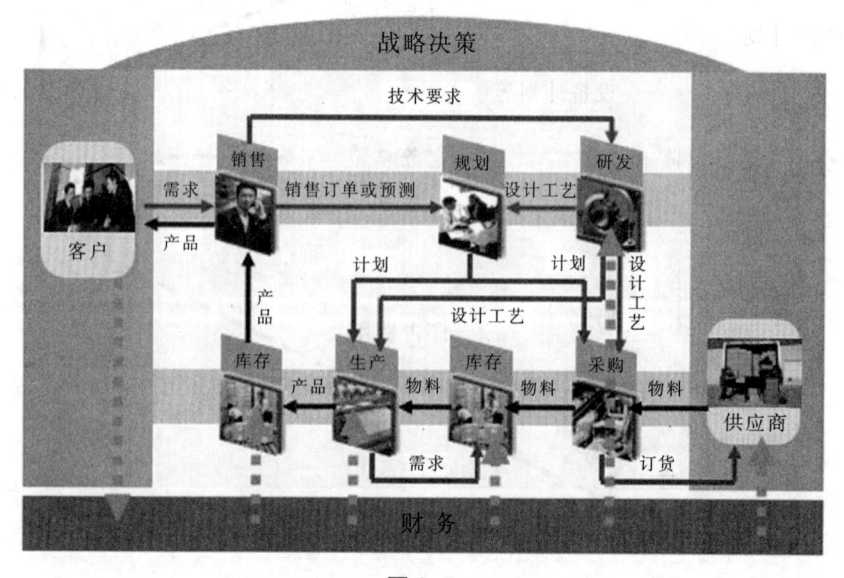

图 2-5

（三）模拟企业概况——公司发展与股东期望

本企业长期以来一直专注于某行业 P 产品的生产与经营，目前生产的 P1 产品在本地市场知名度很高，客户也很满意。同时企业拥有自己的厂房，生产设施齐备，状态良好。

最近，一家权威机构对该行业的发展前景进行了预测，认为 P 产品将会从目前的相对低水平发展成一个高技术产品。本企业可能会面临产品、市场单一，盈利能力减弱，增长放缓的挑战。

为此，公司董事会及全体股东决定将企业交给一批优秀的新人去发展，他们希望新的管理层可以做到：

（1）投资新产品的开发，使公司的市场地位得到进一步提升；
（2）开发本地市场以外的其他新市场，进一步拓展市场领域；
（3）扩大生产规模，采用现代化生产手段，获取更多的利润。

（四）产品市场的商业情报分析

这是一家权威的市场调研机构对未来六年里各个市场的需求的预测，应该说这一预测有着很高的可信度。但根据这一预测进行企业的经营运作，其后果将由各企业自行承担。

P1 产品是目前市场上的主流技术，P2 作为对 P1 的技术改良产品，也比较容易获得大众的认同。

P3 和 P4 产品作为 P 系列产品里的高端技术，各个市场上对他们的认同度不尽相同，需求量与价格也会有较大的差异。

1. 本地市场将会持续发展，客户对低端产品的需求可能要下滑。伴随着需求的减少，低端产品的价格很有可能会逐步走低。后几年，随着高端产品的成熟，市场对 P3、P4 产品的需求将会逐渐增大。同时随着时间的推移，客户的质量意识将不断提高，后几年可能会对厂商是否通过了 ISO9000 认证和 ISO14000 认证有更多的要求。

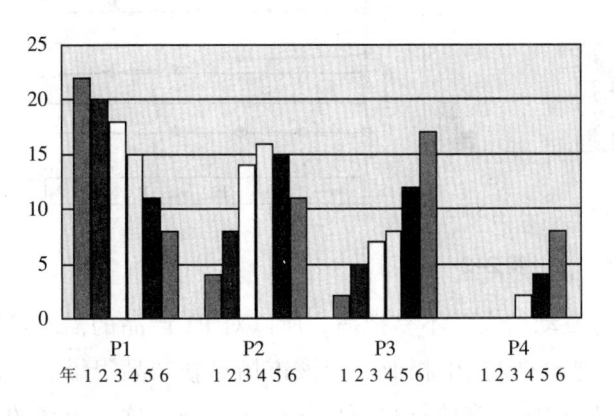

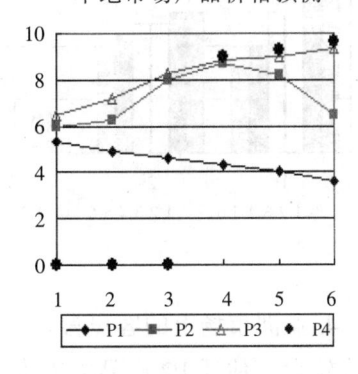

表 2-1

2. 区域市场的客户对 P 系列产品的喜好相对稳定，因此市场需求量的波动也很有可能会比较平稳。产品需求量的走势可能与本地市场相似，价格趋势也应大致一样。该市场的客户比较乐于接受新的事物，因此对于高端产品也会比较有兴趣，但由于受到地域的限制，该市场的需求总量非常有限。并且这个市场上的客户相对比较挑剔，因此在后几年客户会对厂商是否通过了 ISO9000 认证和 ISO14000 认证有较高的要求。

区域市场 P 系列产品需求量预测　　　本地市场产品价格预测

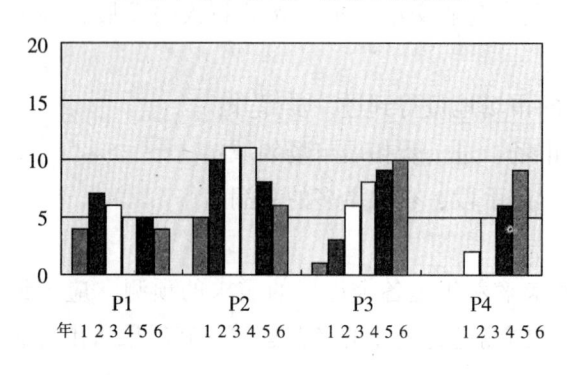

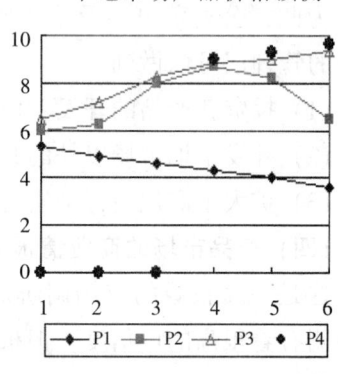

表 2-2

3. 国内市场因 P1 产品带有较浓的地域色彩，估计国内市场对 P1 产品不会有持久的需求。但 P2 产品因为更适合于国内市场，所以估计需求会一直比较平稳。随着对 P 系列产品新技术的逐渐认同，估计对 P3 产品的需求会发展较快，但这个市场上的客户对 P4 产品却并不是那么认同。当然，对于高端产品来说，客户一定会更注重产品的质量保证。

国内市场 P 系列产品需求量预测　　　国内市场产品价格预测

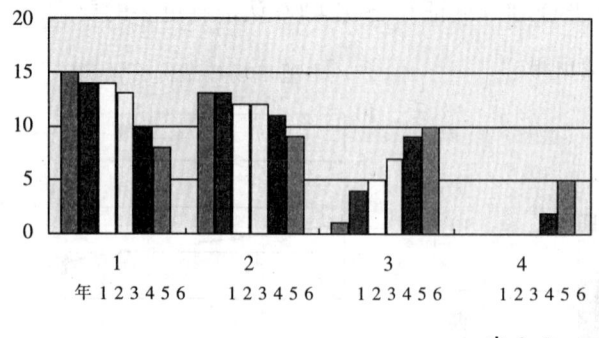

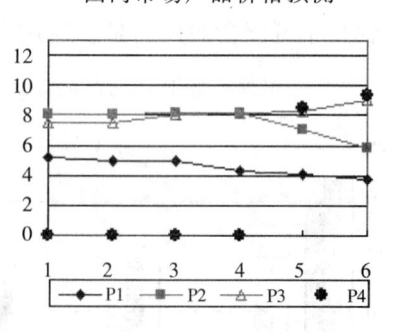

表 2-3

4. 亚洲市场上的客户喜好一向波动较大，不易把握，所以对 P1 产品的需求可能起伏较大，估计 P2 产品的需求走势也会与 P1 相似。但该市场对新产品很敏感，因此估计对 P3、P4 产品的需求会发展较快，高价格也可以接受。另外，这个市场的消费者很看中产品的质量,所以在后几年里,如果厂商没有通过ISO9000和ISO14000的认证,其产品可能很难销售。

亚洲市场P系列产品需求量预测　　　亚洲市场产品价格预测

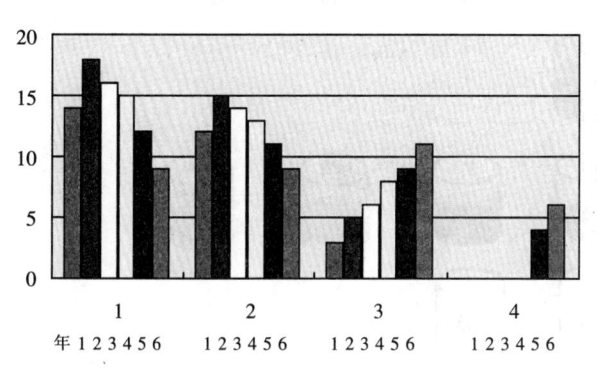

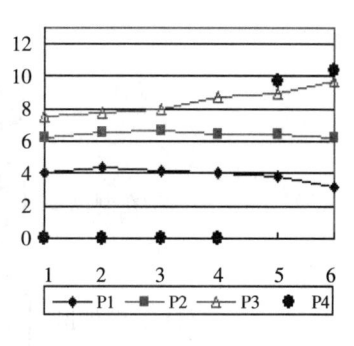

表2-4

5. 进入国际市场可能需要一个较长的时期。有迹象表明,目前这一市场上的客户对P1产品已经有所认同,需求也会比较旺盛。对于P2产品,客户将会谨慎地接受,但仍需要一段时间。对于新兴的技术,这一市场上的客户将会以观望为主,因此对于P3和P4产品的需求将会发展极慢。因为产品需求主要集中在低端,所以客户对于ISO的要求并不如其他几个市场那么高,但也不排除在后期会有这方面的需求。

国际市场P系列产品需求量预测　　　国际市场产品价格预测

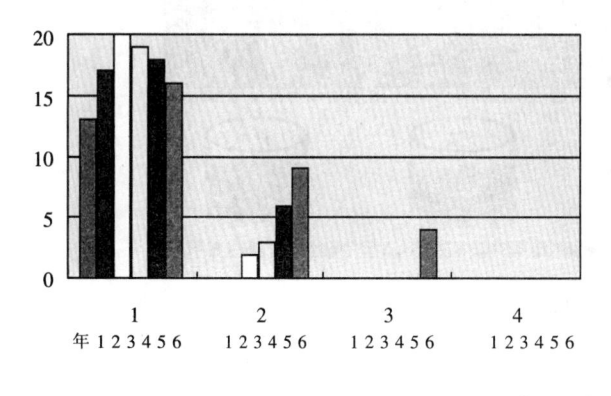

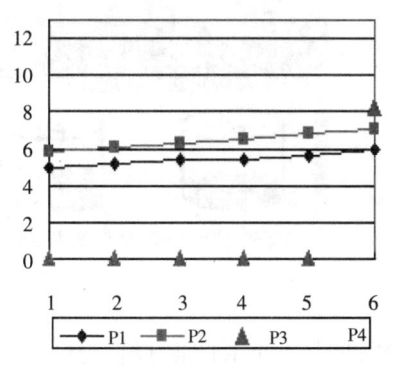

表2-5

总的来说,P1产品由于技术水平低,虽然近几年需求较旺,但未来的需求将会逐渐下降。P2产品是P1的技术改进版,虽然技术优势会带来一定增长,但随着新技术出现,需求最终会下降。P3、P4为全新技术产品,发展潜力很大。股东期望:投资新产品P2、P3、P4的开发,使公司的市场地位得到进一步提升。开发本地市场以外的其他新市场,进一步拓展市场领域,扩大生产规模,采用现代化生产手段,努力提高生产效率。

（五）沙盘教具

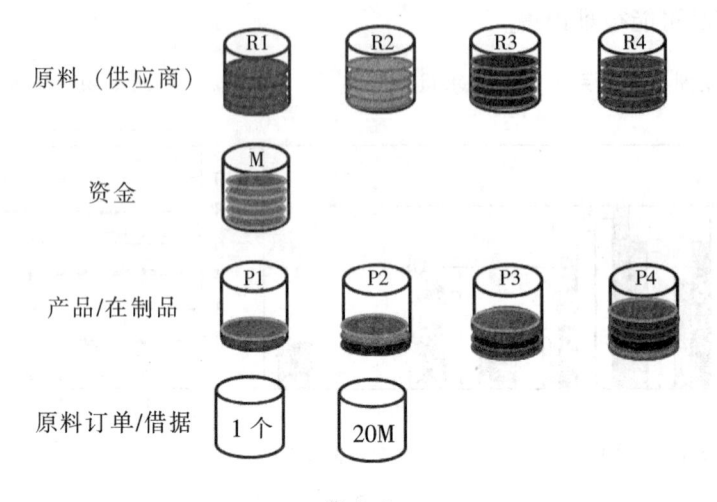

图 2-6

每一个彩币的价值都是 1M。

红色-R1；橙色-R2；蓝色-R3；绿色-R4。

（六）P 系列产品的 BOM 结构

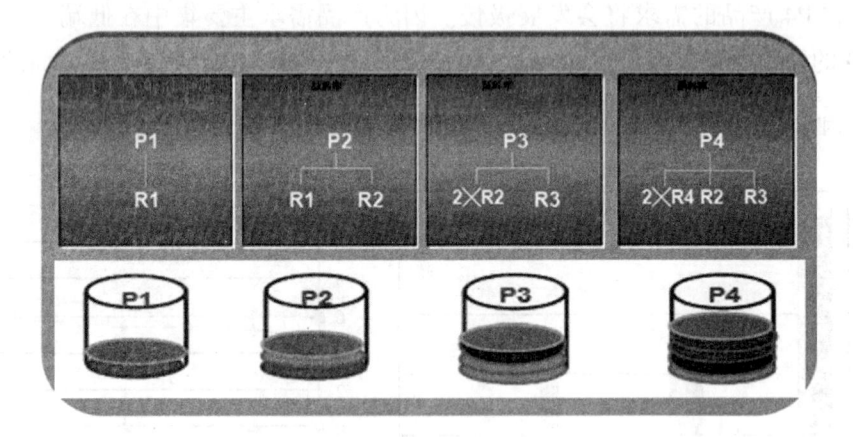

图 2-7

P1 产品=1 个 R1 原材料+1M

P2 产品=1 个 R1 原材料+1 个 R2 原材料+1M

P3 产品=2 个 R2 原材料+1 个 R3 原材料+1M

P4 产品=1 个 R2 原材料+1 个 R3 原材料+2 个 R4 原材料+1M

生产不同的产品需要的原料不同，不同产品在不同的生产线上加工费相同。产品研发完毕后，可进行生产。每一个生产线都可以生产 P 系列个产品，但某时刻只有一个产品在线，产品上线时需要支付 1M 的加工费用（从现金中支付）。

二、企业初始状态

对企业经营者来说，接手一个企业时，需要对企业有一个基本的了解，包括股东期望、企业目前的财务状况、市场占有率、产品、生产设施、盈利能力等。基本情况描述以企业起始年的两张主要财务报表（资产负债表和利润表）为基本索引，逐项描述了企业目前的财务状况和经营成果，并对其他相关方面进行补充说明。

（一）企业目前的财务状况及经营成果

企业目前的财务状况及经营成果见表。

利润表 单位：百万

项目		金额
销售收入	+	35
直接成本	-	12
毛利	=	23
综合费用		11
折旧前利润	=	12
折旧		4
支付利息前利润	=	8
财务收入/支出	+/-	4
额外收入/支出	+/-	
税前利润	=	4
所得税	-	1
净利润	=	3

资产负债表 单位：百万

资产		金额	负债+权益		金额
现金	+	20	长期负债	+	40
应收款	+	15	短期负债	+	0
在制品	+	8	应付款	+	0
成品	+	6	应交税	+	1
原料	+	3	一年到期的长贷	+	0
流动资产合计	=	52	负债合计	=	41
固定资产			**权益**		
土地和建筑	+	40	股东资本	+	50
机器和设备	+	13	利润留存	+	11
在建工程	+	0	年度净利	+	3
固定资产合计	=	53	所有者权益合计	=	64
总资产	=	105	负债+权益	=	105

表 2-6

财务现状描述：

总资产为 1.05 亿（105M），其中流动资产 52M，固定资产 53M；负债 41M，所有者权益 64M。

1. 流动资产 52M：现金 20M，3 个账期（3Q）的应收账款 15M，在制品价值 8M，成品价值 6M，原料价值 3M。

2. 固定资产 53M：一个价值 40M 的大厂房和价值 13M 的生产设备，包括三条手工生产线和一条半自动生产线。

3. 负债 41M：长期贷款 40M，应付税金 1M，目前没有短期负债。

4. 所有者权益 64M：股东资本为 50M，利润留存 11M，年度净利 3M。

从资产负债表上可以看出，模拟企业总资产为 1.05 亿，因此各组目前拥有 105 个单位为 1 百万的币值（灰币）。从资产负债表和利润表两张主要财务报告中虽然可以了解企业的财务状况及经营成果，但不能得到更为细节的内容，如长期借款何时到期，应收账款何时回笼等。为了让大家有一个公平的竞争环境，需要统一设定模拟企业的初始状态。

ERP 沙盘模拟不是从创建企业开始，而是接手一个已经运营了三年的企业。虽然已经从基本情况描述中获得了企业运营的基本信息，但还需要把这些枯燥的数字活生生地再现到沙盘盘面上，为下一步的企业运营做好铺垫。通过初始状态设定，可以使学员深刻地了解财务数据与企业业务的直接相关性，理解到财务数据是对企业运营情况的一种总结提炼，为今后"透过财务看经营"作好观念上的准备。下面就按照资产负债表上各项目，将企业资源分布状况复原到沙盘上，复原的过程中最好请各个角色各司其职，从熟悉本岗工作开始。

（二）初始状态设定——物流中心

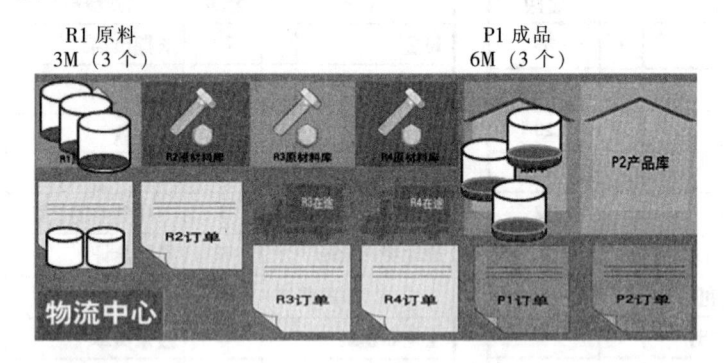

图 2-8

1. 成品 6M

成品库有 3 个 P1 产品已完工，每个价值 2M，共计 6M。每个成品同样由一个 R1 原料费 1M 和人工费 1M 构成。由生产总监、采购总监与财务总监配合制作三个 P1 成品并摆放到 P1 的成品库中。

2. 原料 3M

原料库有 3 个 R1 原料，每个价值 1M，共计 3M。由采购总监取三个空桶，每个空桶中分别放置一个 R1 原料，并摆放到 R1 原料库。

除以上需要明确表示的价值之外，还有已向供应商发出的采购订货，预定 R1 原料 2 个，采购总监将两个空桶放置到 R1 原料订单处。

(三)初始状态设定——生产中心

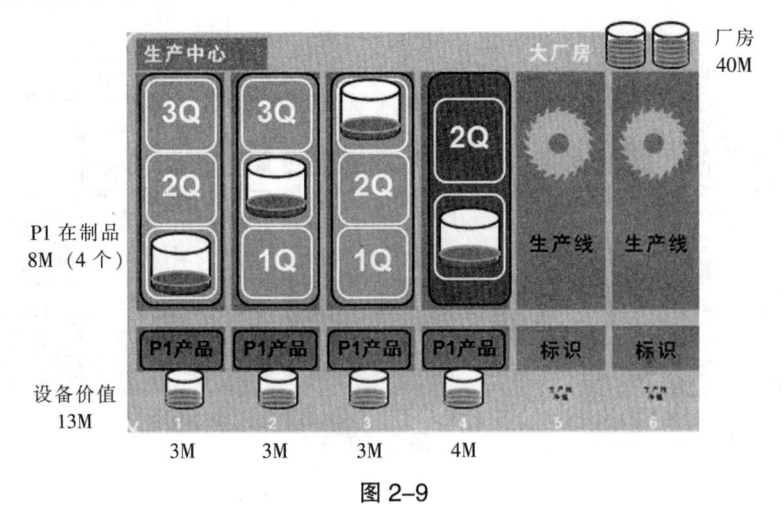

图 2-9

1. 固定资产 53M

固定资产包括土地及厂房、生产设施等。

(1) 大厂房 40M

企业拥有自主厂房——大厂房，价值 40M。请财务总监将等值资金用桶装好放置于大厂房价值处。

(2) 设备价值 13M

企业创办三年来，已购置了三条手工生产线和一条半自动生产线，扣除折旧，手工生产线原值 5M，目前手工生产线账面价值为 3M，半自动生产线原值 8M，半自动生产线账面价值为 4M，设备价值共计 13M。请财务总监取四个空桶，分别置入 3M、3M、3M、4M，并放置于生产线下方的"生产线净值"处。

(3) 在制品 8M

在制品是指处于加工过程中，尚未完工入库的产品。大厂房中有三条手工生产线、一条半自动生产线，每条生产线上各有一个 P1 产品。手工生产线有三个生产周期，靠近原料库的为第一周期，三条手工生产线上的三个 P1 在制品分别位于第一、二、三周期。半自动生产线有两个生产周期，P1 在制品位于第一周期。

每个 P1 产品成本由两部分构成：R1 原料费 1M 和人工费 1M。取一个空桶放置一个 R1 原料（红色彩币）和一个人工费（灰币）构成一个 P1 产品，由生产总监、采购总监与财务总监配合制作四个 P1 在制品并摆放到生产线上的相应位置。

（四）初始状态设定——财务中心

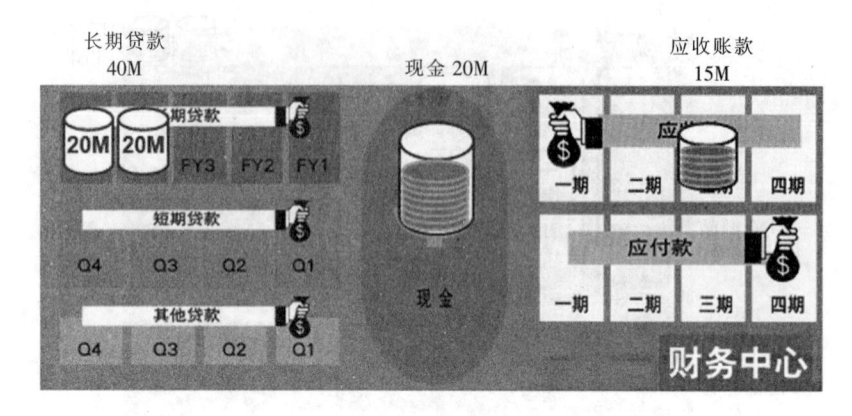

图 2-10

1. 负债 41M

负债包括短期负债、长期负债及各项应付款。

（1）长期负债 40M

企业有 40M 长期借款，分别于长期借款第四年和第五年到期。我们约定每个空桶代表 20M，请财务总监将两个空桶分别置于第四年和第五年位置。

提示：

A. 对长期借款来说，沙盘上的纵列代表年度，离现金库最近的为第 1 年期，以此类推。对短期借款来说，沙盘上的纵列代表季度，离现金库最近的为第 1 季度。

B. 如果以高利贷方式融资，可用倒置的空桶表示，于短期借款处放置。

（2）现金 20M

请财务总监拿出一满桶灰币（共计 20M）放置于现金库位置。

（3）应收账款 15M

为获得尽可能多的客户，企业一般采用赊销策略，即允许客户在一定期限内缴清货款而不是货到即付款。应收账款是分账期的，请财务总监拿一个空桶，向工作人员领取一张票据（已记录应收账期和金额），置于应收账款 3 账期位置。

提示： 账期的单位为季度。离现金库最近的为 1 账期，最远的为 4 账期（按沙盘手指指示方向）。

（4）应付税 1M

企业上一年税前利润 4M，按规定需交纳 1M 税金。税金是下一年度交纳，此时没有对应操作。

（五）初始状态设定——营销与规划中心

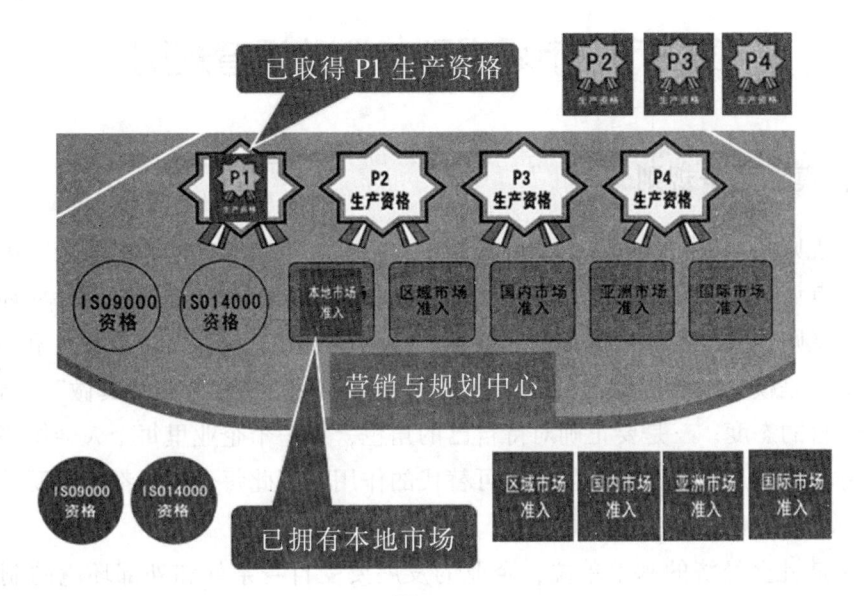

图 2-11

企业目前在本地市场经营，新市场包括区域、国内、亚洲、国际市场，不同市场投入的费用及时间不同，只有市场投入全部完成后方可接单所有已进入的市场，每年最少需投入 1M 维持，否则视为放弃该市场。

至此，企业初始状态设定完成。

（六）初始状态设定——最初全盘盘面

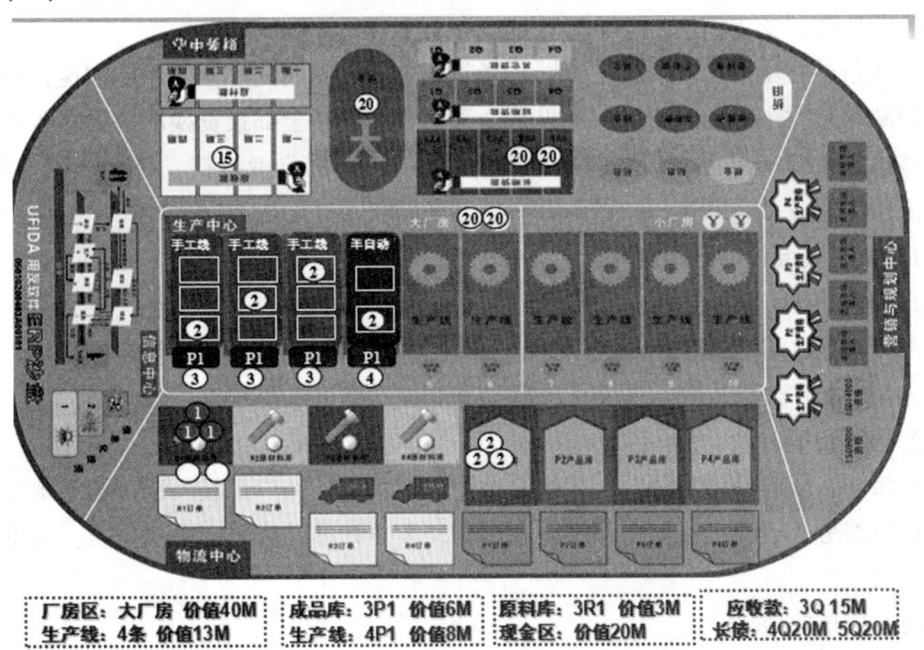

图 2-12

第三节 市场规则与企业运营规则

一、模拟竞争规则

学习规则是比较枯燥的，但却是必须的，只有懂得规则才能游刃有余。因此，要有以下三点认识：一是要认清我们是在经营模拟企业，为运行方便将内外部环境简化为一系列规则，故与实际情况有一定差别，不可在规则上较真；二是要有争强好胜的斗志，虽然是模拟经营，切不可简单地将其当成游戏，要有"假戏真做"、当作真实企业来经营的态度；三是要正确对待自己的角色，在一个企业里每个人会担当不同的角色，每个角色也都有其他角色所不可替代的作用，因此每个角色都是重要的，都值得重视和珍惜，都应该用心做好。

企业是社会经济的基本单位，企业的发展要受自身条件和外部环境的制约。企业的生存与企业间的竞争不仅要遵守国家的各项法规及行政管理规定，还要遵守行业内的各种约定。在开始模拟竞争之前，管理层必须了解并熟悉这些规则，才能做到合法经营，才能在竞争中求生存、求发展。综合考虑市场竞争及企业运营所涉及的方方面面，简化为以下八个方面的约定。

（一）市场划分与市场准入

企业的生存和发展离不开市场这个大环境。谁赢得市场，谁就赢得了竞争。市场是瞬息万变的，变化增加了竞争的对抗性和复杂性。

企业目前在本地市场经营，不同市场投入的费用及时间不同，不能加速投资，如资金短缺可随时中断或终止。市场投入全部完成后，持全部投资换取市场准入证，方可在该市场接单。已进入市场，每年需至少投入 1M 广告费维持，否则被视为放弃，市场需重新开发。

（二）销售会议与订单竞争

1. 销售会议

每年初各企业的销售经理与客户见面并召开销售会议，根据市场地位、产品广告投入、市场广告投入和市场需求及竞争态势，按顺序选择订单。

2. 选单说明

在每年一度的销售会议上，将综合企业的市场地位、广告投入、市场需求及企业间的竞争态势等因素，按规定程序领取订单。客户订单是按照市场划分的，选单次序如下。

(1) 选单顺序。

市场顺序：本地→区域→国内→亚洲→国际。

产品顺序：P1 → P2 → P3 → P4。

（2）市场领导者。市场地位根据上一年度各企业的销售额排列，并由其最先选择订单。

（3）每一市场按产品广告投入量的多少，依次选择订单。

（4）如果单一产品广告投放相同，则比较该市场两者的广告总投入；如果该市场两者的广告总投入也相同，则根据上一年两者的市场地位决定选单次序。

（5）若市场的广告投入量也相同，则按上年订单销售额的排名决定顺序。

（6）若上一年的市场地位也相同，则按照上交广告登记表的时间先后选单。

3. 广告投入费用说明

（1）不投广告不能接订单。

（2）广告分市场、分产品进行投放，投入 1M，获得一次选取订单的机会，以后每多投 2M 增加一次选单机会。

（3）每想多选一张订单至少要多投 2M 广告，即想选两张订单至少要投 3M 广告，想选三张订单至少要投 5M 广告。

（4）选单时由投放广告的组按先后顺序进行第一轮选单，选完后有订单剩余的情况下，可进行第二轮选单（前提是该市场该产品所投放广告必须大于等于 3M）。

（5）上一年的市场老大在该市场有优先选单权，但也必须投广告，每个产品投 1M 即可优先选单。

（6）无论投入多少广告费，每次只能选择 1 张订单，然后等待下一次选单机会。各市场的产品数量是有限的，并非打广告就一定能得到订单。能分析清楚"市场预测"、并且"商业间谍"得力的专家，一定占据优势。

如：投入 7M 表示准备拿 4 张订单，但是否能有 4 次拿单机会则取决于市场的需求、竞争态势等。

（7）竞单表中的 ISO9000 和 ISO14000，投入的是取得认证后的宣传费用，对整个市场所有产品都有效。若希望获得标有相关认证的订单时，必须在相应栏目中投入 1M 的广告费。

在广告投放完毕后，营销总监向财务总监申请所投放的广告费总额放到营销区域中。

市场竞单实际实例：市场竞单是按市场、按产品登记广告费用的。

市场竞单实际操作（以 P3 为例）：

```
        第四年 --A组（本地）
产品 | 广告 | 订单总额 | 数量 | 9000 | 14000
P1   |      |          |      |      |
P2   |      |          |      |  √   |
P3   |  2   |    23    |  3   |      |
P4   |      |          |      |      |

        第四年 --B组（本地）
产品 | 广告 | 订单总额 | 数量 | 9000 | 14000
P1   |      |          |      |      |
P2   |      |          |      |      |
P3   |  5   |  32+17   | 4+2  |  √   |
P4   |      |          |      |      |

        第四年 --C组（本地）
产品 | 广告 | 订单总额 | 数量 | 9000 | 14000
P1   |      |          |      |      |
P2   |      |          |      |      |
P3   |  1   |    18    |  2   |      |  √
P4   |      |          |      |      |
```

表 2–7

注意：各个市场的产品数量是有限的，并非打广告就一定得到订单。能分析清楚"市场预测"、并且"商业间谍"得力的专家，一定占据优势。

注意：如果希望获得标有"ISO9000"或"ISO14000"的订单时，必须在相应的市场的栏目中投入 1M 广告费。

4．订单说明

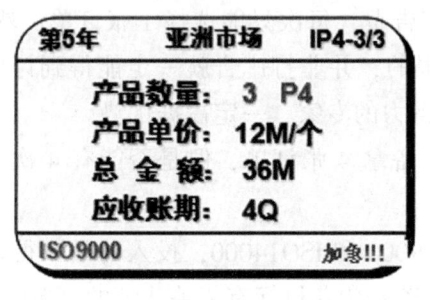

```
第5年        亚洲市场       IP4-3/3
产品数量：  3  P4
产品单价：  12M/个
总 金 额：  36M
应收账期：  4Q
ISO9000                      加急!!!
```

图 2–13

市场需求用客户订单卡片的形式表示，卡片上标注了市场、产品、产品数量、单价、订单价值总额、账期、特殊要求等要素。

营销总监将获得的订单按照货品放到物理沙盘订单的规定区域中。

订单上的账期代表客户收货时货款的支付方式。若为 0 账期，则现金付款；若为 4Q，代表客户付给企业的是 4 个季度到期的应收账款。如果没有特别说明，普通订单可以在当年内任一季度交货。订单上标有"加急!!"字样的订单，必须在第一季度交货。因此，营销总监接单时要考虑企业的产能。如果订单上标注了"ISO9000"或"ISO14000"，那么要求生产单位必须取得了相应认证并投放了认证的广告费，两个条件均具备，才能得到这张订单。

注意：各个订单的销售量、利润、账期是不一样的，要想办法得到最合适的订单！

5. 交货

交货必须按照以下原则进行。

（1）严格按照订单要求的数量交货。

（2）在订单规定的交货期之前交货，如订单规定交货期为第三季度，则可以在当年第三季度以前（含第三季度）交货。

（3）当需要交货时，需要选择要交货的订单，然后按确认交货。

（4）将出售产品所得应收款按订单上所写账期，放入盘面应收款相应的账期，如果账期为0，则直接进入现金库。

若为订单（0账期）付款，营销总监直接将现金置于现金库，财务总监做好现金收支记录；若为应收账款，营销总监将现金置于应收账款相应账期处。

如果没有特别说明，普通订单可以在当年内任一季度交货。如果由于生产能力不足或其他原因，导致本年不能交货（或加急订单不能在第一季度交货），企业为此应受到以下处罚：

（1）本年扣除该张订单总额的25%（向下取整）作为违约金罚款，违约金直接在银行处扣除；

（2）无条件收回订单，取消订货合同；

（3）如果未能及时完成订单的企业是这个市场的老大，那么免去市场老大的地位，市场地位下降一级，下一年该订单必须最先交货。

说明：如果上年市场老大没有按期交货，市场地位下降，则本年该市场没有老大。

应收账款登记表

公司	款类		一年				二年				三年			
			1	2	3	4	1	2	3	4	1	2	3	4
	应收期	1												
		2												
		3												
		4												
	到款													
	贴现													
	贴现费													

公司	款类		四年				五年				六年			
			1	2	3	4	1	2	3	4	1	2	3	4
	应收期	1												
		2												
		3												
		4												
	到款													
	贴现													
	贴现费													

表 2-8

（三）厂房购买、租赁与出售

企业目前拥有自主厂房——大厂房，价值 40M。另有小厂房可供选择使用，有关各厂房购买、租赁、出售的相关信息如表 2-9 所示。

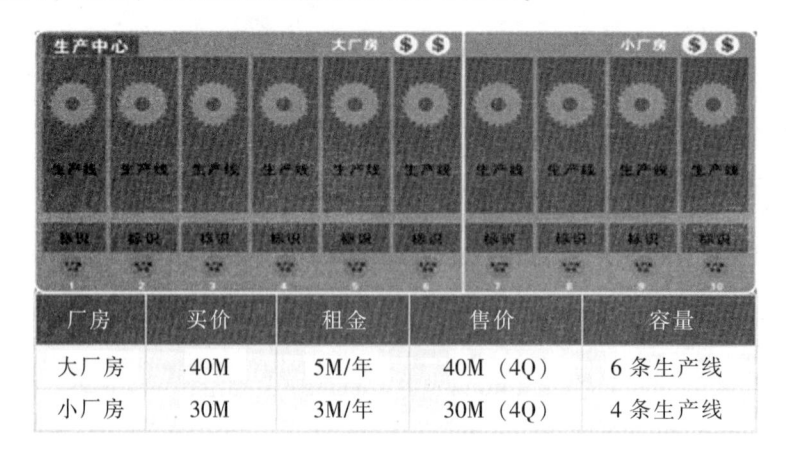

厂房	买价	租金	售价	容量
大厂房	40M	5M/年	40M（4Q）	6 条生产线
小厂房	30M	3M/年	30M（4Q）	4 条生产线

表 2-9

每季均可租或买，租满一年的厂房在满年的季度（如第二季租的，则在以后各年第二季为满年，可进行处理），需要用"厂房处置"进行"租转买"、"退租"（当厂房中没有任何生产线时）等处理，如果未加处理，则原来租用的厂房在满年季末自动续租；厂房不计提折旧；生产线不允许在不同厂房间移动。

提示：

1. 年底决定厂房是购买还是租赁，出售厂房计入4Q应收款，购买后将购买价放在厂房价值处，厂房不计提折旧。无论购买还是租赁，财务总监应做好现金收支记录。

2. 如果无生产线，现金额等于卖出价进行4Q账期应收款贴现。

3. 如果有生产线，卖出价进行4Q账期应收款贴现后，再扣除厂房租金（例如：出售有生产线的大厂房，40M应收款转为现金30M，贴现费用5M，租金5M；小厂房则为30M应收款转为现金23M，贴现费用4M，租金3M），不允许部分贴现。

（四）生产线购买、转产与维护、出售

企业目前有三条手工生产线和一条半自动生产线，另外可供选择的生产线还有全自动生产线和柔性生产线。不同类型生产线的主要区别在于生产效率和灵活性。生产效率是指单位时间生产产品的数量；灵活性是指转产生产新产品时设备调整的难易性。有关生产线购买、转产与维修、出售的相关信息如表2-10所示。

生产线	购买价格	安装周期	生产周期	转产周期	转产费用	维护费用	出售残值
手工线	5M	无	3Q	无	无	1M/年	1M
半自动	8M	2Q	2Q	1Q	1M	1M/年	2M
全自动	16M	4Q	1Q	2Q	4M	1M/年	4M
柔性线	24M	4Q	1Q	无	无	1M/年	6M

表2-10

所有生产线都能生产所有产品，所需支付的加工费相同，为1M/产品。

1. **购买**：投资新生产线时按安装周期平均支付投资，全部投资到位的下一个季度领取产品标识，开始生产。生产总监向供应商购买所需要的生产线，并不是将现金交给供应商，而是按照生产线的安装周期和投入安装费用放在生产线区域，如果安装完毕，生产线就可以使用了。

2. **转产**：现有生产线转产生产新产品时可能需要一定转产周期并支付一定转产费用，最后一笔支付到期一个季度后方可更换产品标识。将物理沙盘上的转产产品牌换成新的产品牌。

3. **维护**：生产线安装完成，不论是否开工生产，都必须在当年交纳维护费；正在进行转产的生产线也必须交纳维护费。当年在建的生产线和当年出售的生产线不用交维护费；生产总监从财务总监处取相应现金置于沙盘上的"维护费"处，并做好现金收支记录。

4. 出售：出售生产线时，如果生产线净值小于残值，将净值转换为现金；如果生产线净值大于残值，将相当于残值的部分转换为现金，将差额部分作为费用处理（综合费用-其他）。将不使用的产品线卖掉，把所需卖掉的生产线交给供应商，并取得相应收入，放在现金区。

5. 折旧：每年按生产线净值的 1/3 取整计算折旧。当年建成的生产线不计提折旧，当生产线净值小于 3M 时，每年提 1M 折旧。当净值等于残值时，不再计提折旧。

6. 注意：投资生产线的支付不一定需要连续，可以在投资过程中中断投资，也可以在中断投资之后的任何季度继续投资，但必须按照上表的投资原则进行操作。

(1) 不论何时出售生产线，价格为残值，净值与残值之差计入损失。

(2) 只有空生产线方可转产。

(3) 当年建成生产线需要交维修费。

(4) 一条生产线待最后一期投资到位后，必须到下一季度才算安装完成，允许投入使用。

(5) 生产线安装完成后，必须将投资额放在设备价值处，以证明生产线安装完成。

(6) 企业间不允许相互购买生产线，只允许向设备供应商购买。

(7) 生产线不允许在厂房之间移动。

生产线购买具体操作（以全自动线为例）：

- 自己领取生产线牌，放置到某个厂房位置；
- 放置 2 个空桶
- 第一季度（领牌季度）投入 4 个币；
- 第二季度投入 4 个币；
- 第三季度可投入使用，将币放到设备价值区；
- 注意：当年设备不计提折旧！但要交维护费。

图 2-14

（五）原材料采购与产品生产

1. 原材料采购

采购：根据上季度所下采购订单接受相应原料入库，并按规定付款。没有下订单的原材料不能采购入库。用空桶表示原材料订货，将其放在相应的订单上，R1、R2 订购必须提前一个季度；R3、R4 订购必须提前两个季度。所有下订单的原材料到期必须采购入库。货物到达企业时，必须照单全收，并按规定支付原料费或计入应付账款。

产品	手工线加工费	半自动加工费	全自动/柔性线加工费
P1	1M	1M	1M
P2	2M	1M	1M
P3	3M	2M	1M
P4	4M	2M	1M

原料采购（每个原材料 R 价格 1M）		账期
每次采购某个品种原材料	5 个以下	现金
	6–10 个	1Q
	11–15 个	2Q
	16–20 个	3Q
	20 个以上	4Q

名称	购买价格	提前期
R1	1M/个	1 季
R2	1M/个	1 季
R3	1M/个	2 季
R4	1M/个	2 季

表 2-11

下达采购订单，在订单区放置 1 空桶表示原材料订单。

在途，根据上季度 R3、R4 采购订单将 R3、R4 转入在途。

原材料入库，根据上季度所下 R1、R2 采购订单及 R3、R4 在途将相应原料入库。

原料入库的同时应支付材料款，支付的现金由采购总监暂时保管，待满 1 桶时可持币到指导教师或总裁判处换取所需原材料。

除立刻支付现金外也可以使用应付账款（不超过 4 期，期满后付款方法同上）。如果启用应付账款，需在沙盘上作相应标记（仅限于原材料付款）。财务总监将应收款向现金库方向推进一格，到达现金区时即成为现金，做好现金收支记录。原材料赊购是有时间限制的。

原料采购操作示例（以 R3 为例）：

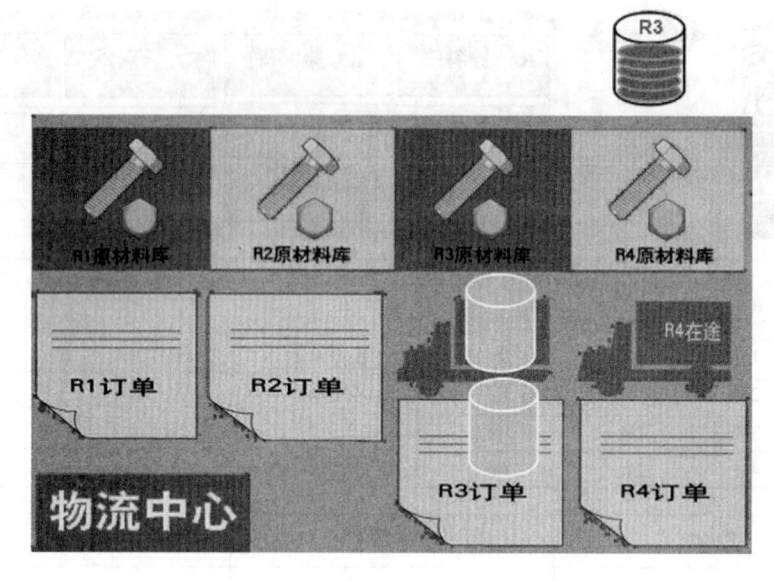

图 2-15

2. 产品生产

开始一个新的生产,需要生产总监、仓库主管和财务总监共同来完成。生产总监根据产品结构到仓库领用相应原料,财务总监支付工人的加工费,将原料、加工费放入小桶中置于生产线上第一个生产周期处。

开始生产时按产品结构要求将原料放在生产线上并支付加工费,各条生产线生产产品的加工费均为 1M。

注意:各线不能同时生产两个产品;空生产线才能上线生产,一条生产线只能生产一个产品;上线生产必须有原料,否则必须"停工待料"。

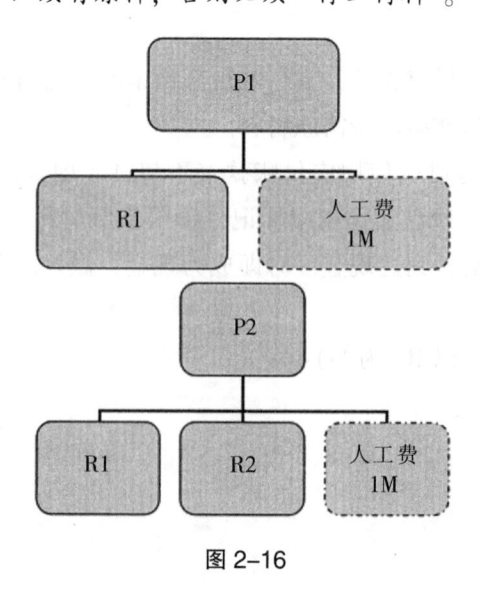

图 2-16

上线生产操作示例（以 P2 为例）

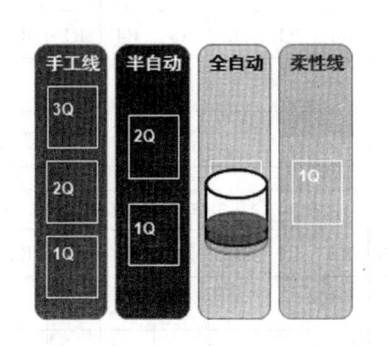

图 2-17

更新生产，将在产品移入下一周期。若已经是最后一期，则执行产品完工入库。完工入库后，将产品下线转入对应的产品库。以 P1 为例，更新生产、完工入库，每过 1Q，在制品就向前挪动一格。

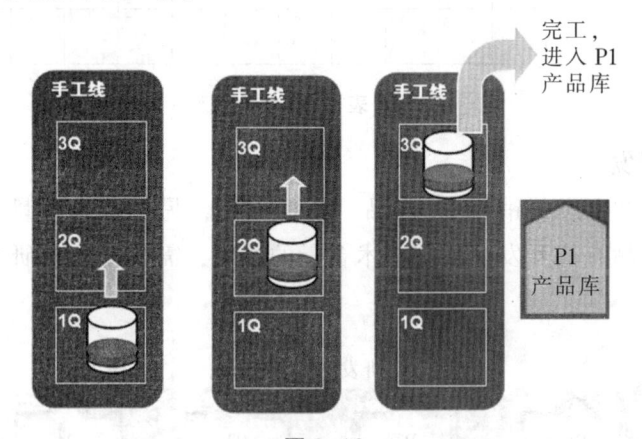

图 2-18

注意：紧急采购

1. 付款即到货，原材料价格为直接成本的 2 倍，成品价格为直接成本的 3 倍。

2. 紧急采购原材料和产品时，直接扣除现金。上报报表时，成本仍然按照标准成本记录，紧急采购多付出的成本计入费用表损失项。

公司采购登记表

1年	1季				2季				3季				4季			
原材料	R1	R2	R3	R4	R1	R2	R3	R4	R1	R2	R3	R4	R1	R2	R3	R4
订购数量																
采购入库																

2年	1季				2季				3季				4季			
原材料	R1	R2	R3	R4	R1	R2	R3	R4	R1	R2	R3	R4	R1	R2	R3	R4
订购数量																
采购入库																

3年	1季				2季				3季				4季			
原材料	R1	R2	R3	R4	R1	R2	R3	R4	R1	R2	R3	R4	R1	R2	R3	R4
订购数量																
采购入库																

表 2-12

(六) 产品研发

企业目前可以生产并销售 P1 产品。根据预测，另有技术含量依次递增的 P2、P3、P4 的三种产品有待开发。不同技术含量的产品，需要投入的研发时间和研发投资是有区别的。

产品	P2	P3	P4
研发时间	6Q	6Q	6Q
研发投资	6M	12M	18M

图 2-19

新产品研发投资可以同时进行，按季度平均支付或延期，资金短缺时可以中断；全部投资完成的下一周期方可开始生产。研发投资计入综合费用，研发投资完成后持全部投资换取产品生产资格证。ISO9000 和 ISO14000 的销售订单必须是接收订单的企业和生产企业都有资格才行。如表 2-13 所示。

按照年初制订的产品研发计划，生产部主管向财务总监申请研发资金，置于相应产品技术投资区。财务总监做好现金收支处理。

产品开发登记表

年度	账期	P2	P3	P4	总计	完成	监督员签字
第1年	第1账期						
	第2账期						
	第3账期						
	第4账期						
第2年	第1账期						
	第2账期						
	第3账期						
	第4账期						
第3年	第1账期						
	第2账期						
	第3账期						
	第4账期						

表 2-13　产品研发需要投入的时间及研发费用

（七）市场开发和 ISO 认证

新市场开拓：市场开发投资按年度支付，允许同时开发多个市场，但每个市场每年最多投资为 1M，不允许加速投资，但允许中断。市场开发完毕之后每年都要投入至少 1M 的广告维护市场，否则视为放弃该市场，下一年度要进入该市场需重新开发。

市场开发完成后持开发费用到指导教师处领取市场准入证，之后才允许进入该市场竞单。营销总监向财务总监申请开拓市场的现金放置在要开拓的市场区域，由财务助理配合做好现金支出记录。

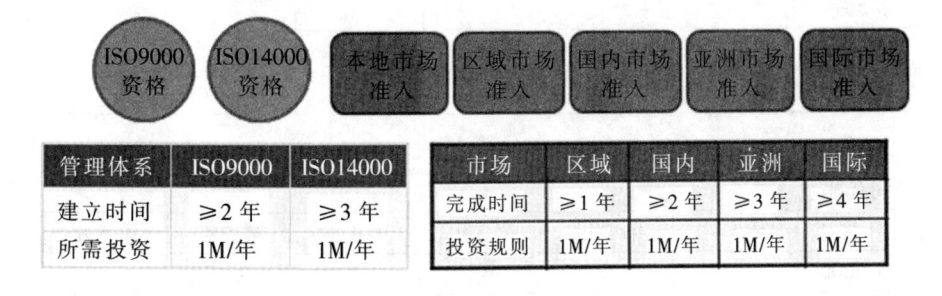

管理体系	ISO9000	ISO14000
建立时间	≥2年	≥3年
所需投资	1M/年	1M/年

市场	区域	国内	亚洲	国际
完成时间	≥1年	≥2年	≥3年	≥4年
投资规则	1M/年	1M/年	1M/年	1M/年

表 2-14

ISO 认证：随着客户的质量意识及环境意识越来越清晰，经过一定时间的市场孕育，最终会反映在客户订单中。企业要进行 ISO 认证，需要经过一段时间并花费一定费用。

两项认证投资可同时进行或延期,资金短缺的情况下,投资随时可以中断。相应投资完成后领取 ISO 资格证。研发投资与认证投资计入当年综合费用。

市场开拓、产品研发、品牌建设操作规则示例:

市场开拓:开拓完毕之后才能进行"竞单"

产品研发:研发完毕之后才能上线"生产"

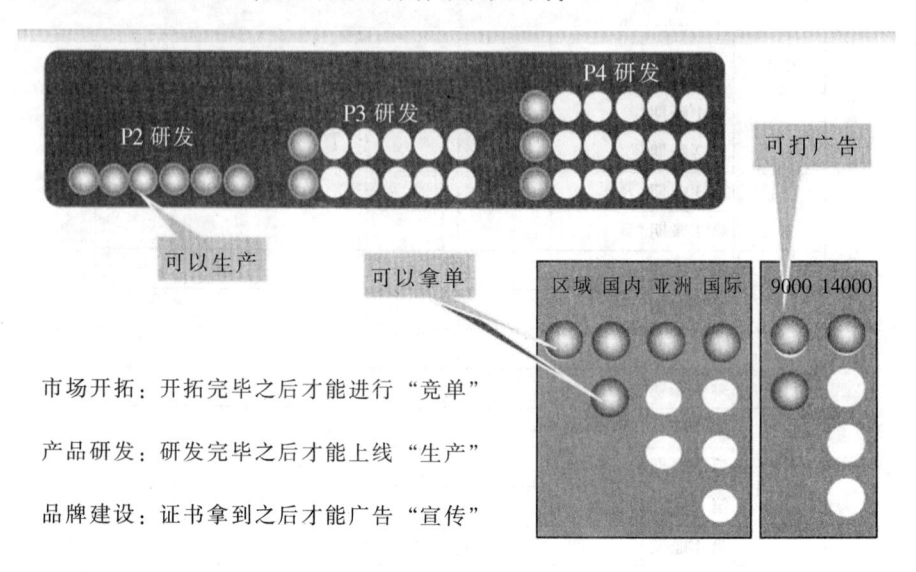

品牌建设:证书拿到之后才能广告"宣传"

图 2-20

市场开发投入登记表

公司代码:

年度	区域市场 (1y)	国内市场 (2y)	亚洲市场 (3y)	国际市场 (4y)	完成	监督员签字
第1年						
第2年						
第3年						
第4年						
第5年						
第6年						
总计						

ISO 认证投资

公司代码:

年度	第1年	第2年	第3年	第4年	第5年	第6年
ISO9000						
ISO14000						
总计						
监督员签字						

表 2-15

(八) 融资贷款、资金贴现

资金是企业的血液，是企业所有活动的支撑。在 ERP 沙盘模拟课程中，企业尚未上市，因此其融资渠道只能是银行借款、高利贷和应收账款贴现。

贷款类型	贷款时间	贷款额度	年息	还款方式
长期贷款	每年年末	权益的 2 倍	10%	年底付息，到期还本
短期贷款	每季度初	权益的 2 倍	5%	到期一次还本、付息
高利贷	任何时间		20%	到期一次还本、付息
资金贴现	任何时间	视应收款额	1∶6	变现时贴息

表 2-16

1. 无论长期贷款、短期贷款还是高利贷均以 20M 为基本贷款单位。长期贷款最长期限为 5 年，短期借款及高利贷期限为一年，不足一年的按一年计息，贷款到期后返还。

2. 应收账款贴现随时可以进行；金额必须是 7 的倍数；不考虑应收账款的账期，每 7M 的应收款交纳 1M 的贴现费用，其余 6M 作为现金放入现金库。

3. 贷款额度必须为权益的两倍且为 20 的整数倍。如果为 11-19，只能按 10 来计算贷款数量；低于 10 的权益，将不能贷款。计算方法：权益数去个位数，再乘以 2，即得出贷款额度（例如：权益有 123，则去个位数，得 120，再乘以 2，得 240，是为 20 的倍数）。短期长期彼此独立，短期贷款可采取车轮战术：先贷马上再还，只需支付利息即可。

4. 短期贷款到期时还本付息；长期贷款每年需还利息，到期还本，本利双清后，如果还有额度时，才允许重新申请贷款。即：如果有贷款需要归还，同时还拥有贷款额度时，必须先归还到期的贷款，才能申请新贷款，不能以新贷还旧贷（续贷）。

注意：几点规则说明

小组间除了产品和原料的买卖之外，不能有其他任何交易。小组间严禁有资金的直接拆借，但可以产品买卖的形式拆借资金。

公司贷款申请表

贷款类		1年				2年				3年				4年				5年				6年			
		1	2	3	4	1	2	3	4	1	2	3	4	1	2	3	4	1	2	3	4	1	2	3	4
短贷	借																								
	还																								
高利贷	借																								
	还																								
短贷余额																									
监督员签字																									

长贷	借						
	还						
长贷余额							
上年权益							
监督员签字							

表 2–17

（九）综合费用与折旧、税金

综合费：行政管理费、市场开拓、产品研发、ISO 认证、广告费、生产线转产、设备维修、厂房租金等计入综合费用。

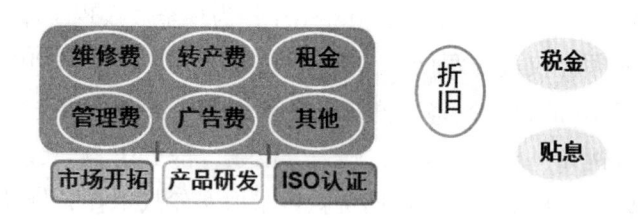

图 2–21

折旧：设备折旧按平均年限法计算，每年按生产线原值的 1/5 计算折旧。每年按生产线净值的 1/4 取整计算折旧；手工生产线每年折旧 1M，直到折为残值 1M 为止。半自动生产线每年折旧 2M，直到折为残值 2M 为止。全自动生产线每年折旧 3M，直到折为残值 3M 为止。柔性生产线每年折旧 4M，直到折为残值 4M 为止。折旧每年年底进行（第 4Q 的相应位置），生产线的折旧部分放入盘面上的"折旧"栏目；当年建成的生产线不提折旧。

税金：每年所得税计入应付税金，在下一年初交纳。税率为税前利润乘以三分之一再取整（不考虑四舍五入）。若之前年度有负利润没有交税金的，则应该弥补之前亏损。（如，第一年税前利润为-4，第二年税前利润为-5，第三年的税前利润为10，则应交税费为：(10-4-5)×1/3≈0）

二、企业经营竞争模拟

企业选定接班人之后，原有管理层要"扶上马，送一程"。因此在起始年里，新任管理层仍受制于老领导，企业的决策由老领导定夺（这里由授课教师指挥），新管理层只能执行，主要目的是团队磨合，进一步熟悉规则，明晰企业的运营过程。

企业经营竞争模拟是ERP沙盘模拟的主体部分，按企业经营年度展开。经营伊始，通过商务周刊发布市场预测资料，对每个市场每个产品的总体需求量、单价、发展趋势做出有效预测。每一个企业组织在市场预测的基础上讨论企业战略和业务策略，在CEO的领导下按一定程序开展经营，做出所有重要事项的经营决策，决策的结果会从企业经营结果中得到直接体现。

（一）起始年说明

起始年的计划（每组都相同）：不进行任何贷款；不投资新的生产线；不进行产品研发；不购买新厂房；不开拓新市场；不进行ISO认证；每季度订购1个R1原料；生产持续进行；年初支付1M广告费，设维护费每条生产线支付1M。

1. 年初4项工作

（1）新年度规划会议：确定销售预算，各组自主决策，填写广告费登记表。思考以下问题：

要研发什么产品？要开拓哪些市场？要研发ISO吗？厂房是大是小？是买是租？要购买什么样的生产线？什么时间买？几条？买来生产什么？是否需要订购原材料？是否需要和银行借款？长贷还是短贷？贷多少？

（2）参加订货会/登记销售订单

每组派人到教师处拿订单（订单号在右上角），填写订单登记表，支出广告费。如果前一年年末的现金不足以支付下年的广告费，应作扣分处理或其他惩罚。

（3）制定新年度计划

（4）支付应付税：从现金拿一个至"税金"。

每年运行流程

新年度规划会议	★
参加订货会/登记销售订单	1
制定新年度计划	
支付应付税	
季初现金盘点	
更新短贷/支付利息/获得新贷款	
更新应付款/归还应付款	
原材料入库/更新原料订单	
下原料订单	
更新生产/完工入库	
投资新生产线/变卖生产线/生产线转产	
向其他企业购买原材料/出售原材料	
开始下一批生产	
更新应收款/应收款收现	
出售厂房	
向其他企业购买成品/出售成品	

按订单交货	
产品研发投资	
支付行政管理费	
其他现金收支情况登记	
支付利息/更新长期贷款/申请长期贷款	
支付设备维护费	
支付租金/购买厂房	
计提折旧	
新市场开拓/ISO认证投资	
结账	
现金收入合计	
现金支出合计	
期末现金对账	

表 2-18

2. 每季度的十九项工作(注意账物相符)

(1) 季初现金盘点：记录余额

(2) 更新短贷/还本付息/获得新贷款

更新短期贷款：将空桶向现金方向移一格，移至现金库时，表示到期。

还本付息：取出现金，本还给银行，利息放在盘面上的"利息"处并做好记录。

贷款后，请拿走现金的学生记得签名确认。

(3) 更新应付款/归还应付款

将应付款向现金库方向推进一格。

(4) 原材料入库/更新原料订单

将原料订单区的空桶向原料库方向推进一格。

如果要入库，持写有"原材料标识、个数、账期"的纸条到教师处兑换新的原料，并做登记，将带有纸条的空桶放入对应账期的应付账款处。

(5) 下原料订单

每个空桶代表一批原料，将相应数量的空桶放在对应品种的原料订单处。用纸条记录"原材料标识、个数、账期"。

(6) 更新生产/完工入库

将各生产线上的在制品推进一格。产品下线即放在成品库。

(7) 投资新生产线/变卖生产线/生产线转产

① 投资新生产线：投资新设备时，运营总监于某厂房相应位置上放置与该生产线安装周期相同的空桶数，每个季度向财务总监申请建设资金，额度=设备总购买价值/安装周期，财务总监做好现金收支记录。在全部投资完成后的下一季度，到教师处领取产品标识，可以开始投入使用。

注意：购买新生产线之后，将等量资金的灰币放置在生产线净值处。

② 变卖生产线：当生产线上的在制品完工后，可变卖生产线。

③ 生产线转产：如果需要转产且需要一定的转产周期及转产费用，请运营总监翻转生产线标识，按季度向财务总监申请并支付转产费用，停工满足转产周期要求并支付全部的转产费用后，再翻转生产线标识，领取新的产品标识，开始新的生产。

生产线一旦建成，不得在各厂房间随意移动。

(8) 向其他企业购买原材料/出售原材料

如果高于原料价值购入，购买方将差额（支出现金-原料价值）记入利润表中的其他支出；出售方将差额记入利润表中的其他收入。

(9) 开始下一批生产

从原料库中取出原料，申请产品加工费，将上线产品摆放到离原料库最近的生产周期。

(10) 更新应收款/应收款收现

将应收款向现金库方向推进一格，到达现金库时即成为现金。

(11) 出售厂房

按购买价值出售，得到 4 账期应收账款。

(12) 向其他企业购买成品/出售成品

买方将购买价记入直接成本；出售方将收取的现金记入销售收入，所花费的生产费用计入直接成本。

(13) 按订单交货（订单上需要注明组号、季度号）

必须按订单整单交货。在订单登记表中登记成本。

(14) 产品研发投资

申请研发资金，置于相应产品生产资格位置。产品研发投资完成，领取相应产品的生产资格证。

(15) 支付行政管理费

取出 1M 放在"管理费"处。

(16) 其他现金收支情况登记

应收账款贴现，高利贷支付的费用等。

(17) 现金收入合计

统计本季度现金收入总额。

(18) 现金支出合计

统计本季度现金支出总额。第四季度的统计数字包括第四季度本身和年底发生的现金。

(19) 期末现金对账

每个季度末,盘点现金余额并登记。

3. 年末六项工作

(1) 支付利息/更新长期贷款/申请长期贷款

取出现金放在"利息"处。

更新长期贷款:将空桶向现金方向移一格,移至现金库时,表示到期。

长期贷款只有年末可以申请。

(2) 支付设备维修费

在用的每条生产线支付 1M 的维护费。

(3) 支付租金/购买厂房

如果在小厂房安装生产线,要决定是购买还是租用。

(4) 计提折旧

厂房不计提折旧;设备按余额递减法计提折旧。

折旧=原有设备价值/3,四舍五入。

当设备价值下降至 3M 时,每年折旧 1M。

折旧一定要提对。

(5) 新市场开拓/ISO 认证投资

取出现金放在要开拓的市场区域或要认证的区域。市场开发或认证完成后,持开发费用从教师处领取市场准入证或 ISO 资格证(可待年末报表确认无误后到助教那里领取)。

(6) 结账

年终盘点,编制利润表和资产负债表。

(二) 实际操作需要填写的各种表格

1. 订单登记表

销售会议完成后,请将市场订单登记在本表中。

订单号	×××							
市场	本地							
产品	P1							
数量	6							
账期	2Q							
销售额								
成本								
毛利								

交货时填写

表 2–19

2. 每年运行流程（动态填满）

新年度规划会议	★				按订单交货	×	★	×	×
参加订货会/登记销售订单	1				产品研发投资	×	×	×	×
制定新年度计划	★				支付行政管理费	1	1	1	1
支付应付税	1				其他现金收支情况登记	×	×	×	×
季初现金盘点	18	14	10	22	支付利息/更新长期贷款/申请长期贷款				4
更新短贷/支付利息/获得新贷款	×	★	★	★	支付设备维护费				4
更新应付款/归还应付款	×	×	×	×	支付租金/购买厂房				★
原材料入库/更新原料订单	2	1	1	1	计提折旧				(4)
下原料订单	★	★	★	★	新市场开拓/ISO 认证投资				★
更新生产/完工入库	★	★	★	★	结账				★
投资新生产线/变卖生产线/生产线转产	★	★	★	★	现金收入合计	0	0	15	32
向其他企业购买原材料/出售原材料	×	×	×	×	现金支出合计	4	4	3	12
开始下一批生产	1	2	1	2	期末现金对账	14	10	22	42
更新应收款/应收款收现	★	★	15	32					
出售厂房	×	×	×	×					
向其他企业购买成品/出售成品	×	×	×	×					

表 2-20

提示：每个季度结束时一定要核对现金！

3. 填写商品核算统计表

	P1	P2	P3	P4	合计
数量	6				6
销售额	32				<u>32</u>
成本	12				<u>12</u>
毛利	20				<u>20</u>

> 记入利润表的第1至3行

表 2-21

如不能交单，则扣除违约金（从当年现金中直接拿掉），并取消市场老大地位，收回订单。

4. 填写费用明细表

项目	金额	备注
管理费	4	
广告费	1	
保养费	4	
租金		
转产费		
市场准入		□区域 □国内 □亚洲 □国际
ISO资格认证		□ISO9000 □IS014000
产品研发		P2（ ） P3（ ） P4（ ）
其他		利润表第4行
合计	9	

表 2-22

5. 年终报表

利润表 单位：百万

		上年	本年
销售收入	+	35	32
直接成本	-	12	12
毛利	=	23	20
综合费用	-	11	9
折旧前利润	=	12	11
折旧	-	4	4
支付利息前利润	=	8	7
财务收入/支出	+/-	4	4
其他收入/支出	+/-		0
税前利润	=	4	3
所得税	-	1	1
净利润	=	3	2

资产负债表 单位：百万

资产		年初	本年	负债+权益		年初	本年
现金	+	20	42	长期负债	+	40	40
应收款	+	15	0	短期负债	+	0	0
在制品	+	8	8	应付款	+	0	0
成品	+	6	6	应交税	+	1	1
原料	+	3	2	1年到期的长贷	+		0
流动资产合计	=	52	58	负债合计	=	41	41
固定资产				*权益*			
土地和建筑	+	40	40	股东资本	+	50	50
机器设备	+	13	9	利润留存	+	11	14
在建工程	+		0	年度净利	+	3	2
固定资产合计	=	53	49	所有者权益	=	64	66
总资产	=	105	107	负债+权益	=	105	107

表 2-23

6. 年度经营结束后工作

注意：

1. CFO（在手册封面上写上组别和CFO姓名）向教师提交：产品核算统计表、综合费用明细表、利润表、资产负债表。

2. 教师录入后，需要确认无误！如有延迟交货，需作额外处理。

3. 各组取走沙盘上企业已支出的各项成本（含折旧、其他等）交到教师处。

4. 到教师处申请领取本年已完成的市场准入证、生产线标识、ISO认证等。

5. 每一年经营后，需要反思我们的行为，分析实际与计划的偏差及其原因，并做好记录，制定下一年的计划，这些都是我们报告中要体现的内容。

三、总结分析评价

(一) 企业经营的本质

企业是指从事商品生产、流通和服务等活动，为满足社会需要和盈利，进行自主经营，自负盈亏，具有法人资格的经济组织。

经营是指企业以市场为对象，以商品生产和商品交换为手段，为了实现企业的目标，使企业的投资、生产、销售等经济活动与企业的外部环境保持动态均衡的一系列有组织的活动。

企业是一个以盈利为目的的组织。企业管理的目标可概括为生存、发展、盈利三个部分。

1. 企业生存

企业在市场上生存下来的基本条件：一是以收抵支，二是到期还债。这从另一个角度告诉我们，如果企业出现以下两种情况，就将宣告破产。

(1) 资不抵债

如果企业所取得的收入不足以弥补其支出，导致所有者权益（连续两年）为负时，企业破产。

(2) 现金断流

如果企业的负债到期，无力偿还，债权人会来敲你的门，企业就会破产。

2. 企业盈利

企业经营的本质是股东权益最大化，即盈利。而从利润表中的利润构成中不难看出，盈利的主要途径一是扩大销售（开源），二是控制成本（节流）。

(1) 扩大销售

利润主要来自于销售收入，而销售收入由销售数量和产品单价两个因素决定。提高销售数量有以下方式：

① 扩张现有市场，开拓新市场；
② 研发新产品；
③ 扩建或改造生产设施，提高产能；
④ 合理加大广告投放力度，进行品牌宣传。

提高产品单价受很多因素制约，但企业可以选择单价较高的产品进行生产。

(2) 控制成本

产品成本分为直接成本和间接成本。

① 降低直接成本。

直接成本主要包括构成产品的原料费和人工费。在ERP沙盘模拟课程中，原料费由产品的BOM结构决定，在不考虑替代材料的情况下没有降低的空间；用不同生

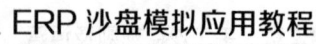

产线生产同一产品的加工费也是相同的，因此在 ERP 沙盘模拟课程中，产品的直接成本是固定的。

② 降低间接成本。

从节约成本的角度，我们不妨把间接成本区分为投资性支出和费用性支出两类。投资性支出包括购买厂房、投资新的生产线等，这些投资是为了扩大企业的生产能力而必须发生的；费用性支出包括营销广告、贷款利息等，通过有效筹划是可以节约一部分的。

企业利用一定的经济资源，通过向社会提供产品和服务，获取利润。

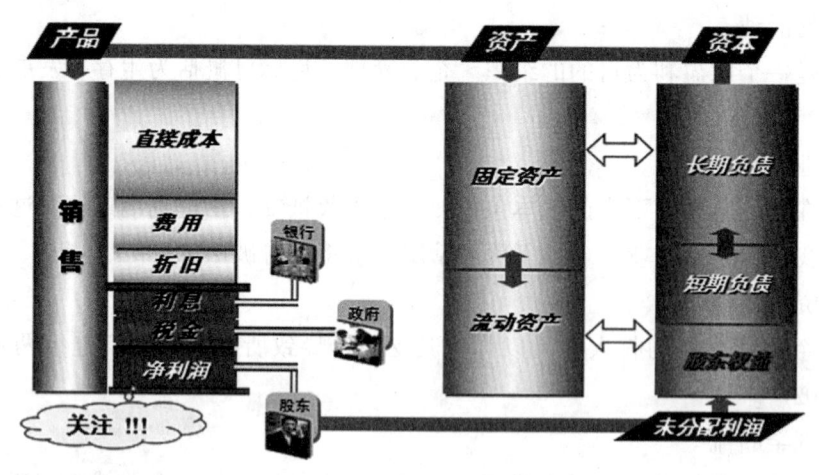

图 2-22

(二) 市场分析与定位

1. 市场调研—透彻了解市场

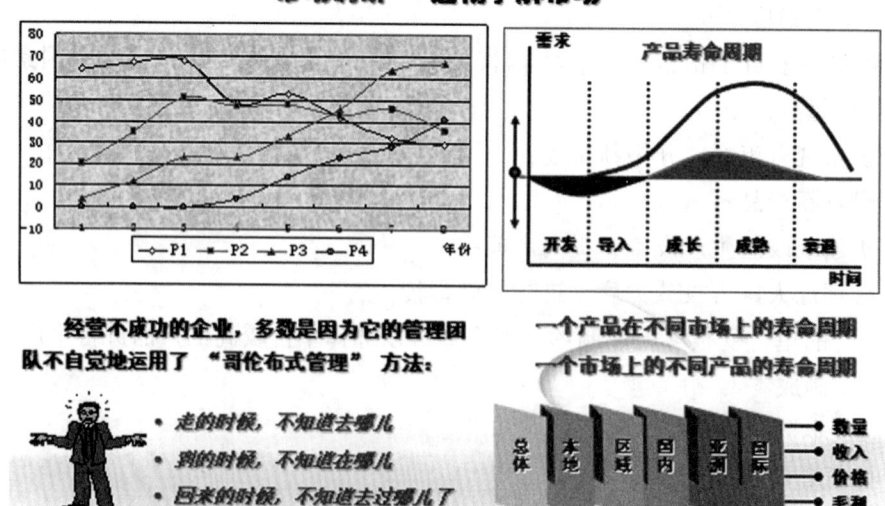

图 2-23

2. 市场细分—目标市场的选择

图 2-24

3. 市场定位—机会与实力的平衡

产品	本地	区域	国内	亚洲	国际
P1	4	4	4	4	3
P2	3	3	3	3	2
P3	3	2	2	1	1
P4	2	1	1	1	2

　　企业通过市场调查与分析可能发现许多机会，但还需要分析自己有没有实力。机会大而实力不够会出现什么情况呢？你吃不下；如果发现机会很小而企业实力很大，你吃不饱，可能会饿死。

　　为什么世界大型企业、中型企业、小型企业各有各的活法，就是要把握机会和实力的平衡。各有各的战场，各有各的地盘，大企业不能做小市场，小企业也不能做大市场。

图 2-25

（三）开源—努力扩大销售

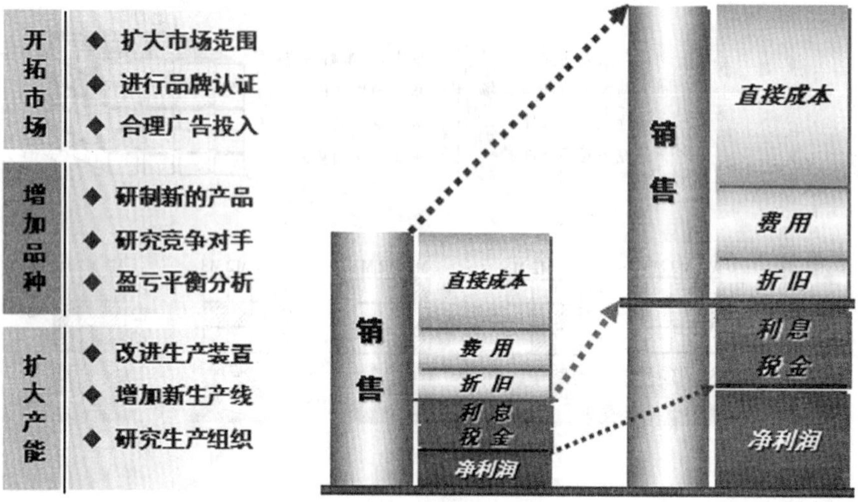
开拓市场
◆ 扩大市场范围
◆ 进行品牌认证
◆ 合理广告投入
增加品种
◆ 研制新的产品
◆ 研究竞争对手
◆ 盈亏平衡分析
扩大产能
◆ 改进生产装置
◆ 增加新生产线
◆ 研究生产组织
销售
直接成本
费用
折旧
利息
税金
净利润
销售
直接成本
费用
折旧
利息
税金
净利润

图 2–26

（四）节流—尽力降低成本

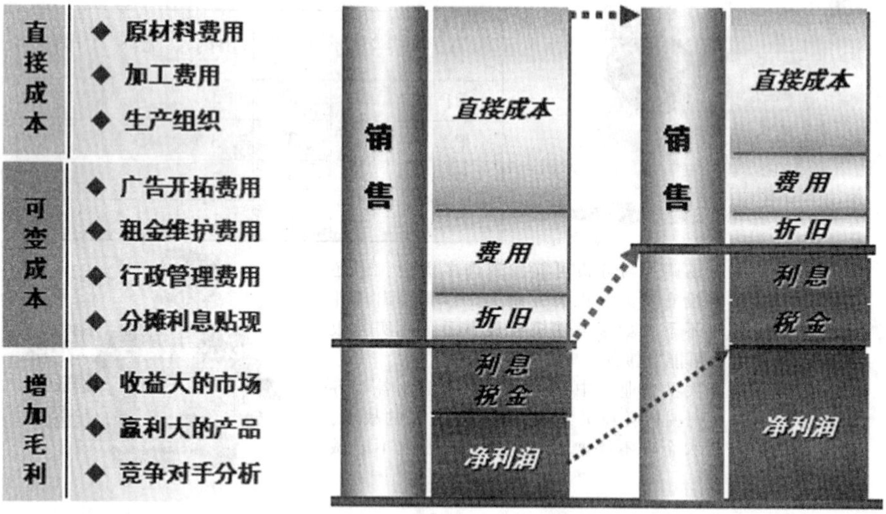
直接成本
◆ 原材料费用
◆ 加工费用
◆ 生产组织
可变成本
◆ 广告开拓费用
◆ 租金维护费用
◆ 行政管理费用
◆ 分摊利息贴现
增加毛利
◆ 收益大的市场
◆ 赢利大的产品
◆ 竞争对手分析
销售
直接成本
费用
折旧
利息
税金
净利润
销售
直接成本
费用
折旧
利息
税金
净利润

图 2–27

（五）透视经营的利器

经营绩效评估——ROA、ROE

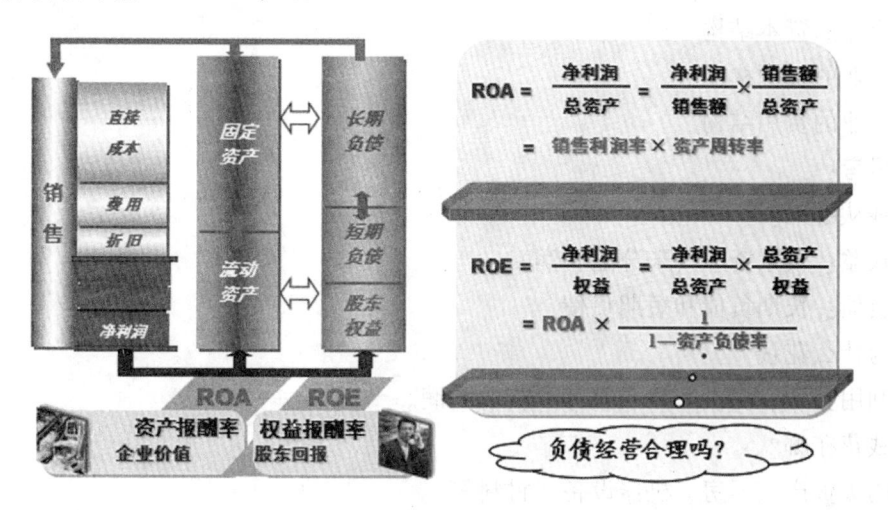

图 2-28

（六）分析工具—杜邦财务分析体系

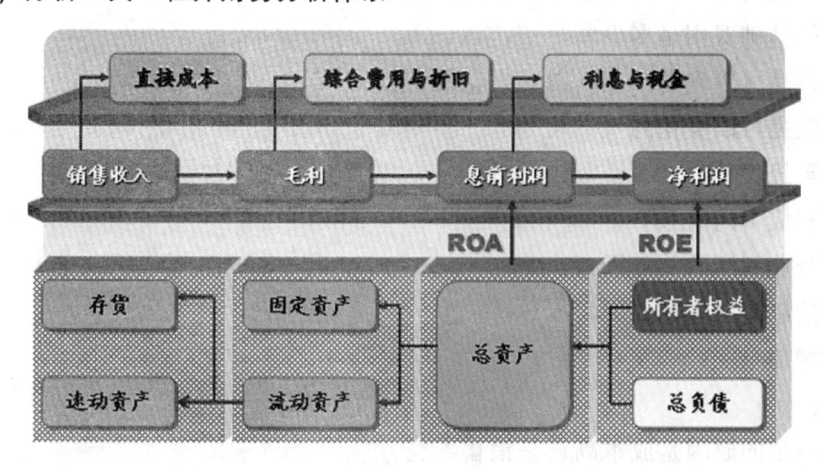

图 2-29

四、课程小结

课程导入准备

制造型企业经营所涉及的因素

企业物流运作的规则

企业财务管理、资金流控制运作的规则

企业生产、采购、销售和库存管理的运作规则

企业面临的市场、竞争对手、未来发展趋势分析

企业的组织结构和岗位职责等

第一年经营

企业资金的流向

企业的资本结构

企业的资源构成

企业的费用结构

思考：

钱从哪来？

权益：股东资本（未分配利润）

负债：长期负债和短期负债

为什么花钱？

利用资源，提供产品或服务，获取利润。

钱花在哪？

购买资产：厂房、机器设备、材料等。

支付费用：工资、利息、管理费用、开发产品、广告费等。

你的钱花到哪了？一共花了多少钱？请分类汇总。

一年的基础费用是多少？

哪些钱是可以现在不花，以后再花的？

哪些钱是可以少花的？

第二年经营

利润和成本的关系

增加企业利润的关键因素

成本控制需要考虑的因素

如何增加企业的利润？

思考：

利润不足的原因是成本高还是销售不畅？

什么原因造成成本高？如何解决？

什么原因造成销售不畅？如何开源？

行业利润空间过低，如何应对？

第三年经营　产销平衡

产品需求趋势分析

产品销售价位、销售毛利分析

以销定产、以产定购的管理思想

生产线改造和建设的意义

思考：

你是否关注市场的需求情况？

你的生产计划是如何制定的？
你的广告费投放的依据是什么？
你的生产线建设是否考虑了产品的需求趋势？
如何合理的安排采购和生产？

第四年经营　预算规划
现金流控制策略
预算控制的作用
影响预算编制的因素
预算控制的范围

思考：
你的企业做预算了吗？
你的预算控制是否有效果？
预算应该控制哪些内容？
预算对企业发展的作用是什么？

第五年经营　团队精神
如何安排各个管理岗位的职能
如何对各个岗位进行业绩衡量及评估
理解"岗位胜任符合度"的度量思想
如何更有效地监控各个岗位的绩效

思考：
你的团队合作是否成功？表现在哪？
你的团队分工是否考虑个人的优势？
你是否喜欢你现在的岗位？
如何考核每个岗位（分岗位）的工作业绩？
如何理解不同岗位间的合作关系？

第六年经营　经营总结
企业的优势构成
影响企业竞争优势的因素
竞争与企业战略的关系
短期计划与发展战略的关系

思考：
你的优势何在？
你的优势是否给你的企业带来利润？
你的经营战略制定是否考虑了市场情况？
分析影响战略执行的原因，如何调整你的经营战略？

细化你的产品战略、市场战略。

是否需要将未开发的市场、产品、认证都完成？原因何在？

是否还有扩大生产的能力？是否将生产能力扩到最大？原因何在？

总结阶段

通过本课程你应该——

1. 清晰了解企业战略和关键成功因素；

2. 用战略的眼光看待业务的决策和运营；

3. 用策略方法改进公司创造价值的能力；

4. 找到跟踪企业运行状况的"仪表盘"，把握适时调整企业方向的"驾驶技能"。

复习思考题

1. 简述 ERP 物理沙盘的角色分工。

2. 简述 ERP 物理沙盘模拟经营的规则。

实训拓展

运用物理沙盘模拟企业经营

【实训项目】

运用物理沙盘模拟企业经营，培养学生的实际动手能力及将知识运用到实践的能力。

【实训内容】

1. 要求学生熟悉企业的角色分工和企业的初始状态等。

2. 熟悉物理沙盘的运营规则。

3. 会运用规则进行实际的 1~6 年模拟经营，并进行分析评价。

【实训组织】

1. 把全班同学分成 7 组进行物理沙盘的模拟对抗。

2. 每组学生 5~7 人，分别按照沙盘角色进行人员分工。

【实训考核】

1. 要求每组学生写出沙盘经营的实训报告或小结。

2. 要求学生填写实训报告。其内容包括①实训项目；②实训目的；③实训内容；④本人承担任务及完成情况；⑤实训小结。

3. 教师评阅后写出实训评语，实训小组或全班进行交流。

第三章　ERP沙盘模拟相关企业管理知识

章前导读

ERP沙盘模拟以某个制造企业为模拟对象,模拟该企业运营过程中的关键环节:战略管理、资金筹集、市场营销、产品研发、生产组织、信息收集、财务核算与管理等。ERP沙盘模拟是一个斗智斗勇的博弈过程,期间需要参与者综合运用各种企业管理知识。若要取得模拟竞争的胜利,就需要首先了解ERP沙盘模拟竞争中主要涉及的企业管理知识。

教学目标

1. 了解各项企业管理知识中的基本概念。
2. 理解企业管理中的各种基本管理原理。

第一节　企业战略管理

有人说,企业需要战略管理如同军队需要军事战略一样,如果最高指导原则的战略是正确的,那么,即使在战术方面犯了一些错误,这个企业仍然可能取得成功。由此可见,企业战略对一个企业的经营有着极其重大的意义。在ERP沙盘模拟中,每个企业的起始状态都是相同的,所给定的资源也都是一样的,企业的目标可以简化为在资源给定的情况下,追求利润的最大化和企业竞争力的提升。企业必须分析利用外部发展机会,充分利用企业内部资源,制定合理可行的企业战略,才能取得好的经营业绩,实现既定的发展目标。

一、企业战略与企业战略管理的含义

企业战略是企业面对复杂多变、竞争激烈的经营环境,为求得长远生存和不断发展而进行的具有长远性、系统性和全局性的总体谋划。它是企业战略思想的集中体现,是企业经营范围的科学规定,同时也是企业制订各种计划的基础和依据。企业战略管理是指其确定使命后,根据组织外部环境和内部条件设定战略目标,为保证目标

的正确落实和实现进行谋划，并依靠企业内部能力将这种谋划和决策付诸实施，以及在实施过程中进行控制的动态管理过程。战略管理的目的是为企业的持续生存和不断发展提供一个管理上的保障。从实践上看，企业战略管理总是围绕着企业家展开的，从这个意义上说，企业战略管理也就是企业家的战略管理，企业战略管理的功能就是使企业家面向未来的市场竞争，在形成和发挥企业竞争优势的过程中，不断实现企业资源能力与外部环境的动态平衡，从而把企业从现在引向未来，实现公司宗旨。在当今企业环境因素越来越复杂多变、竞争越来越激烈的时代，战略管理作为高层管理人员的组成部分，逐渐显示出它在企业管理中的重要性。

二、战略管理过程

企业战略管理是对企业的未来发展方向制定决策和实施决策的动态管理过程，是一种循环复始、不断发展的全过程、总体性管理。一般情况下，一个全面的、规范的战略管理过程包括三个主要阶段，即战略分析与定位、战略制定与选择和战略实施与控制。

（一）战略分析与定位

企业在制定战略的时候首先必须明确一系列问题：企业面临的主要的、关键的问题是什么，威胁企业生存的关键因素有哪些，企业能够有效利用的机会在哪里，企业具有优势的领域是哪些，企业的主要竞争对手是谁，等等。如果企业在制定战略的时候，对面临的问题并不十分清楚，就不可能制定出符合企业实际情况的战略，制定的战略也不可能真正得到贯彻执行。如果企业对自身面临的问题十分清楚并且认真总结，那么企业战略的制定就会水到渠成，战略的实施就具有较强的可行性。只有准确地找到了企业存在的问题，才有可能制定出符合企业生存和发展的战略方案。

在制定企业战略的时候，一般需要进行以下三方面的分析。

1. 外部环境分析

企业处在复杂的政治、经济、文化、技术等环境之中，分析外在环境对企业的影响对战略制定至关重要。外部环境分析主要包括对宏观环境及行业环境的分析。外部环境分析的目的在于评价企业所面临的机会与威胁。

2. 内部环境分析

企业内部的各种环境因素一般分为三类：一是企业资源条件，诸如人力资源、物力资源、财力资源、技术资源、组织资源、信息资源、自然条件等；二是企业的战略能力，如营销能力、财务能力、竞争能力、适应能力、生产能力、研发能力、综合管理能力等；三是核心能力，核心能力是指居于核心地位并能产生竞争优势的要素作用力，具体包括学习型组织和集体知识，尤其是如何协调各种生产技术以及如何将多种技术、市场趋势和开发活动相结合的知识。内部分析旨在评价企业的优势与劣势，以便在制定战略时扬长避短，有效利用企业资源。

3. 确定企业使命、愿景与目标

确定企业使命是战略定位的第一要务，其内容包括对企业的主要经营范围、经营哲学、市场目标的描述和对与企业有利害关系的人和组织对企业期望的估计。另外，企业的发展既要有长远的愿景，又要有近期目标，这需要构建好企业的目标体系，从愿景、使命细化到战略目标，再细化到执行性目标。

（二）战略制定与选择

战略制定是战略管理过程中的第二个关键阶段。战略制定旨在根据企业目的、优势和劣势以及企业的外部机会和威胁拟定一系列备选方案。约翰逊和施乐斯在1989年提出了战略制定过程的四个组成部分。

1. 提出战略方案

需要考虑的最基本问题是：哪一种战略方向最明智？因此，在制定战略的过程中，可供选择的方案应较多一些。

2. 评估战略备选方案

要按战略分析的原则对各种战略备选方案按完成企业目标的能力逐个进行评估，目的在于选出既考虑企业外部环境所具备的机会和威胁，又综合企业内部的优势与劣势两类要素的最佳战略。

3. 进行战略选择

企业在选择管理层认为可行的战略方案时，可能仅有一种战略，也可能有一组战略可供选择。需要注意的是，战略的选择并不存在一个最佳的标准，并且战略又总是有一定风险性的，所以不可能有绝对正确的战略。最终的战略选择还是由管理层主观决定的。

4. 围绕选择的可行战略方案制定政策和实施规则

选择好最优方案并不是战略制定的终结，管理层还要制定政策，确定战略实施的基本规则。

三、战略实施与控制

战略实施是贯彻执行既定战略规划所必需的各项活动的总称，是战略管理的一个重要组成部分。战略实施所需的条件主要包括以下四大方面。

（一）建立和调整企业的组织结构

为了保证战略的顺利实施，企业需要一个有效的组织结构以适应战略计划的需要。这涉及企业是采用垂直结构还是横向结构，是采用集权式机制还是分权式决策机制。德鲁克有句名言："能够完成工作任务的、最简单的组织结构，就是最优的结构。判别一个好的组织结构的标准是——它不带来问题，结构越简单，失误的可能性越小。"

（二）人员和制度的管理颇为重要

人力资源关系到战略实施的成功与失败。在人力资源管理中，最重要的是如何挑选实施战略的管理者，使他们的知识、能力、经验、性格修养和领导风格等同实施的战略相适应。

（三）进行战略控制

通过确定评价内容，建立业绩标准，衡量实际业绩，并将实际获得的业绩与预期目标进行比较，以发现战略制定或实施过程中的问题，从而做出纠偏行动。有效的战略控制，不但需要分析战略是否按原计划实施，而且需要分析战略是否取得了预期的效果，这一切是与战略实施过程同步进行的。

（四）处理冲突、政治和变革

政治是企业内形成派别的基础，派别利益引发冲突，变革更使其白热化。公司政治像瘟疫一样存在于企业之中，企业内部各种团体都有自己的利益要求，这些要求常常发生冲突，这些利益冲突则会导致各种争斗和结盟，而战略变革往往使权力斗争白热化，因此在战略实施过程中应特别注意这些问题。

四、战略分析

（一）企业外部环境分析

宏观环境是影响企业战略选择的最终根源。它涵盖范围很广，包括自然、社会、文化、信息、技术、法律等多项要素。现实中，企业难以对所有要素逐一分析，而且也无此必要。所以作为战略的制定者应该把宏观环境分析的重点放在战略性的关键要素上，即着重于那些关键的、值得做出反应的变化要素上。这种选取政治、经济、技术和社会文化四个关键的要素进行分析的方法，我们称其为 PEST 分析法。（如图 3-1 所示：宏观环境分析包括对宏观的政治环境、经济环境、法律环境、技术环境、人口环境、自然环境和社会文化环境的分析。）

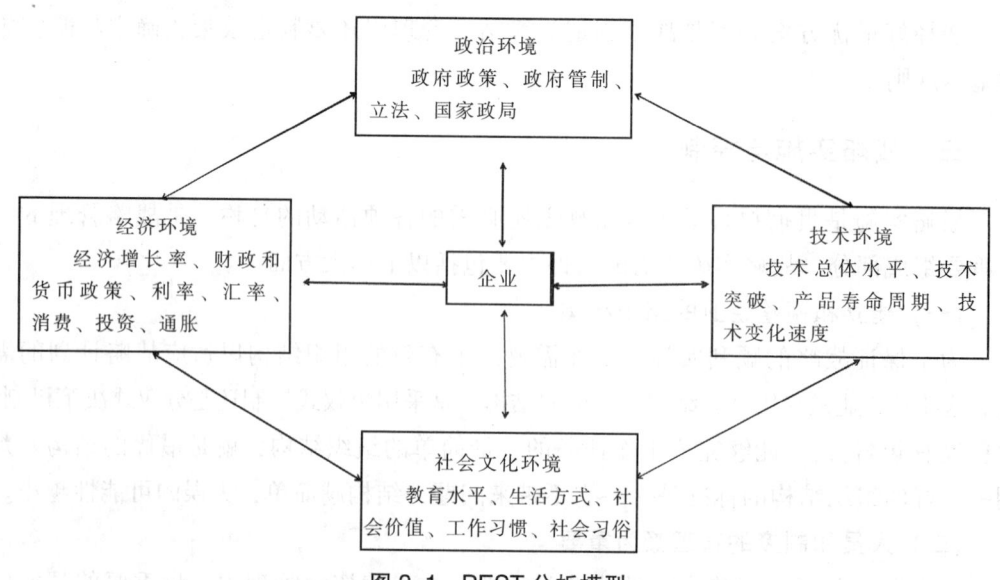

图 3-1 PEST 分析模型

1. 政治环境

政治环境主要是指对企业经营活动具有现实的和潜在作用与影响的政治力量，同时也包括对企业经营活动加以限制和要求的法律和法规等等，最后，还包括突发的政治事件，也有可能对企业的经营活动造成一定的影响。

具体来说，企业的政治环境主要包括以下四个方面：企业所在地区和国家的政局稳定情况；政府政策对企业经营行为的影响，如政府补贴、出口退税、科研基金等等；相关法律对企业经营行为的影响，法律是政府用来管理企业的一种手段，直接关系到企业的经营行为；突发的政治事件，如遇有战争，则企业经营战略的执行就要被迫中断。

2. 经济环境

经济环境主要指一个国家的经济制度、经济结构、经济发展水平、消费水平以及未来的发展趋势等状况。

3. 技术环境

企业的技术环境指的是企业所处的社会环境中的科技要素及与该要素直接相关的各种社会现象的集合。新技术革命的兴起影响着社会经济的各个方面，人类社会的每一次重大进步都离不开重大的科技革命。企业的发展在很大程度上也受到科学技术方面的影响，包括新材料、新设备、新工艺等物质化的硬技术和体现新技术、新管理思想、方式、方法等信息化的软技术。

4. 社会文化环境

社会文化环境是人类在长期的生活和成长过程中逐渐形成的，人们自觉接受的行动准则和指南。它主要包括以下四个方面：文化传统；价值观，即社会公众评价各种行为的观念标准；社会发展趋势，包括人们信仰、生活方式的改变；人口因素，如人口总数、教育水平、家庭结构变化等等。

在沙盘模拟中，模拟企业概况的宏观环境已经给定，不需要我们做相应的分析。但在实际的企业运营中，宏观环境分析会对企业的生存发展起到至关重要的作用。

(二) 行业环境分析

现实中，许多行业结构因素影响着整个行业的竞争强度和获利性，同样，许多学者也提出了相关模型用于描述行业的竞争结构。这里我们介绍其中一种最为常用的，由哈佛商学院波特教授在20世纪80年代提出的"五力模型"，即行业环境分析方法，包括对供应商的议价能力、购买者的议价能力、新进入者的威胁、替代品的威胁、同业竞争者的竞争程度的分析。

1. 供应商的议价能力

供方主要通过其提高投入要素价格与降低单位价值质量的能力，来影响行业中现有企业的盈利能力与产品竞争力。供方力量的强弱主要取决于他们所提供给买主的是什么投入要素，当供方所提供的投入要素其价值构成了买主产品总成本的较大比例、对买主产品生产过程非常重要或者严重影响买主产品的质量时，供方对于买主的潜在讨价还价力量就大大增强。一般来说，满足如下条件的供方会具有比较强的讨价还价能力：第一，供方行业为一些具有比较稳固的市场地位并且不受市场激烈竞争困扰的企业所控制，其产品的买主很多，以致每单个买主都不可能成为供方的重要客户；第二，供方各企业的产品各具特色，以致买主难以转换或转换成本太高，或者很难找到可与供方企业产品相竞争的替代品；第三，供方能够方便地实行前向联合或一体化，而买主难以进行后向联合或一体化。

2. 购买者的议价能力

购买者主要通过其压价以及要求提供较高的产品或服务质量的能力，来影响行业中现有企业的盈利能力。一般来说，满足如下条件的购买者可能具有较强的讨价还价能力：第一，购买者的总数较少，而每个购买者的购买量较大，占了卖方销售量的很大比例；第二，卖方行业由大量的相对来说规模较小的企业组成；第三，购买者所购买的基本上是一种标准化产品，同时向多个卖主购买产品在经济上也完全可行；第四，购买者有能力实现后向一体化，而卖主不可能实现前向一体化。

3. 新进入者的威胁

新进入者在给行业带来新生产能力、新资源的同时，也希望在已被现有企业瓜分完毕的市场中赢得一席之地，这就有可能会与现有企业发生原材料与市场份额的竞争，最终导致行业中现有企业盈利水平降低，严重的话还有可能危及这些企业的生存。竞争性新进入者威胁的严重程度取决于两方面的因素，即进入新领域的障碍大小与预期现有企业对于进入者的反应情况。

进入障碍主要包括规模经济、产品差异、资本需要、转换成本、销售渠道开拓、政府行为与政策、不受规模支配的成本劣势（如商业秘密、产供销关系、学习与经验曲线效应等）、自然资源（如冶金业对矿产的拥有）、地理环境（如造船厂只能建在海滨城市）等方面，这其中有些障碍是很难借助复制或仿造的方式来突破的。预期现有企业对进入者的反应情况，主要是其采取报复行动的可能性大小，而这个则取决于有关厂商的财力情况、报复记录、固定资产规模、行业增长速度等。总之，新企业进入一个行业的可能性大小，取决于进入者主观估计进入所能带来的潜在利益、所需花费的代价与所要承担的风险这三者的相对情况。

4. 替代品的威胁

两个处于同行业或不同行业中的企业，可能会由于所生产的产品可以互相替代，从而在它们之间产生相互竞争行为，这种源自于替代品的竞争会以各种形式影响行业中现有企业的竞争战略。第一，现有企业产品售价以及获利潜力的提高，将由于存在着能被用户方便接受的替代品而受到限制；第二，由于替代品生产者的侵入，使得现有企业必须提高产品质量，或是通过降低成本来降低售价，或是使其产品具有特色，否则，其销量与利润增长的目标就有可能受挫；第三，源自替代品生产者的竞争强度，受产品买主转换成本高低的影响。总之，替代品价格越低、质量越好、用户转换成本越低、其所能产生的竞争压力就越强；而这种来自替代品生产者的竞争压力的强度，可以具体通过考察替代品销售增长率、替代品厂家生产能力与盈利扩张情况来加以描述。

5. 同业竞争者的竞争程度

大部分行业中的企业相互之间的利益都是紧密联系在一起的，作为企业整体战略一部分的各企业竞争战略，其目标都在于使得自己的企业获得相对于竞争对手的优势，所以，在实施中就必然会产生冲突与对抗现象，这些冲突与对抗就构成了现有企业之间的竞争。它常常表现在价格、广告、产品介绍、售后服务等方面，其竞争强度与许多因素有关。

一般来说，出现下述情况将意味着行业中现有企业之间竞争的加剧：行业进入障碍较低；势均力敌的竞争对手较多；竞争参与者范围广泛；市场趋于成熟，产品需求增长缓慢；竞争者企图采用降价等手段促销；竞争者提供几乎相同的产品或服务，用户转换成本很低；一个战略行动如果取得成功，其收入相当可观；行业外部实力强大的公司在接收了行业中实力薄弱企业后，发起进攻性行动，结果使得刚被接收的企业成为市场的主要竞争者；退出障碍较高，即退出竞争要比继续参与竞争的代价更高。在这里，退出障碍主要受经济、战略、感情以及社会政治关系等影响，具体包括：资产的专用性、退出的固定费用、战略上的相互牵制、情绪上的难以接受、政府和社会的各种限制等。

行业中的每一个企业或多或少都必须应付以上各种力量的威胁，而且企业必须面对行业中每一个竞争者，除非认为正面交锋有必要而且有益处，例如能够得到很大的市场份额，否则，企业可以通过设置进入壁垒，包括差异化和转换成本的措施来保护自己。当一个企业确定了自己的优势和劣势时，必须进行定位，以便因势利导，而不是被预料到的环境因素变化所损害，如产品生命周期、行业增长速度等，然后保护自己并做好准备，以有效地对其他企业的举动做出反应。

(三) 企业内部环境分析

管理者在从事管理活动时，不仅要考虑上述组织所处的外部环境、行业环境，也必须在不同程度上考虑内部环境的各种力量和因素。此处我们将介绍如何用价值链分析模型来分析组织的内部环境。

哈佛大学商学院教授波特在1985年提出了企业价值链理论。所谓价值链，是企业从事设计、生产、营销、交货以及对产品起辅助作用的各种价值活动的总和。

同一个行业中的企业有大体相似的价值链，但仔细分析竞争对手之间的价值链却有着相当显著的差异，竞争者之间价值链的差异是竞争优势的根源。从竞争角度而言，竞争优势的市场表现主要反映在顾客价值的创造上，所谓顾客价值是顾客认知利益与顾客认知价格之差。顾客认知利益指的是顾客感觉到的收益总和；顾客认知价格指的是顾客感觉到的支出总和。为顾客创造价值是企业的基本战略目标。因此，可以用波特价值链的方法来分析企业内部条件，从而找出对顾客最有价值、对企业最有优势的活动，加以改进提高，以达到提高企业竞争力的目的。

根据价值链理论，我们将企业的价值活动分为两种：企业基本活动和企业辅助活动。

1. 企业基本活动

(1) 内部后勤：包括资源接收、储存和分配活动。

(2) 生产作业：将各种投入转化为最终产品。

(3) 外部后勤：包括产品发送、储存、运输等。

(4) 市场营销：包括市场营销的各种活动，如广告、促销等。

(5) 服务：包括安装、维修、培训和提供备件等。

2. 企业辅助活动

(1) 采购：这是指在企业整个价值链各项活动中的投入，而不仅仅是内部后勤的采购活动，包括各项活动所需要的原材料、易耗品、机器设备、办公设备及建筑物等。

(2) 技术开发：技术开发（不仅仅是指研究与开发中的技术开发）存在于企业许多部门，一个企业的技术水平直接关系到企业产品的功能、质量、资源利用效率及企业运行效率。

(3) 人力资源管理：人力资源管理包括设计所有类型人员的招聘、雇佣、培训、开发和激励等各种活动。

(4) 企业基础职能管理：包括企业总体管理、计划、财务、质量、企业管理信息系统、法律及其他各项管理活动。

以上价值链的分析帮助我们认识和了解了资源增值过程。应当看到，价值链各项活动之间是紧密联系的，恰恰是这种联系才形成了企业的竞争优势。各项活动对企业竞争优势的形成所起的作用是不同的。要站在最终用户的角度来评价企业的价值链，要使企业整个价值体系做到整体最优，企业内部环境分析就是要抓住企业价值链中的关键环节仔细进行分析，才能找到企业存在的优势和劣势。

五、企业总体战略

企业总体战略是企业最高层次的战略，是对企业全局的长远性谋划。总体战略的典型模式主要有增长型战略、稳定型战略和防御型战略三种。

（一）增长型战略

增长型战略又称成长战略。它是指企业在现有的战略基础水平上向更高一级的方向发展。从企业发展的角度来看，任何成功的企业都应当经历长短不一的增长型战略实施期，因为从本质上说只有增长型战略才能不断地扩大企业规模，使企业从竞争力弱小的小企业发展成为实力雄厚的大企业。

　　增长型战略的使用需要有一定的适应条件：第一，良好的经济形势往往是增长型战略成功的条件之一；第二，增长型发展战略必须符合政府管制机构的政策法规和条例等的约束，世界上大多数国家都鼓励高新技术的发展，因而一般来说这类企业可以考虑使用增长型战略；第三，公司必须有能力获得充分的资源来满足增长型战略的要求；第四，积极而有效的企业文化将使得增长型战略的实施阻力更小。

　　增长型战略有其自身的优缺点。增长型战略的优点主要体现在：企业可以通过发展扩大自身价值，这种价值既可以成为企业职工的一种荣誉，又可以成为企业进一步发展的动力；由于增长型发展，企业可以获得过去不能获得的崭新机会，避免组织的老化，使自己总是充满生机和活力；增长型战略能使企业保持竞争实力，实现特定的竞争优势。但增长型战略也有一些缺点，包括：在采用增长型战略获得初期的效果后，很可能导致企业盲目的发展和为了发展而发展，从而破坏企业的资源平衡；过快的发展很可能降低企业的综合素质，企业的状况虽然看似不错，实则出现了内部危机和混乱；对于增长型战略，企业管理者可能更多地注重投资结构、收益率、市场占有率、企业的组织结构等问题，而忽视产品的服务或质量，重视宏观发展而忽视微观问题，因而不能使企业达到最佳状态。

　　企业可以根据自身条件及竞争对手的优劣势选择适当类型的增长型战略，在寻找市场机会时可遵循这样一种思路：首先，观察自己在现有的业务领域范围内是否有进一步发展的机会；其次，分析与自己经营活动有关联的上下游产业或同业中是否有进一步发展的机会；最后，考虑与目前业务无关的领域中是否存在有较强吸引力的机会。这样，就形成了密集式增长战略、一体化成长战略和多角化成长战略这三种类型的增长型战略。

1. 密集式增长战略

　　当一个特定市场还存在发展潜力时，企业可以采用密集式增长战略，即企业仍然在现有的生产、经营范围内开展业务联系活动。企业可以采用四种具体方式实现密集增长，如图3-2所示。

	现有产品	新产品
现有市场	市场渗透战略	产品开发战略
新市场	市场开发战略	多角化战略

图3-2　产品市场矩阵

（1）市场渗透战略

　　通过各种营销手段促使现有顾客增加购买量，争取竞争对手的顾客，以及吸引新顾客（潜在顾客、从未购买过本企业产品的顾客）购买本企业的产品，从而扩大现有产品的销售量，实现企业业务增长。

(2) 产品开发战略

通过向现有市场提供改型变异产品（如增加花色品种、提高规格档次、改进包装、增加服务等），以满足不同顾客的需要，从而提高销售额，实现企业业务增长。

(3) 市场开发战略

通过努力开拓新市场，扩大现有产品的销售量，实现企业业务增长。主要形式有扩大现有产品的销售地区，在现有销售区域内寻找新的细分市场等。

2. 一体化增长战略

该战略是企业在两个可能的方向上扩展现有经营业务的一种发展战略，它包括前向一体化战略和后向一体化战略。前向一体化战略是企业自行对本公司产品做进一步深加工，或对资源进行综合利用，或公司建立自己的销售组织来销售本公司的产品或服务的战略。后向一体化战略则是企业自己供应生产现有产品或服务所需要的全部或部分原材料或半成品。

一体化的益处有：① 后向一体化战略可使企业对所用原材料的成本、可获得性及质量等具有更大的控制权；② 如果说一个企业的原材料供应商能获得较大的利润，那么通过后向一体化企业可将成本转化为利润；③ 前向一体化战略可使企业能够控制销售和分配渠道，这有助于解决库存积压和生产下降的问题；④ 当企业产品或服务的经销商具有很大的毛利时，通过前向一体化战略企业可增加自己的利润；⑤ 一些企业采用前向或后向一体化战略来扩大它们在某一特定市场或行业中的规模和势力，从而达到某种程度的垄断控制。

3. 多角化成长战略

该战略是指公司增加与现有的产品或服务、技术或市场都没有直接或间接联系的新产品或服务。在当今众多的大型企业中，实行多角化成长战略已成为一种发展趋势。

多角化成长战略有其优越性，主要表现在：① 公司可向几个不同的市场提供产品或服务，以分散经营风险，追求收益的稳定性；② 当多个部门（行业）单位在一个公司内经营时，它们可充分利用公司在企业管理、市场营销、生产设备、研究与开发等方面的资源，以产生协同效应，从而共同获益；③ 可对公司内的各经营单位进行平衡；④ 公司可向具有更优经济特征的行业转移，以改善公司的整体盈利能力和灵活性。

然而多角化成长战略也存在较大的风险，其主要弱点是带来企业规模膨胀以及由此带来的管理上的复杂化，如果公司管理者对新扩充的管理业务一点也不熟悉，则后果更糟。另外，实施多角化成长战略需要大量的投资，因此，要求公司具备较强的资金筹措能力。

(二) 稳定型战略

稳定型战略是一种对产品、市场等方面采取以守为攻，以安全经营为宗旨，不冒较大风险的战略。该种战略限于经营环境和内外部条件的约束,企业遵循与过去相同的战略目标,保持一贯的成长速度,同时不改变基本的产品或经营范围。

实施稳定型战略的企业具有如下一些特征:

① 企业满足于它过去的效益,继续寻求与过去相同或相似的战略目标;

② 期望取得的成就每年按大体相同的比率来增长;

③ 企业继续以基本相同的产品或服务来满足顾客。

采取稳定型战略的企业,一般处在市场需求及行业结构稳定或者较小动荡的外部环境中,因而企业所面临的竞争挑战和发展机会都相对较少。但是,有些企业在市场需求以较大的幅度增长或是外部环境提供了较多的发展机遇的情况下也会采取稳定型战略,这是因为企业本身的资源状况不足以使其抓住新的发展机会,于是不得不采用相对保守的稳定型战略。一些企业之所以采用稳定型战略是有多种原因的,其中一些原因如下:

① 管理层可能不希望承担较大幅度地改变现行战略所带来的风险;

② 战略的改变需要资源配置的改变;

③ 发展太快可能导致公司的经营规模超出其管理资源,进而很快发生低效率情况;

④ 公司的力量可能跟不上其产品和市场的变化。

稳定型战略有其自身的优缺点。其优点表现在:采用稳定型战略的公司能够保持战略的连续性,不会由于战略的突然改变而引起公司在资源分配、组织机构、管理技能等方面的变动,保持公司的平衡发展。但稳定型战略也有一些缺点,主要是:第一,由于公司只求稳定的发展导致可能丧失外部环境提供的一些可以快速发展的机会,如果竞争对手利用这些机会加速发展的话,则企业会处于非常不利的竞争地位;第二,采用稳定型战略可能会导致管理者墨守成规、因循守旧、不求变革的懒惰行为。

(三) 防御型战略

防御型战略的目的恰恰与增长型战略相反,它不寻求企业规模的扩张,而是通过调整来缩减企业的经营规模。这种战略是指企业从目前的战略经营领域和基础水平上进行收缩和撤退,且偏离起点战略较大的一种经营战略。与稳定型战略和增长型战略相比,防御型战略是一种消极的发展战略。一般来说,企业实施该战略只是短期的,其根本目的是使企业经历过风暴后转向其他的战略选择。有时只有采取收缩和撤退的措施,才能抵御竞争对手的进攻,避开环境的威胁,迅速地实行自身资源的最优配置。可以说,防御型战略是一种以退为进的战略。防御型战略主要包括收割战略、调整战略、放弃战略和清算战略等几种类型。

1. 收割战略

收割战略,也称抽资转向战略,是指企业为了控制成本和提高现金流量而减少在某一特定领域的投资。这个特定领域可能是一个战略经营单位、产品线或特定的产品型号。收割战略是在衰退阶段企业实施的有计划、有控制的退出战略。执行收割战略时，企业力图优化业务的现金流，取消或大幅削减新的投资。

并非所有业务都是可收割的，在下列情况下，企业可采取收割战略：

① 企业的某些领域正处于稳定或日益衰退的市场中；

② 企业的某些市场占有率小，扩大市场占有率的费用又太高；或者市场占有率虽然高，但要维持现状需要花费越来越多的费用；

③ 企业的某一领域不能带来满意的利润，甚至还亏损；

④ 如果减少投资，销售额下降的幅度不会太大；

⑤ 企业如减少该领域的投资，则能更好地利用资源；

⑥ 企业的某领域不是公司经营中的主要部分。

2. 调整战略

调整战略的目的是企图扭转企业财务欠佳的局面，提高运营效率，使公司能够渡过危机。导致公司财务状况不佳的原因是多方面的，企业要针对不同的原因采用不同的对策。在实施调整战略时，可采取以下的一些措施和行动：① 更换管理人员；② 削减资本支出；③ 实行决策集中化以控制成本；④ 减少新人员的录用；⑤ 减少广告和促销支出；⑥ 一般性削减支出，包括解雇一些人员；⑦ 强调成本控制和预算；⑧ 出售部分资产；⑨ 加强库存管理；⑩ 催收应收账款。

3. 放弃战略

这一战略是指卖掉企业的一个主要部门，它可能是一个战略经营单位，一条生产线，或者一个事业部。实施放弃战略对任何公司的管理者来说都是一个困难的决策。阻止公司采取这一战略的障碍来自三个方面：一是结构上的障碍；二是内部依存关系上的障碍；三是管理方面的障碍。这些阻力的克服，可以采用以下办法：在高层管理者中，形成"考虑放弃战略"的氛围；改进工资、奖金制度，使之不与"放弃"方案相冲突；妥善处理管理者的出路问题等。

4. 清算战略

这种战略是通过拍卖资产或停止全部经营业务来结束公司的存在。对任何公司的管理者来说，清算是最无吸引力的战略，只有当其他所有的战略全部失灵后才会采用。然而，及早地进行清算较之追求无法挽回的事业对企业来说可能是较适宜的战略。

六、经营单位竞争战略

经营战略所涉及的问题是在一个给定的业务或行业中，经营单位如何竞争取胜的问题，即在什么基础上取得竞争优势的问题。在经营单位的战略选择方面，波特提出三种可供选择的一般性竞争战略，分别是：成本领先战略、差异化战略和集中化战略。

（一）成本领先战略

成本领先战略又称低成本战略，即使企业的全部成本低于竞争对手的成本，甚至是在同行业中最低的成本。实现成本领先战略需要一整套具体政策：经营单位要有高效率的设备、积极降低经验成本、紧缩成本开支和控制间接费用，以及降低研究与开发、服务、销售、广告等方面的成本。

成本领先战略的理论基石是规模经济效益（即单位产品的成本随着生产规模增大而下降）和经验效益（即单位产品成本随累积产量的增加而下降）。为实现产品成本领先战略，企业内部需要具备下列条件：

① 设计一系列便于制造和维修的相关产品，彼此分担成本，同时使该产品能为所有主要用户集团服务，增加产品数量；

② 在现代化设备方面进行大量的领先投资，降低制造成本；

③ 降低研发、产品服务、人员推销、广告促销等方面的费用支出；

④ 建立起严格的、以数量目标为基础的成本控制系统；

⑤ 建立起具有结构化的、职责分明的组织机构，便于从上而下地实施最有效的控制。

（二）差异化战略

差异化战略是企业使自己的产品或服务区别于竞争对手的产品或服务，创造出与众不同的东西。一般来说，企业可在以下几个方面实行差异化：产品设计或商标形象的差异化；产品技术的差异化；顾客服务的差异化；销售分配渠道的差异化等。

（三）集中化战略

集中化战略是指企业的经营活动集中于某一特定的购买者集团、产品线的某一部分或某一地域的市场。如同差异化战略一样，集中化战略也可以呈现出多种形式。虽然成本领先战略和差异化战略二者都是在整个行业范围内达成目的，但集中化战略的目的是更好地服务于某一特定的目标，它的关键在于能够比竞争对手提供更为有效和效率更高的服务。因此，企业既可以通过差异化战略来满足某一特定目标的需要，又可以通过低成本战略服务于这个目标。尽管集中化战略不寻求在整个行业范围内取得低成本或差异化，但它是在较窄的市场目标范围内来取得低成本或差异化的。

同其他战略一样，集中化战略也能在本行业中获得高于一般水平的收益。主要表现在：第一，集中化战略便于集中使用整个企业的力量和资源，更好地服务于某一特定的目标；第二，将目标集中于特定的部分市场，企业可以更好地调查研究与产品有关的技术、市场、顾客及竞争对手等各方面的情况；第三，战略目标集中明确，经济成果易于评价，战略管理过程也容易控制，从而带来管理上的便利。

第二节　市场营销管理

市场营销管理是企业管理中的重要职能，也是ERP沙盘模拟中的重要环节。在ERP沙盘模拟经营中，各模拟企业要遵循相关规则，认真研究分析市场预测数据，合理投放广告争取订单，同时根据企业战略开发产品和开拓市场，使企业在竞争中取得优势。

一、市场营销与市场营销管理

市场营销对你我来说并不陌生，因为它就在你的周围。你会从附近购物中心琳琅满目的货架上看到市场营销；你会从充斥于电视屏幕、报纸杂志的广告中看到市场营销；在家庭、学校、工作单位、娱乐场所——无论你在做什么，你几乎都处在市场营销之中。市场营销是与市场有关的人类活动，是通过市场进行的、以货币为媒介的交易活动的统称。任何企业都可以通过市场营销来创造及交换产品或价值，并获得企业所需。因此，市场营销被视作企业的基本功能。

市场营销管理是企业为了实现其目标，创造、建立并保持与目标市场之间的互利互换关系而进行的分析、计划、实施和控制的过程。它的基本任务包括分析市场机会，制定营销策略，发展市场营销组合，决定营销预算，执行与控制营销计划。市场营销管理必须根据经营战略的要求进行，各战略经营单位的市场营销部门必须分析企业的基本战略和目标，它们是对市场营销管理的具体要求和约束，是市场营销计划的导向。例如，经营战略和目标是成本领先与扩大市场占有率，那么市场营销管理就必须与生产管理、财务管理、人力资源管理和研究与开发管理职能相结合，严格贯彻战略方针。

二、市场营销管理内容

企业的市场营销过程，是在企业已确定的业务经营范围内，由企业的市场营销部门按照企业总体战略中已规定的任务目标、产品投资组合和增长战略模式，从外部环境出发分析、评价各种产品业务增长的市场机会，结合企业的资源状况，综合考虑各项因素后，选择目标市场，进行市场定位，确定市场营销组合，制订市场营销计划，管理市场营销活动的完整过程。

市场营销环境是指对企业的市场和营销活动产生影响与冲击的不可控制的行动者及社会力量。任何企业都是在不断变化的社会环境中运行的，其营销活动除了受自身条件约束外，还要受外部环境的制约。对各种企业营销活动产生影响的外部不可控制的变量，构成了企业的市场营销环境。环境的变化，既会为企业营销带来机会，也可能造成威胁。企业营销人员必须全面、准确地认识市场营销环境及其变化趋势，以把握机会、防范威胁、趋利避害地开展营销活动。

（一）分析市场状况

市场营销环境由微观环境和宏观环境组成。微观环境是指与企业紧密相连、直接影响企业服务顾客能力的各种参与者，包括供应商、营销中介、顾客、竞争者、社会公众及企业内的其他部门。宏观环境是指间接影响企业营销活动的不可控制的大范围的社会力量，包括政治、法律、经济、人口、技术、文化和自然等环境。微观环境直接影响和制约企业的营销活动，与企业有或多或少的经济联系；宏观环境一般以微观环境为载体去影响和制约企业的营销活动。微观环境和宏观环境共同构成多因素、多层次、多变化的企业营销环境综合体。微观环境受制于宏观环境，微观环境中的所有因素都受宏观环境中各种社会力量的影响。

（二）选择目标市场

企业要在竞争激烈的市场上取胜，首先要以消费者为中心。消费者人数众多，他们的需求千差万别。因此，企业必须对整个市场进行细分，从中选择最佳的细分市场，制定切实可行的战略，在比竞争对手更有效地为目标市场服务的同时获得收益。具体来说，这一过程包括市场细分、目标市场选择和市场定位三个阶段。

（三）设计市场营销组合

所谓市场营销组合是企业针对选定的目标市场而整合的一系列可控的市场营销手段。1960年，麦卡锡（E.J. McCarthy）在《基础营销》一书中提出了著名的4P组合，即产品（Product）、渠道（Place）、价格（Price）、促销（Promotion）四要素，市场营销组合策略包括产品策略、渠道策略、价格策略、促销策略。

（四）管理市场营销活动

所有的营销战略和战术都必须付诸实践，这就需要实施营销活动管理，营销活动管理由计划、组织和控制等职能组成。企业首先要制订整体战略计划，并将它转化为各部门、产品或者品牌的营销计划或其他计划。通过执行，企业将计划转化为行动。无论是计划的制订还是实施，都离不开有效的市场营销组织。最后，还要对营销活动进行测量和评价，必要时采取纠偏措施，即有效地控制。

三、目标市场营销战略

目标市场营销战略倡导企业在市场分析的基础上，运用恰当的变量细分整体市场，将之分割为若干小的细分市场。同一细分市场中的消费者具有类似的消费需求，而不同细分市场的消费者具有相异需求。在此基础上，选取其中一个或者若干个细分市场作为企业的目标市场，并根据细分市场的竞争情况，为所提供的产品或服务进行有效的目标市场定位，围绕定位设计差异化的营销组合方案。

目标市场营销战略旨在帮助企业以有效的方式参与市场竞争，提高营销效率和效果。受消费者需求差异、市场竞争影响及自身资源能力所限，企业唯有集中力量，为具有相似需求的消费者创造并传递价值，才有可能提高营销的精确性。

企业目标市场营销战略决策过程包含三个重要步骤：一是市场细分；二是目标市场选择；三是市场定位。人们也称其为 STP 营销。

（一）市场细分

市场细分是指采用恰当的变量将整体市场划分为若干个能够相互区分的细分市场，从而帮助企业更好地认识市场，提高营销的精确性。细分市场的理论依据是需求的异质性。任何一种产品的市场都是由不同类型的消费者及其不同的需要构成的，营销人员必须依据消费者需求的不同对市场进行区分。无论是实力雄厚的大企业，还是资源有限的小企业，市场细分对于他们发掘市场机会、扩大销售、提高营销效率都是至关重要的。

进行市场细分有两个基本步骤：一是找出能反映消费者需求特征的变量，并根据选定的一个或者若干个变量，将整体市场划分为若干个细分市场，使每个细分市场由具有相似需求特征的消费者构成，不同细分市场则由需求特征相异的消费者组成；二是根据评估标准，对细分市场的有效性进行评估，如果符合评估标准，则市场细分有效，否则需要重新选择变量，再次进行市场细分。

通常两大类变量可以用来细分消费者市场：一类是反映消费者人文特征的变量，包括地理、人口统计、心理变量等；另一类是反映消费者对产品的反应，即反映消费者行为特征的变量，包括消费者与市场密切程度、使用数量、购买时机、购买频率和追求利益等。

（二）目标市场选择

目标市场选择是指在市场细分的基础上，按照一定的标准，选择一个或者几个细分市场作为企业的目标市场，促使企业集中自身的资源、能力，在具有发展潜力并适合企业的细分市场上开展经营活动。

每个市场都可以细分，但并不是每个细分市场都值得企业去经营。企业选择目标市场应当是自己能够最大限度地创造顾客价值并使自己有利可图，且可以长期存在的细分市场。实力雄厚的企业可以选择多个细分市场，甚至全部市场；资源有限的小企业则更适合进入一个或少数几个特别的细分市场，或者是"补缺市场"。

通过对细分市场进行评估，企业会发现一个或几个值得进的细分市场，这就有待于企业作出抉择，考虑从中选择哪些细分市场作为要进入的目标市场。目前有五种模式可供企业选择。

1. 产品—市场集中化

企业集中力量只生产或经营某一种产品，供应某一类顾客群。如某服装公司只为年轻女性生产韩式服装，吸引受"韩流"影响的消费者。这种模式的优点是企业可以更清楚地了解细分市场的特点，集中人力、财力、物力实行专业生产和经营。可一旦市场需求发生变化,企业将面临巨大的经营风险,一般适宜实力较弱的中小企业采用,如图3-3所示。

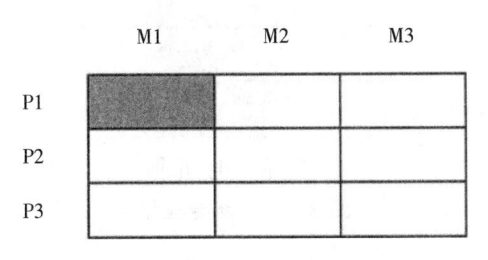

```
        M1    M2    M3
   P1  [■■]  [  ]  [  ]
   P2  [  ]  [  ]  [  ]
   P3  [  ]  [  ]  [  ]

       P:产品  M:市场
```

图3-3 产品—市场集中化

2. 产品专业化

企业选择几个细分市场,向不同顾客群同时提供单一种类的产品。当然,由于面对不同的顾客群,产品在式样、档次方面会有所不同。如某服装公司只生产一种调整体型的内衣,分别满足青年、中年、老年女性消费者的需求。这种模式的优点是企业可以有效建立产品的专业优势,树立鲜明的品牌特征,并能分散企业的经营风险,即使其中某一种市场失去了吸引力,企业还能在其他市场获利。但当消费者的兴趣发生转移或产品有替代品时,就会给企业造成威胁,如图3-4所示。

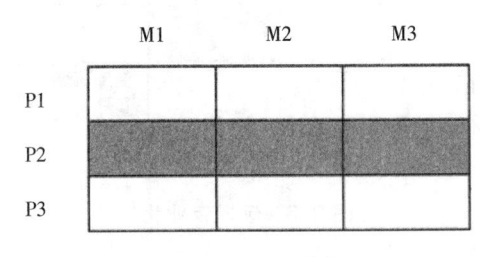

```
        M1    M2    M3
   P1  [  ]  [  ]  [  ]
   P2  [■■] [■■] [■■]
   P3  [  ]  [  ]  [  ]

       P:产品  M:市场
```

图3-4 产品专业化

3. 市场专业化

企业向同一顾客群提供性能、质量和款式均有区别的产品,满足其多种需要。如专门为年轻人生产各类服装的企业,他们了解年轻人的心理特点,有针对性地开发年轻人喜欢的T恤、牛仔装、休闲装、毛衫、棉衣、背包等产品。这种模式的优点是企业能从纵深方面尽可能地满足特定顾客群的不同需求,深受目标顾客的喜爱,但因集中于某一特定顾客群,所以在市场容量有限的情况下,企业的营销活动将承受较大的成本压力;若这类顾客群购买力下降,企业会面临收益下降的风险,如图3-5所示。

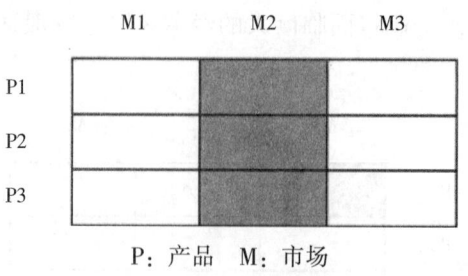

```
        M1    M2    M3
   P1  ┌────┬────┬────┐
       │    │████│    │
   P2  ├────┼────┼────┤
       │    │████│    │
   P3  ├────┼────┼────┤
       │    │████│    │
       └────┴────┴────┘
         P：产品  M：市场
```

图 3-5　市场专业化

4. 选择专业化

企业选择若干个细分市场作为目标市场，其中每个细分市场都具有吸引力，且与企业目标和资源相符合。这些细分市场之间较少或根本不发生联系，企业在每个细分市场都有可能盈利。这种模式的优点是企业可以根据自己的资源状况和市场的需求状况综合地加以选择，能在更好地发挥资源效率的前提下，满足不同顾客的需要。即使某个细分市场失去吸引力，企业仍可继续在其他细分市场获取利润，有效地降低了企业的风险。这种模式通常要求企业有较强的资源实力与营销能力，如图 3-6 所示。

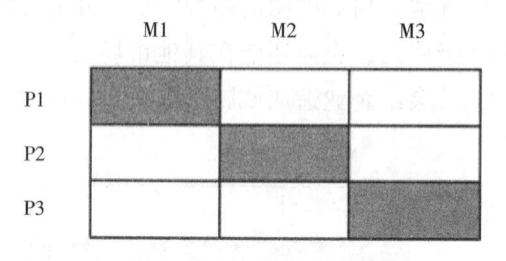

```
        M1    M2    M3
   P1  ┌────┬────┬────┐
       │████│    │    │
   P2  ├────┼────┼────┤
       │    │████│    │
   P3  ├────┼────┼────┤
       │    │    │████│
       └────┴────┴────┘
         P：产品  M：市场
```

图 3-6　选择专业化

5. 市场全面化

市场全面化即企业为所有顾客群提供他们所需要的各种产品，实力雄厚的大企业为了占据市场领先地位常采用这种模式，如通用公司、IBM 公司等，如图 3-7 所示。

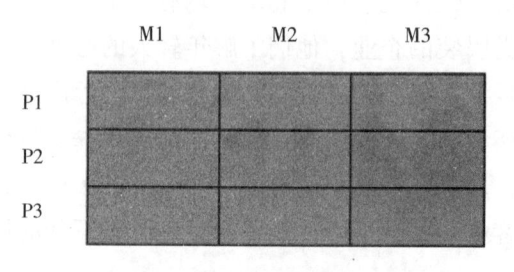

```
        M1    M2    M3
   P1  ┌────┬────┬────┐
       │████│████│████│
   P2  ├────┼────┼────┤
       │████│████│████│
   P3  ├────┼────┼────┤
       │████│████│████│
       └────┴────┴────┘
         P：产品  M：市场
```

图 3-7　市场全面化

(三) 市场定位

市场定位就是企业根据目标市场上同类产品的竞争状况和自身条件，针对顾客对该类产品某些特征或属性的重视程度，为本企业产品塑造强有力的、与众不同的鲜明个性，并将其形象生动地传递给顾客，影响顾客对该产品的总体感觉。市场定位的实质是使本企业与其他企业严格区分开来，使顾客明显感觉和认识到这种差别，从而在顾客心目中占有特殊的位置，给顾客留下深刻的印象，以便吸引更多的顾客，建立竞争优势。

市场定位是通过为产品确立鲜明的个性或特色，从而塑造出独特的市场形象来实现的。产品的个性或特色可以是实体方面的，如形状、成分、构造、性能等；也可以是心理感觉上的，如典雅、前卫、豪华、质朴等；还可以通过价格、质量、服务、促销方式等形式来表现。产品不同，产品个性或特色的表现形式也会有所不同。产品的特色往往是由多个方面的因素综合构成的。

市场定位是一个连续的过程，它不应仅停留在为某种产品确立和塑造个性与形象阶段，更重要的是通过一系列营销活动把这种个性与形象传达给顾客，并在变换的环境和激烈的竞争中不断巩固市场形象。

市场定位的实质就是竞争定位，可以采用三种基本的定位策略来应对竞争，即直接对抗定位、避强定位和再定位。这三种定位均需通过差异化手段来实现，包括产品差异化、人员差异化、形象差异化、服务差异化等。

1. 直接对抗定位

直接对抗定位指采取与细分市场上最强大的竞争对手同样的定位，通过与最强大的竞争对手的直接较量提高自己的竞争力，赢得消费者认同。由于竞争对手实力很强，且在消费者心目中处于强势地位，因此，实施直接对抗定位策略有一定的市场风险，这不仅需要企业拥有足够的资源和能力，而且需要在知己知彼的基础上，实施差异化竞争，否则将很难化解市场风险，更别说取得市场竞争的胜利。

2. 避强定位

避强定位指避开细分市场上的强大竞争对手，避免与之展开直接竞争的定位。这种定位方式为大多数企业所采用，成功的可能性也较大，原因就在于市场竞争风险相对较小，但是要找到被市场接受的新的独特定位并非易事。

3. 再定位

再定位指对产品原来的定位进行调整，重新为产品定位，以改变被动局面或寻求新的市场增长点。需要对产品进行重新定位的原因有：一是原先的定位不准确，不被消费者接受；二是遭受到竞争者严厉打击，导致产品陷入市场困境；三是由于销售范围意外扩大，如定位于青年人的服装，意外获得了老年人的青睐，就有必要进行重新定位了。

四、市场营销组合策略

市场营销组合是企业针对目标市场的需要状况，对自己可控制的各种营销因素进行组合和综合运用，使之协调配合，扬长避短，发挥优势，以实现企业的营销目标。

根据美国学者麦卡锡教授提出的著名的4P营销组合策略，他认为一次成功和完整的市场营销活动，就是以适当的产品、适当的价格、适当的渠道和适当的促销手段，将适当的产品和服务投放到特定市场的行为。营销组合策略的四个基本策略——产品策略、价格策略、分销渠道策略和促销策略，虽独立构成各个子系统，但又包括若干可变因素，每一个可变因素都是一个完整的市场营销战略或战术的组成部分，每一个可变因素的变动都可能影响其他因素，从而产生新的组合关系。市场营销组合是对单个营销策略的整合过程。通过市场营销组合，使各个策略之间相互影响、相互制约，产生协同效应。市场营销组合策略的基本思想在于：从制定产品策略入手，同时制定价格、促销及分销渠道策略，组合成策略整体，企业经营的成败在很大程度上取决于这些组合策略的选择和它们的综合运用效果。市场营销组合策略中包括产品策略、价格策略、促销策略和渠道策略。

（一）产品策略

从营销学的意义上讲，产品本质是一种满足消费者需求的载体，是提供给市场、能够满足消费者某一需求和欲望的任何有形物品和无形服务。在现代营销学中，产品概念具有极其宽广的外延和深刻的内涵，产品整体概念包括核心产品、形式产品、期望产品、延伸产品和潜在产品五个层次的内容。

1. 产品组合策略

产品组合策略是指企业根据自身的营销利润目标，对其产品组合的广度、长度、深度和密集度进行最佳组合的策略。企业在进行产品组合时应遵循两个原则：一是要有利于促进市场销售，二是要有利于增加企业的目标总利润。企业在制定产品组合策略时，可根据具体情况选择扩展产品组合策略、减缩产品组合策略、产品线延伸策略、产品线现代化策略等。

2. 产品生命周期各阶段

一种产品进入市场后，它的销售情况和获利能力会随着时间的推移而改变，呈现出一个由少到多再由多到少的过程，就如同人的生命一样，由诞生、成长到成熟，最终走向衰亡。所谓产品的生命周期就是指产品进入市场，直到最终退出市场所经历的市场生命循环过程。典型的产品生命周期可分为四个阶段：引入期、成长期、成熟期和衰退期。当产品处于生命周期的不同阶段时，企业可采用不同的营销策略。

（1）引入期的营销策略

产品引入期是新产品进入市场的最初阶段，具有单位产品成本高，产品销售量增长缓慢等特点。在这一阶段，企业主要的营销目标是迅速将产品打入市场，尽快形成批量生产能力，并在尽可能短的时间内扩大产品的销售量，促使产品尽早地进入到成长期。企业在引入期可以采用的策略有四个：快速掠取策略、缓慢掠取策略、快速渗透策略和缓慢渗透策略。

（2）成长期的营销策略

产品成长期是产品在市场上开始为顾客所接受的阶段，具有销售额迅速上升、产品单位成本下降的特点。针对该阶段的特点，企业可采取以下营销策略：一是进一步提高产品质量，努力开发产品的新款式、新型号，增加产品新用途；二是改变广告策略，树立强有力的产品形象；三是开辟新销售渠道；四是选择适当时期向下调整价格，争取更多的顾客。

（3）成熟期的营销策略

产品成熟期是大多数购买者已接受产品的阶段，该阶段产品的市场销售量增长缓慢。对处于成熟期的产品，企业应采取积极进取的市场营销策略，使产品的成熟期延长，或使产品的生命周期出现再循环。在这一阶段，企业常用的营销策略有市场改良策略、产品改良策略和营销组合改良策略。

（4）衰退期的营销策略

产品衰退期是指产品销售额急剧下降，利润趋于零的阶段。处于衰退期的产品，企业要进行认真的研究分析，决定采取什么策略，在什么时候退出市场。具体策略有继续策略、集中策略、榨取策略和放弃策略。

3. 新产品开发策略

市场营销意义上的新产品是指企业向市场新提供的、较原先已经提供的有根本不同的产品。一般而言，营销意义上的新产品应具备以下条件：在原理、结构、性能、材料、工艺等某一方面或几方面有显著改进、提高或独创；具有先进性、实用性，能提高经济效益，具有推广价值；在一定范围或区域内第一次试制成功。具体来说，新产品可分为完全创新产品、换代新产品、改革新产品和仿制新产品四类。

企业进行新产品开发时，必须根据市场需求、竞争情况和企业自身能力，采取正确的策略，才能使企业的新产品开发获得成功。常用的新产品开发策略有改进现有产品、扩大现有产品的品种、增加产品种类和挖掘顾客潜在需求四种。

4. 产品品牌策略

品牌是用以识别某个或某群销售者的产品或劳务，并使之与竞争对手的产品或服务区别开来的商业名称及其标志，通常由文字、标记、符号、图案或颜色等要素或这些要素的组合构成。企业品牌策略主要有品牌有无策略、品牌归属策略、品牌统分策略和品牌延伸策略。

5. 包装策略

包装是产品的重要组成部分，它不但保证了产品的使用价值，而且还增加了产品的整体价值，良好的包装是获得市场竞争力的有效手段，企业产品的包装策略有类似包装策略、配套包装策略、分类包装策略、等级包装策略、再使用包装策略、附赠品包装策略和改变包装策略等。

（二）价格策略

价格策略是市场营销组合中非常重要且独具特色的部分，通常也是影响交易成败的关键因素。在制定价格的过程中，企业既要考虑自身的成本与利润，又要考虑消费者对价格的接受能力，并考虑受到主要竞争对手价格策略的影响，同时还要与其他营销策略及产品的市场定位相协调。

由于定价目标、产品成本、市场需求和竞争状况是决定价格高低的主要因素，企业在选择定价方法时，首先要研究如何以这些要素为导向，为产品制定合理的基本价格。在实际定价中，企业往往只能侧重考虑其中一类因素，选择一种定价方法，然后通过一定的定价策略和技巧对计算结果进行修订，形成最终的价格表。

企业定价的基本方法主要有以下三种。

① 成本导向定价法。即以成本作为定价的基础。根据具体算法的不同，又可分为成本加成定价法、目标收益定价法和变动成本定价法。

② 需求导向定价法。这是一种以市场需求强度及消费者对产品的感知为主要依据的定价方法，主要包括认知价值定价法和反向定价法两种。

③ 竞争导向定价法。它是以市场上同类竞争对手的同类产品价值为主要依据，随竞争状况的变化确定和调整价格水平，而不过多考虑成本及市场需求因素的定价方法，具体有随行就市定价法、差别定价法和密封投标定价法三种。

产品的基本价格按以上三种方法来确定，但产品的最终成交价格还需要在此基础上运用适当的定价策略进行修正。运用灵活的定价策略，可使企业的成交价格更加合理，更具艺术性，更能吸引消费者。

企业的定价策略主要有以下四种。

① 新产品定价策略。新产品定价时，既要考虑能尽快收回投资，获得利润，又要利于消费者接受新产品。常用的新产品定价策略有撇脂定价法、渗透定价法和满意定价法三种。

② 心理定价策略。心理定价策略根据消费者不同的消费心理而灵活定价，以引导和刺激消费者购买的价值策略，主要有声望定价策略、尾数定价策略、整数定价策略、习惯性定价策略等。

③ 产品组合定价策略。产品组合定价策略是指企业为了实现整个产品组合或整体利润最大化，在充分考虑不同产品之间的关系以及个别产品定价高低对企业总利润的影响的基础上，系统地调整产品组合中相关产品的价格。产品组合定价的主要策略有产品线定价策略、选择品定价策略、补充品定价策略、成套商品定价策略等。

④ 折扣定价策略。企业为了鼓励顾客尽早付清货款、大量购买、淡季购买，可

酌情降低基本价格,这种价格调整叫做折扣定价。常用的折扣定价策略有数量折扣、现金折扣、季节折扣等。

(三) 促销策略

促销是企业通过人员或非人员的方式,向目标顾客传递商品或服务信息,帮助消费者认识商品或服务所带来的利益,从而引起消费者兴趣,激发消费者的购买欲望及购买行为。促销是企业营销活动的重要组成部分,在产品的销售过程中具有极其重要的作用。促销策略是指企业如何促进顾客购买商品以实现扩大销售的策略,是对各种促销手段的选择以及在组合中侧重使用某种促销手段的策略。企业主要的促销手段有人员推销、广告、公共关系和营业推广等。

1. 人员推销

人员推销是指企业派出专职或兼职的推销人员或销售代表,直接与可能的购买者接触,介绍、宣传产品,帮助和说服顾客购买某种产品或服务的过程。人员推销作为一种被企业广泛采用的双向沟通方式,具有寻求顾客、沟通信息、推销产品、收集情报和提供服务等多项功能。企业采用人员推销时,可运用多种推销策略,主要有试探性策略、针对性策略和诱导性策略等。

2. 广告

广告是指企业为了促进产品销售,利用大众媒体进行付费宣传的促销活动。广告由广告主、广告信息、广告媒体、广告费用和广告对象五个要素构成。广告策略的基本表现形式通常有五种:① 配合产品策略采取的广告策略,即广告产品策略;② 配合市场目标采取的广告策略,即广告市场策略;③ 配合营销时机而采取的广告策略,即广告发布时机策略;④ 配合营销区域而采取的广告策略,即广告媒体策略;⑤ 配合广告表现而采取的广告策略,即广告表现策略。广告策略必须围绕广告目标,因商品因人、因时、因地而异,还应符合消费心理。

3. 公共关系

公共关系是企业为了使社会大众对本企业商品产生好感,在社会上树立企业声誉,运用各种传播手段,通过制造舆论向广大公众进行公开宣传的促销活动。企业公共关系的目标是促进公众了解企业,通过企业与公众的双向沟通,改善或转变公众态度,它具有信息监测、舆论宣传、沟通协调、危机处理、决策咨询等职能。

企业公共关系的目标和功能需要通过有计划的、具体的公共关系活动来实现,企业经常采用的公共关系活动有专题活动、新闻宣传、事件策划、赞助和支持各项公益活动、印制宣传品、公关广告、导入企业形象识别系统等。

4. 营业推广

营业推广又称销售促进,是指那些能够刺激顾客做出强烈需求反应,在短期内迅速产生购买行为的促销方式。典型的营业推广一般用于短期的和额外的促销工作,其着眼点往往在于解决一些更为具体的促销问题,因而具有针对性强、非连续性、短期效益明显和灵活多样的特点。营业推广很少单独使用，常作为广告或人员推销的辅助手段。营业推广根据市场特点和企业销售目标的不同，可分为针对消费者的营业推广、针对中间商的营业推广和针对推销人员的营业推广三种形式。针对消费者的营业推广方式有免费赠送样品、付费赠送、赠券或印花、赠送优惠券、退费优惠、折价优待、举办展销会、服务促销、有奖销售、消费信贷、包装促销、产品陈列和现场示范等具体形式；针对中间商的营业推广有批量折扣、期间补贴、现金折扣、经销津贴、免费附赠补贴等形式；针对销售人员的营业推广有销售红利提成、销售竞赛、特别推销金等形式。

(四) 渠道策略

所谓分销渠道是指某种产品或服务从制造商向消费者转移的通路，由一系列执行中介职能的、相互依存的企业和个人组成。渠道策略是市场营销策略组合中最具挑战性的策略。

因为在现代经济体系中，大部分生产者不直接向最终消费者出售产品，而是借助中间商实现对最终消费者的销售。居于分销渠道上的中间商不是生产者的雇佣者，也不是生产者打造的营销链条上的一个环节，而是独立的机构或个人。当中间商努力发展并拥有自己的顾客时，他们在市场上就占有比生产者更重要的地位。因此，能否掌控分销渠道就成为生产者实现产品或劳务销售的关键。

渠道策略主要研究使商品顺利到达消费者手中的途径和方式等方面的策略。生产者对分销渠道的设计过程，由确定渠道目标、确定主要渠道的选择方案和评估渠道方案几个重要步骤构成。

1. 确定渠道目标

分销渠道目标是企业确定的为目标顾客服务的水平，包括购买数量、等待时间、空间便利、产品种类和服务支持五个方面，有效的渠道设计是对目标市场提供的服务水平高而费用低，以及在各种情况下都能应用的渠道结构。这种渠道结构是对目标市场的覆盖能力最强、使目标市场的顾客满意程度最高、对生产者能够提供较多利润的渠道。但这种渠道受到消费者、产品、中间商、竞争企业、经济环境等因素的影响。

2. 确定主要渠道的选择方案

生产者渠道选择方案中包括确定销售渠道模式、确定中间商数目、规定渠道成员的权利与义务等内容。

(1) 确定销售渠道模式

确定销售渠道模式即确定销售渠道的长度。首先，应根据影响销售渠道的主要因素来决定销售渠道模式。通常认为，制造商→批发商→零售商→消费者的模式是比较典型的消费品销售渠道。中间商层次多的销售渠道称为长渠道，中间商层次少的销售渠道称为短渠道；企业不是通过中间商销售而是直接对消费者销售产品的渠道称为直接渠道，企业通过中间商销售产品的渠道为间接渠道。

(2) 确定中间商数目

确定中间商数目，即确定渠道的宽度。当企业选择间接渠道模式时，需要解决每个渠道层次使用多少数目的中间商，而这个问题又受企业追求的市场展露程度影响。根据市场展露程度的要求，企业可选择密集分销策略、独家分销策略和选择性分销策略。

(3) 规定渠道成员的权利与义务

制造商通过制定贸易关系协议来规范与渠道成员之间的权利义务，协议主要涉及价格政策、销售条件、地区权利及每一方应为对方提供的服务和应尽的责任义务。

除了以上三项外，市场营销渠道设计还应研究渠道的成本，即比较不同渠道方案的销售量与成本。一般而言，在产品进入市场的前期，利用中间商的成本比制造商自己销售要低得多。但是当产品进入销售中后期，利用中间商的成本会迅速上升。

3. 评估渠道方案

生产者为了进入目标市场，可以制订几种渠道选择方案，最终确定渠道执行方案时，还要看其是否能满足企业长期发展目标的要求，因而必须进一步评估各种渠道的选择方案。进行方案评估时，企业要遵循经济效益标准、控制标准、适应性标准等几个标准，并要以经济效益标准为首要标准，因为生产者并不是为了控制和适应而选择渠道，而是为了获取最大的经济效益。

五、展望营销

新的时代，新的竞争格局，营销者不能周而复始地踩着昨天的脚印经营。社会发展和科技进步带来新的机遇和挑战，面对新的营销环境，企业管理者要善于分析市场需求变化，不断创新营销方法，紧追市场浪潮，抓住机会，避免或减轻威胁，增强实力，赢得竞争主动权，更好地满足市场需求。管理大师德鲁克先生说过：企业的基本职能有两个，一个是营销，一个是创新。企业要想生存和发展，必须适应社会发展和市场需求。对企业来说，重视市场营销的发展趋势，顺应潮流，及时制定并调整企业营销策略非常重要。

(一) 网络营销

网络营销是以互联网为基础，利用数字化的信息和网络媒体的交互性来辅助营销目标实现的市场营销方式。网络营销作为一种新型营销方式，它在通过满足消费者需求进而满足企业自身需求（获得利润）方面与传统营销并无两样。但是，在网络营销中，营销者可充分运用发达、畅通的通信网络技术为企业的营销目标服务，互联网和商业在线服务已成为强有力的营销工具。网络营销与传统营销相比具有市场全球化、产品个性化、价格公开化、渠道直接化、服务大众化、交易虚拟化的特点。

(二) 绿色营销

广义的绿色营销，指企业营销活动中体现的社会价值观、伦理道德观，充分考虑社会效益，既自觉维护自然生态平衡，更自觉抵制各种有害营销。

狭义绿色营销，主要指企业在营销活动中，谋求消费者利益、企业利益与环境利益的协调，既要充分满足消费者的需求，实现企业利润目标，也要充分注意自然生态平衡。在整个营销过程中贯穿着"绿色"概念的主线，体现出浓厚的环保意识，让产品、服务更符合现在及未来生活中消费方式的转变。

绿色消费是开展绿色营销的前提。究竟什么是绿色消费呢？"绿色"的含义是给人们身体健康提供更大更好的保护，使舒适度有更大的提高，对环境影响有更多的改善。绿色消费不是消费"绿色"，而是保护"绿色"，即消费行为中要考虑到对环境的影响并且尽量减少负面影响。真正意义上的绿色消费，是指在消费活动中，不仅要保证我们这一代人的消费需求和安全健康，还要满足以后的人的消费需求和安全健康。其基本要求是在消费过程中注重对垃圾的处置，不造成环境污染；转变消费观念，在追求舒适生活的同时，注重环保、节约资源，实现可持续消费。

（三）关系营销

关系营销是以系统论为基本思想，将企业置身于社会经济大环境中来考察企业的市场营销活动。关系营销与传统营销的区别是对顾客关系的理解。传统营销对关系的理解仅限于向顾客出售产品，完成交易，把顾客看作产品的最终使用者，一旦完成销售，顾客就不再具有利用价值。关系营销把顾客看作有着多重利益关系、多重需求、具有潜在价值的人。关系的内涵发展到了不断发现和满足顾客的需求，帮助顾客实现和扩大其价值，并建成一种长期的良好的关系基础的地步。

（四）体验营销

所谓体验营销是指企业以消费者为中心，通过对事件、情景的安排以及特定体验过程的设计，让消费者在体验中产生美妙而深刻的印象，并获得最大程度上的精神满足的过程。当人们的物质生活水平达到一定程度后，心理方面的需求就会成为其消费行为的主要影响因素。在消费需求日趋个性化、多样化的今天，消费者已经不仅仅关注产品或服务本身所带来的价值，更重视在消费过程中获得的体验。

第三节　企业财务管理

ERP沙盘模拟使学生接触到通过长期贷款、短期贷款及应收账款贴现等方式筹集资金，并将资金用于固定资产（厂房、生产线）和无形资产（市场、研发）投资、支付各项必要的费用等一系列财务管理活动。

一、财务管理概述

在企业的实际生产经营过程中，企业的财务活动必然随着生产经营过程的进行而有规律地进行着，表现为资金运动，并体现着企业同各方面的经济关系。由资金运动所体现的经济关系，又称为财务关系。显然，企业财务活动是一种客观存在的社会经济现象，它必然普遍存在于企业的生产经营过程中，并有自身的运动规律，同时又会受到人们主观意志的影响而体现一定社会制度的要求。因此，为了促进企业生产经营活动的顺利进行，出现了对财务活动的组织和控制，对财务关系的处理和协调，这就是财务管理。

二、财务管理的内容

企业财务管理是以企业财务活动为对象，对企业资金进行预测、决策、计划和控制的过程，主要包括筹集资金管理、投资管理、营运资金管理、收益及其分配管理四部分内容。

（一）筹集资金管理

资金是企业存在和发展的基本条件，无论新建企业还是扩大经营规模都需要大量的资金。资金筹集是企业财务管理中一项最基本的内容，简称为筹资，而筹资决策又是筹资管理的核心。筹资决策要解决筹资渠道、筹资方式、筹资风险和筹资成本等问题，要求企业确定最佳的资本结构，选择最恰当的筹资方式，并在风险和成本之间做出合理权衡。企业应按照经济核算的原则筹集资金，在数量上和时间上满足生产经营的需要；同时要考虑降低资金成本，减少财务风险，提高筹资效益，从而实现财务管理的目标。

（二）投资管理

投资是企业为了获得收益或使资金增值，在一定时期向一定领域的标的物投放一定的现金或实物的经济行为。企业投资包括固定资产投资、证券投资和对其他企业的直接投资。其基本要求是建立严密的投资管理程序，充分论证投资在技术上的可行性和经济上的合理性，力求做好预测和决策，减少风险，提高收益。在做出投资决策时需要考虑投资的对象、投资的时期、投资的报酬和投资的风险等问题，力求选择最佳的投资方案。

（三）营运资金管理

企业营运资金是指企业生产经营活动中占用在流动资产上的资金。营运资金管理就是对企业流动资产及流动负债的管理。从有效管理的角度出发，企业要维持正常的生产经营，必须拥有适量的营运资金。企业除现金之外的其他流动资产可以转换为现金，构成现金流入之源；企业偿还流动负债需支付现金，构成现金流出之源，相对而言，持有流动资产越多，企业的偿债能力就越强。对营运资金管理的基本要求是合理使用资金，加速资金周转，不断提高资金的利用效果，保持足够的偿债能力。

（四）收益及其分配管理

企业在生产经营过程中会产生利润，也可能因为对外投资而分得利润，实现了资本的保值和增值。企业收益分配管理包括企业销售收入管理、利润管理和收益分配管理。其基本的要求是认真作好销售预测和销售决策，开拓市场，扩大销售，确保资金回笼；认真做好利润的预测和计划，确保利润目标的实现，并合理分配收益，确保各方面的利益。

三、现金预算

为了使筹集到的资金使用合理，企业需要通过编制资金使用计划，做好现金预算。现金预算作为企业全面预算的一个重要部分，是与企业生产预算、销售预算、成本预算密切相连的。现金预算的内容包括现金的期初余额、本期现金收入、本期现金支出、现金净余额或现金不足，以及现金筹集方案和多余现金利用方案。从现金预算内容中可了解到，现金预算是销售预算、生产预算等预算中涉及到现金收支部分的汇总，以及收支差额平衡的详细计划。

（一）现金收入预算

制造企业现金收入主要来源于销售收入，销售预算是现金预算的编制起点。其他预算例如应收账款到期、应收款贴现等预算都以销售预算为基础，销售预算包括销量、单价和销售总额。除了销售预算还有其他收入预算，例如出售固定资产等收入预算。

（二）现金支出预算

企业现金支出主要包括生产产品所需支出、投放广告支出、进行固定资产投资支出及支付税金和管理费用等其他支出。

1. 生产预算

生产预算是在销售预算的基础上编制的，其主要内容有销售量、期初和期末存货、本期生产量。由于存在诸多不确定性，企业的生产与销售在时间上和数量上不可能完全一致。

2. 直接材料预算

直接材料预算是以生产预算为基础编制的，同时要考虑原材料存货水平，主要内容有直接材料的单位产品用量、生产需用量、期初和期末存量等。

3. 直接人工预算

直接人工预算也是以生产预算为基础编制的，其主要内容有预计产量、单位产品工时、人工总工时、每小时人工成本和人工总成本。

4. 制造费用预算

制造费用按其习性，可分为变动制造费用和固定制造费用。变动制造费用预算以生产预算为基础来编制，可根据预计生产量和预计的变动制造费用分配率来计算。

5. 产品成本预算

产品成本预算是生产预算、直接材料预算、直接人工预算和制造费用预算的汇总,其主要内容是产品的单位成本和总成本。

6. 销售费用和管理费用预算

销售费用预算,是为了实现销售预算所需支付的费用预算。它以销售预算为基础,通过分析销售收入、销售利润和销售费用的关系,力求实现销售费用的最有效使用。

现金预算是有关预算的汇总,由现金收入、现金支出、现金多余或不足、资金的筹集和运用四个部分组成。"现金收入"部分包括期初现金余额和预算期现金收入,现金收入的主要来源是销货收入。年初的"现金余额"是在编制预算时预计的,"销货现金收入"的数据来自销售预算,"可供使用现金"是期初现金余额与本期现金收入之和。"现金支出"部分包括预算的各项现金支出。其中"直接材料"、"直接人工"、"制造费用"、"销售与管理费用"的数据,分别来自前述的有关预算;"所得税费用"、"购置设备"、"股利分配"等现金支出的数据分别来自另行编制的专门预算。"现金多余或不足"是期初现金余额、现金收入合计与现金支出合计的差额。差额为正,说明有多余现金,可用于偿还借款或用于短期投资;差额为负,说明现金不足,需要筹集资金。

现金预算和销售计划、生产计划、原材料订购计划的综合使用,既能保证各计划正常执行,又可避免不必要的浪费。资金的合理安排,为其他计划顺利实施提供强有力的保障。

四、财务分析

财务分析是以企业财务报表等有关会计核算资料为依据,对企业财务活动过程及结果进行分析和评价的过程,通过财务分析可以了解企业的债务偿还能力、营运能力、盈利能力和发展能力,便于管理者了解企业的财务状况、经营成果,改善经营管理。财务分析方法较多,常用的方法有比较分析法、比率分析法、趋势比率分析法和因素分析法等。

(一) 比率分析法

比率分析法是通过经济指标之间的对比,求出比率来确定各经济指标间的关系及其变动程度,以评价企业财务状况及经营成果好坏的一种方法。这种分析方法在实务中被广泛应用,企业现行的财务分析指标主要包括四方面内容:偿债能力指标、营运能力指标、盈利能力指标和发展能力指标。

1. 偿债能力指标

偿债能力是指偿还到期债务的能力,包括短期偿债能力和长期偿债能力。偿债能力的强弱直接表明企业面临的财务风险大小。偿债能力指标主要有:流动比率、速动比率、现金流动负债比率、资产负债率、产权比率、利息保障倍数等。企业的偿债能力取决于两点:一是企业资产的变现速度,变现速度越快,偿债能力越强;二是企业能够转化为偿债资产的数量，这一数量越多，说明企业的偿债能力越强。

2. 营运能力指标

营运能力是指企业基于外部市场环境的约束，通过内部人力资源和生产资料的优化配置组合而对财务目标产生作用的大小，其反映企业管理人员在经营管理中运用资金的能力。营运能力指标以各种周转率为计算主体，分为基本评价指标和具体评价指标，主要是应收账款、存货、流动资产、固定资产和总资产周转指标。企业营运能力的强弱直接影响企业的偿债能力和获利能力。

3. 盈利能力指标

盈利能力是企业赚取利润的能力，主要指标有：主营业务利润率、成本费用利润率总资产报酬率、资本收益率、市盈率、每股收益等，它通常体现为企业收益数额的大小与水平的高低。企业盈利能力的大小主要取决于企业实现的销售收入和发生的费用与成本这两个因素。

4. 发展能力指标

发展能力反映企业未来年度的发展前景及潜力，主要对企业经营规模、资本增值、生产经营成果、财务成果的变动趋势进行分析，指标主要有销售增长率、资本积累率、总资产增长率、固定资产增长率、资本保值增值率、营运资金增长率、利润增长率等。

（二）财务综合分析

比率分析方法对企业的偿债能力、营运能力、盈利能力和发展能力进行了分析，但这些分析都是从不同侧面反映企业的经营状况和财务成果的。为了能对企业进行综合评价，还必须对各项比率进行关联性分析。杜邦财务分析体系法就是经常用到的财务综合分析方法。

这种分析方法由美国杜邦公司的经理创立并首先在杜邦公司成功运用，称之为杜邦系统，它是利用财务指标间的内在联系对企业综合经营理财能力及经济效益进行系统的分析评价的方法，其基本思想是将企业净资产收益率逐级分解为多项财务比率的乘积，有助于深入分析比较企业经营业绩。杜邦体系各主要指标之间的关系如图3-8 所示。

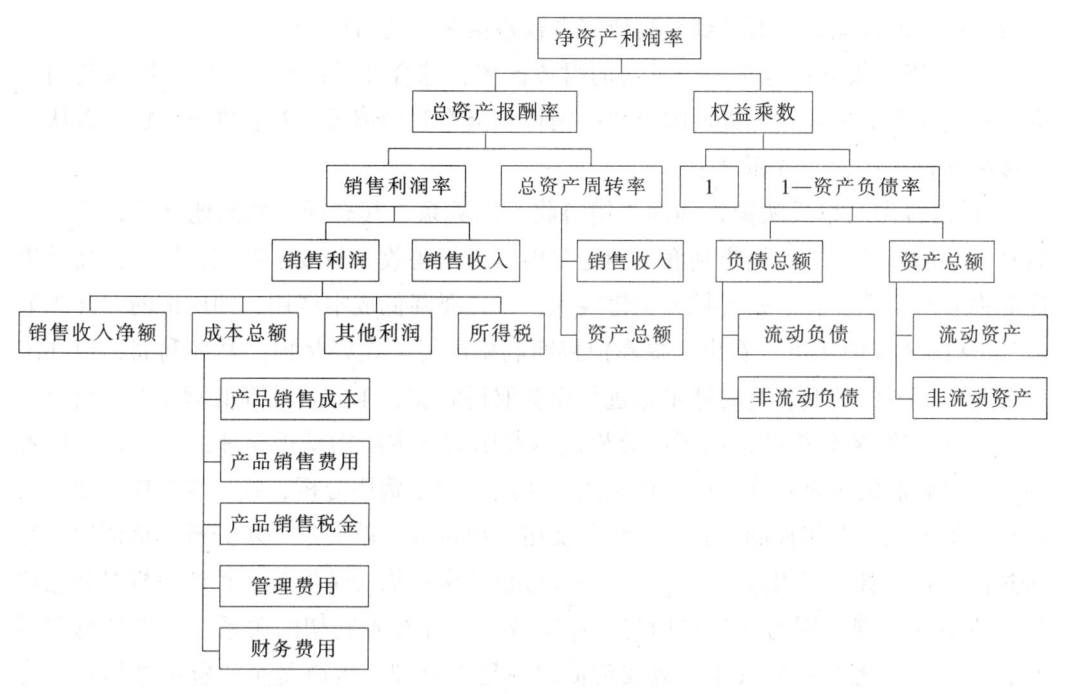

```
                        净资产利润率
              ┌─────────────┴─────────────┐
         总资产报酬率                    权益乘数
       ┌──────┴──────┐              ┌──────┴──────┐
    销售利润率    总资产周转率        1        1—资产负债率
   ┌───┴───┐    ┌───┴───┐              ┌───┴───┐
 销售利润 销售收入 销售收入 资产总额      负债总额  资产总额
┌──┼──┐                              ┌──┴──┐  ┌──┴──┐
销售  成本 其他 所得税                流动负债 流动资产
收入  总额 利润                       非流动负债 非流动资产
净额  │
      ├─产品销售成本
      ├─产品销售费用
      ├─产品销售税金
      ├─管理费用
      └─财务费用
```

图 3-8　杜邦财务分析结构图

利用杜邦财务分析方法可以帮助了解分析企业的获利能力和营运能力、资产的使用状况和负债情况、利润的来源及这些指标增减变动的原因。在用杜邦财务分析结构图进行综合分析时，主要抓住以下几点。

① 权益报酬率是综合性最强、最具有代表性的财务分析指标，是杜邦分析体系的龙头指标。投资者最关心的是自己每一块钱的投资，经过企业经营之后，每年能带来多少钱的收益。而权益报酬率恰好可反映企业所有者投入资本的获利能力，说明企业筹资、投资、资产营运等各项财务及其管理活动的效率，不断提高权益报酬率是使所有者收益最大化的基本保证。从杜邦财务分析结构图中可看到，企业获利能力的驱动器有三个发动机：销售净利率、资产周转率和权益乘数。而销售净利率取决于企业的经营管理，资产周转率取决于投资管理，权益乘数取决于筹资政策。通过对这三个比率的分析，就可以将权益报酬率这一综合指标发生升降变化的原因具体化，比只用一项综合指标更能说明问题。

② 权益乘数反映企业的筹资情况，即企业资金来源结构如何。它主要是受资产负债率指标的影响。负债比率越大，权益乘数就越高，说明企业的负债程度比较高。企业在利用别人的"鸡"给自己生了较多"蛋"的同时，也带来了较大的财务风险。反之，负债比率越小，权益乘数就越小，说明企业的负债程度比较低，意味着企业没能积极地利用"借鸡生蛋"，给自己赚更多的钱，但债权人的权益却能得到较大的保障。对权益乘数的分析要联系销售收入分析企业的资产使用是否合理，联系权益结构分析企业的偿债能力。在资产总额不变的条件下，适当开展负债经营，相对减少所有

者权益所占的份额，从而达到提高所有者权益报酬率的目的。

③ 总资产报酬率也是一个重要的财务比率，综合性也比较强，它是销售利润率和资产周转率的乘积，可以反映企业的销售和资产管理情况。对它进行分析，需从销售成果和资产运营两方面着手。

④ 销售利润率反映销售利润与销售收入的关系，其高低能敏感地反映企业经营管理水平的高低。影响销售利润率的主要因素为销售收入与成本费用，因此提高销售净利率有两个途径：一是要扩大销售收入，二是要降低成本费用，即所谓的"开源节流"。从图3-8中还可以看出，提高销售净利率的另一途径是提高其他利润，想办法增加其他业务的利润，适时适量地进行投资取得收益，千方百计降低营业外支出等。

⑤ 杜邦财务分析结构图可以分析成本费用的基本结构是否合理，还可以分析各项费用对利润的影响程度。因此可利用该图进行成本费用分析，找出降低成本费用的途径，加强成本费用控制。若企业财务费用支出过高，就要进一步分析其负债比率是否过高；若是管理费用过高，就要进一步分析其资产周转情况等。杜邦分析对利息费用分析更为重视，因为利息费用与权益乘数之间存在着密切的关系。如果利息费用高，就应该考虑企业的权益乘数或负债比率是否合理，也就是企业资本结构是否合理。

⑥ 资产周转率是反映运用资产以产生销售收入能力的指标。想要进行对资产周转率的分析，则须对影响资产周转的各因素进行分析。除了对资产的各构成部分从占用量上是否合理进行分析外，还可以通过流动资产周转率、存货周转率、应收账款周转率等有关各资产组成部分使用效率的分析，以判断影响资产周转的主要问题出在哪里。

⑦ 杜邦财务分析结构图还可以反映流动资产和长期资产的结构状况，用以分析其结果是否合理。一般来说，流动资产直接体现企业的偿债能力和变现能力，而长期资产则体现企业的经营规模、发展潜力，两者之间有一个合理的比率关系。企业流动资产过多或固定资产过多，都会影响企业资产的周转速度，从而影响资产的利用效果。同样，流动资产内部也有一个合理比例问题。如果企业持有的货币资金超过业务需要，就会影响企业的盈利能力；如果企业占有过多的存货和应收账款，那么既会影响获利能力，又会影响偿债能力，此时要分析企业是否存在产销不对路、生产周期过长、收款不力等问题，并进一步找出原因，采取相应的改进措施。

通过杜邦分析体系进行自上而下或自下而上的分析，可以看到权益报酬率与企业的资金来源结构、销售状况、成本费用控制、资产管理密切相关，各种因素相互制约、相互影响，构成一个有机系统。杜邦分析体系提供的上述财务信息，较好地解释了指标变动的原因和趋势，这为进一步采取具体措施指明了方向，而且还为决策者优化经营结构和理财结构，提高企业偿债能力和经营效益提供了基本思路，即提高权益报酬率的根本途径在于扩大销售，改善经营结构，节约成本费用开支，优化资源配置,加速资金周转,优化资本结构等。在具体应用杜邦分析法时,可进行纵向比较(即与以前年度对比)和横向比较(即与本行业平均指标或同类企业对比);同时应注意这一方法不是另外建立新的财务指标,它是一种对财务比率进行分解的方法。因此,它既可通过权益报酬率的分解来说明问题,也可通过分解其他财务指标(如总资产报酬率)来说明问题。总之,杜邦分析法和其他财务分析方法一样,关键不在于指标的计算而在于对指标的理解和运用。

第四节　企业生产管理

在ERP沙盘模拟中,企业的生产过程管理主要包括生产能力预估、制订生产计划和生产能力与生产计划的平衡。企业通过生产,制造出合乎市场需求的产品,并及时交货,完成订单,取得销售收入。

一、生产过程与生产管理

生产过程是一个通过劳动把一定的资源转化为产品或服务的过程,这个过程同时也是价值增值的过程。要实现这个转化过程需要有一定的支撑环境,包括生产场地、生产设施、生产组织、管理制度和技术方法等,这些统称为生产系统。生产过程的运行,同时还受社会环境的制约,特别是市场需求、社会经济发展水平、政府相关的政策法规等方面。生产管理是企业对生产活动进行组织、指挥、控制和协调的过程,是对生产系统设置和运行的各项工作的总称。生产管理内容主要包括生产组织工作、生产计划制订工作及生产控制工作三方面。

二、生产管理实施

(一) 生产组织工作

生产组织是指为了确保生产的顺利进行所进行的各种人力、设备、材料等生产资源的生产组织工作配置。生产组织是生产过程的组织与劳动过程组织的统一。生产过程的组织主要是指生产过程的各阶段、各工序在时间上、空间上的衔接与协调,包括企业总体布局,车间设备布置,工艺流程和工艺参数的确定等。在此基础上,进行劳动过程的组织,不断调整和改善劳动者之间的分工与协作形式,充分发挥其技能与专长,不断提高劳动生产率。

(二) 生产计划制订

企业生产计划是企业生产运作的总体计划。它根据市场的需求和企业的技术、人力、物资、设备等资源情况合理安排企业计划期内生产的产品品种、质量、数量、产值和进度等一系列生产指标。制订好生产计划是企业生产管理中的一项重要工作,也是编制好企业物资供应计划、人力资源计划、财务计划等各项计划的依据。

企业生产计划按时间划分可分为长期生产计划、中期生产计划和短期生产计划。

1. 长期生产计划

长期生产计划是指影响超过一年的生产计划，它是企业战略计划的重要组成部分。长期生产计划主要内容包括：新产品的研发、有关产品发展方向、生产发展规模、技术发展水平、生产能力水平、销售市场份额和生产组织结构改革。制订长期生产计划要充分考虑市场发展趋势，同时受到企业财务资源的约束。

2. 中期生产计划

中期生产计划一般以年为时间单位，根据企业经营目标、利润计划、销售计划的要求制订年度生产计划。中期生产计划的主要内容包括：企业应当完成的产品品种、产量、质量、产值和生产进度。中期生产计划的制订与当年的营销策略密切相关。

3. 短期生产计划

短期生产计划是中期生产计划的细化和具体化，其制订通常以季度为时间单位。短期生产计划主要内容包括生产计划、物料需求计划、生产能力计划和生产作业计划。

（三）生产控制工作

生产控制贯穿于生产运作过程。生产系统凭借控制的功能，监督、制约和调整生产各环节的活动，使生产系统按计划运行，并能不断适应环境的变化，从而达到预定的目标。生产运行控制的活动内容十分广泛，涉及生产过程中各种生产要素、各生产环节及各项专业管理，其内容主要有生产进度控制、库存控制、质量控制、成本控制、数量控制等。

1. 进度控制

进度控制是对生产量和生产期限的控制，其主要目的是保证完成生产进度计划所规定的生产量和交货期限，是生产控制的基本方面。其他方面的控制水平，诸如库存控制、质量控制、维修等都对生产进度产生不同程度的影响。在某种程度上，生产系统运行过程中各方面的问题都会反映到生产作业进度上。因此，在实际运行管理过程中，企业的生产计划与控制部门通过对生产作业进度的控制，协调和沟通各专业管理部门（如产品设计、工艺设计、人事、维修、质量管理）和生产部门之间的工作，可以达到整个生产系统运行控制的协调、统一。

2. 库存控制

库存控制使各种生产库存物资的种类、数量、存储时间维持在必要的水平上。其主要功能在于，既要保障企业生产经营活动的正常进行，又要通过规定合理的库存水平和采取有效的控制方式，使库存数量、成本和占用资金维持在最低限度。

3. 质量控制

质量控制的目的是保证生产出符合质量标准要求的产品。由于产品质量的形成涉及生产的全过程，因此，质量控制是对生产政策、产品研制、物料采购、制造过程及销售使用等产品形成全过程的控制。

4. 成本控制

成本控制涉及生产的全过程，包括生产过程前的成本控制和生产过程中的成本控制。生产过程前的成本控制主要是在产品设计和研制过程中，对产品的设计、工艺、工艺装备、材料选用等进行技术经济分析和价值分析，以及对各类消耗定额的审核，以求用最低的成本生产出符合质量要求的产品。生产过程中的成本控制主要是对日常生产费用的控制，包括材料费、各类库存品占用费、人工费和各类间接费用等。成本控制是从价值量上对其他各项控制活动的综合反映，因此，成本控制，尤其是对生产过程中的成本控制，必须与其他各项控制活动结合进行。

5. 数量控制

数量控制是对产品及零部件的生产数量进行控制。生产数量控制包括三个方面：一是不得少于计划数量，二是不得多于计划数量，三是要进行配套生产。

第五节 企业采购管理

在 ERP 沙盘模拟中，企业需要适时、适量、适价地采购生产所需的原料。

一、采购与采购管理

采购是企业所共有的职能，是企业经营的起始环节，同样也为企业创造价值。虽然行业有所不同，但采购成本所占的比例都非常大，降低采购成本是提高企业利润的有效方式。狭义的采购是指买东西，就是企业根据需求提出采购计划，审核计划，选好供应商，通过商务谈判确定价格和交货条件，最终签订合同并按要求收货付款的过程。广义的采购是指除了以购买的方式占有物品之外，还可以通过其他途径取得物品的使用权，来达到满足需求的目的。广义的采购除购买之外，还可以通过租赁、借贷和交换等途径来完成。采购是从资源市场获取资源的过程，采购是商流、物流和信息流三者的统一。

二、企业采购的流程

采购的基本程序因采购品的来源（国内采购、国外采购）、采购的方式（议价、招标）及采购的对象（物料、工程发包）等不同，而在作业细节上有若干差异，但每个企业的基本采购程序大同小异。

（一）需求的确定

需求的确定是采购的初始环节，是制订采购计划的基础和前提。物料需求部门的负责人向采购部门提出申请，发出请购单，采购部门经过核实后开始进行供应源的搜索与分析，寻找合格的供应商。

（二）供应源的搜索与分析

供应源的搜索与分析可以通过多种渠道进行，简单的可以通过电话，复杂的则会涉及很多方面。一般来说，分析供应源时，首先，采购部门要列出一份候选供应商的名单（其中可能包括一份优先供应商名单，对该名单中的供应商，企业会优先选择），然后根据不同的指标和方法对名单上的供应商进行评价筛选，确定出数家进入最后竞争的供应商。评价时，有必要的话采购商会对供应商进行实地考察。

（三）定价

筛选出最后几家供应商后，则进入定价阶段。如果供应商情况满足使用竞争性报价条件，则可使用竞争性报价方法。竞争性报价是把产品询价单发给候选供应商，供应商做出自己的报价，采购商选择最后中标的供应商。若供应商情况不满足使用竞争性报价条件，则可用谈判的方法，但是谈判的方法较为复杂且成本较高。

（四）发出订单

在定价结束后，最终供应商即被确定，采购商发出订单订货。订单详细说明了采购商所需物品的规格、型号、单价、数量等信息，是采购中非常重要的书面凭证。

（五）订单的跟踪与跟催

订单发出并不意味着采购商的事情已经结束，采购商还要对订单进行订单的跟踪与跟催，以确保供应商按质按量完成供应任务，采购商在必要时还需派出专门的跟催人员。

（六）验货与收货

供应商交货后，采购商正式收货前还要进行验收。验收分以下几个步骤：确定检验时间、地点，确定检验部门及人员，货物的检验以及不合格货物的处理，最后由检验部门及人员填写检验报告。检验完成后采购商接收货物，其中协商送货事宜、货物入库和处理货物接收过程中的问题则是接收过程中三个比较重要的环节。

（七）开票与支付货款

一般来说，货物入库后采购商将向供应商支付货款，采购部门向财务部门提供入库证明，连同发票一起向财务部门支取款项。

（八）记录维护

采购的最后一项就是记录维护。记录维护是把采购部门订单的有关副本汇集成档，作为以后查询核账的依据。

三、采购管理的内容

采购管理是指为保障企业物资供应而对企业采购活动进行的管理活动。采购管理是对计划下达、采购单生成、采购单执行、到货接收、检验入库、采购发票的收集、采购结算等采购活动的全过程的管理。采购管理作为企业管理的重要内容,通常要执行采购决策、采购计划、采购组织和采购控制等四项职能。执行这些职能的目的是要实现采购的四个基本目标,即适时适量保证供应、保证原材料质量、费用最省、协调供应商和管理供应商。

(一) 确定采购需求

采购需求的确定是制订采购计划的基础和前提,它是一项技术性很强的工作,涉及企业各个部门、各个生产环节、各道工序、各种材料、设备和工具以及办公用品等各种物资。企业可以采取不同的方法来进行采购需求的确定,通常有请购单汇总法、预测法、人工推导法及 MRP 法。

请购单汇总法是一种传统的被动的确定方法,由企业各个部门层层上报《物料需求计划表》和《请购单》,采购部门把所有需要采购的物料分类整理统计出来,确定采购什么、采购多少、采购的时间等问题。采购申请一般由各个部门,各个人等使用者在月末、季末或年末提出,请购单必须经过相关授权者的审批方可计入采购需求。

预测法是一种主动确定采购需求的方法,主要分为定性预测和定量预测两种。定性预测主要依靠预测人员的经验和判断能力来分析采购量的变化趋势,从而预测某种物资在未来一段时间的采购量。定量预测主过程,要借助过去的各期需求量统计资料和数学模型来预测未来的采购量。

人工推导法是根据企业生产计划来进行需求分析,求出各种物料的需求计划的过程,它必须要进行严格的推导试算,不能凭空估计,需要通过制订主产品的生产计划、制订主产品的结构文件、制订库存文件、推导分析采购需求四个步骤来进行。

MRP (Material Requirement Planning) 即物料需求计划,是根据市场需求预测和客户订单制订产品的生产计划,然后基于产品生产进度计划、组成产品的材料结构表和库存状况,通过计算机计算所需物料的需求量和需求时间,从而确定材料的加工进度和订货日程的一种实用技术。

(二) 制订采购计划

采购计划是企业管理人员在了解市场供求情况、认识企业生产经营活动过程及掌握物品消耗规律的基础上,对计划期内物品采购活动所做的预见性安排和部署。一般来说,狭义的采购计划即年度计划,是对企业计划年度内生产经营活动所需采购的各种物料的数量和时间等所做的安排和部署。

采购计划的编制需要依据采购环境、年度销售计划与年度生产计划、物料清单、存量管制卡、物料标准成本的设定、生产效率、价格预期及供应商的供货能力及质量状况等来确定。

编制采购计划包含编制认证计划和订单计划两部分。认证计划的制订是对采购的考察、论证和采购物料项目的认定过程,是采购计划的准备阶段。订单计划是采购计划的实施阶段，采购计划是通过订单实现的，订单计划的制订要充分考虑市场需求和企业自身的生产需求。二者必须要做到综合平衡，以保证采购物料能及时供应，同时降低库存及成本、减少应急单、降低采购风险。

（三）供应商管理

供应商管理是对供应商的了解、选择、开发、控制和使用等综合性的管理工作，目的是要建立起一个稳定可靠的供应商队伍，为企业生产提供可靠的物资供应。供应商的管理主要包含以下五个基本环节。

1. 调查供应商

供应商调查的目的，就是要了解企业有哪些可能的供应商，各个供应商的基本情况如何，为企业了解资源市场以及选择正式供应商做准备。

2. 开发供应商

在供应商调查和资源市场调查的基础上，可能会发现比较好的供应商，但是还不一定能马上得到一个完全合乎企业要求的供应商，还需要在现有的基础上进一步加以开发。将一个现有的原型供应商转化成一个基本符合企业需要的供应商的过程，就是一个开发过程。具体包括供应商深入调查、供应商辅导、供应商改进、供应商考核等活动。

3. 考核供应商

供应商考核是一个很重要的工作。它分布在各个阶段，在供应商开发阶段、供应商选择阶段、供应商使用阶段都需要考核。不过每个阶段考核的内容和形式并不完全相同。

4. 选择供应商

在供应商考核的基础上，选定合适的供应商。供应商的成功选择是采购成功的一半，采购商通过对供应商的管理，敦促供应商改进质量，可以达到双赢的目的。对于长期表现良好的供应商，采购商可以与之建立长久关系，以促进双方的共同发展。

5. 激励与控制供应商

在使用供应商过程中，为了保证供应商的供货能够持续满足企业的需求，需要对供应商实施有效的激励和控制手段。

（四）采购的进货、验收与库存管理

货物验收需要对质量、数量及包装进行验收，可以按照确认供应商、确定交运日期、确定物料名称、查清实际承交数量与订单、送货单上记载的数量是否相符、确认物料品质、通知验收结果、退回不良物料、入库、记录交货品质这几个步骤来进行。

从采购角度看，影响库存的是订货、进货行为。订货和进货使得库存数量增加，要控制库存，就应该控制订货和进货过程，通过控制进货、订货的批量和频率来达到控制库存的目的。企业可以利用科学的方法来进行库存管理，具体有经济订货批量法、ABC 分类控制法、定期订货法、定量订货法、准时化采购法等。

(五) 采购的成本控制与绩效管理

企业的采购成本是指企业在采购过程中的购买、包装、运输、装卸、存储等环节所支出的人力、物力、财力等货币形态的总和。对采购成本的控制，始终贯穿于企业物资采购的方方面面。从采购管理的角度来看，采购部门的职责开始于获得请购单之前，并延续至填发订购单之后所包括的一切与采购工作直接或间接相关的活动。因此，以企业整体而言，采购成本控制的优劣不仅关系到采购部门，还牵涉到其他部门是否能有效地配合协调。

1. 采购决策过程采购成本的控制

采购决策过程采购成本的控制，主要是在每次采购过程中，分析确定采购商品的数量、形式是否合适，采购活动是否达到了总成本最小。

(1) 采购商品数量的控制

企业在生产经营过程中，需要购进大量的原材料及零部件，这些物品的采购量应与生产经营规模相平衡。又因订货费与储存费存在着二律背反现象，要达到采购总成本最小，就需要确定一个经济的采购批量。

(2) 采购商品形式的控制

对于企业所需要的原材料或零部件，既可以购买又可以自己制造，企业应从经济效益出发，根据企业生产能力和成本决定是自制还是外购。对采购决策过程分析，可以使决策更加合理，使采购总成本达到最小，并使企业获得更多的效益。

2. 采购实施过程采购成本的控制

(1) 选择适当的采购方式

采购方式是采购主体获取资源或物品、工程、服务的途径、形式与方法。主要有集中与分散采购、招标采购、电子商务采购、政府采购、JIT 采购等。不同的采购方式对于降低采购成本方面贡献不同。

(2) 制作适当的底价

底价是采购方打算支付的最高采购价格，制作底价的过程是：确立采购规格、调查收集信息以及分析信息估计价格。

(3) 正确进行询价

采购人员制定完底价后，就可以联络供应商，向供应商进行询价。进行询价需要以下几个步骤：编制询价文件、确定被询价对象以及发布询价通告。

(4) 正确处理报价

采购人员在获得供应商的报价单后，就需要经过审查报价单、分析评价报价、确定成交供应商等步骤来进行处理。

(5) 成功进行议价

在采购活动中，议价是采购企业与供应商共同关心但又存在分歧的问题，议价过程是消除分歧，达成一致的过程。

3. 采购管理过程采购成本的控制

对企业采购管理过程中的成本控制主要有以下几个方面：合理划分采购管理权限，尽量减少紧急采购现象，严格控制采购费用，恰当的业务控制措施，规范、有效率的采购活动。

第六节 企业人力资源管理及团队建设

ERP沙盘模拟正式开始之前的准备工作之一就是人员角色定位，学生必须了解自己所担任角色的岗位职责，了解本岗位与整个企业经营的关系及与其他岗位的关系。在模拟经营的过程中，与企业其他成员一起分工协作，共同完成企业经营。在模拟经营的过程中，各岗位人员各自为战会导致效率低下，无效的沟通会引起争论不休，职责不清会导致秩序混乱。因此，只有在统一的战略目标下，各岗位人员遵守各自的工作规范，各司其职，团结合作，才能顺利完成经营，达到预期目标。

一、人力资源与人力资源管理

所谓人力资源是指人所具有的对创造价值起贡献作用，并且能够被组织所利用的体力和脑力的总和。而人力资源管理被看成现代人事管理，它是指组织为了获取、开发、保持控制和有效利用在生产经营过程中所必不可少的人力资源，通过运用科学、系统的技术和方法所进行的各种相关的计划、组织、领导和控制活动，以实现组织既定目标的管理过程。人力资源管理不等同于传统的人事管理，它是人事管理的进一步发展。

二、人力资源管理的目标与职能

人力资源管理目标可分解为最终目标和具体目标两个层次。

人力资源管理的最终目标就是要有助于实现企业的整体目标，虽然不同企业的整体目标各不相同，但最终目的都是要创造价值以满足相关利益者的需求。在这样的最终目标下，企业人力资源管理还要达成一系列具体目标，这些目标包括：① 保证人力资源的数量与质量；② 创建良好的人力资源管环境；③ 保证员工价值评价的准确有效；④ 实现员工价值分配的公平合理。总体而言，企业人力资源管理的目标是通过组建优秀的企业员工队伍，建立健全的企业管理机制，形成良好的企业文化氛围，有效地开发和激励员工潜能，最终实现企业管理目标。

人力资源管理的功能和目标是通过它所承担的功能和从事的活动来实现的，人力资源管理主要包括7方面的基本职能：① 人力资源规划；② 职位分析；③ 招聘录用；④ 绩效管理；⑤ 薪酬管理；⑥ 培训与开发；⑦ 员工关系管理。人力资源管理的这些职能之间相互联系、相互影响，共同形成一个有机系统。

三、团队建设

沙盘运作需要团队的建设与管理。因此，需要掌握团队管理的方法。

对于企业而言，为了更合理地决定是否、何时以及如何鼓励并使用团队，首先应该精确地区分团队与其他集团的区别。

大多数企业高层都提倡团队工作，而且也应该如此。团队工作代表了一系列鼓励倾听、积极回应他人观点、对他人提供支持并尊重他人兴趣和成就的价值观念。这些价值观念能帮助团队发挥功效，同时提高个人以及组织整体的业务表现。团队并不是指任何在一起工作的集团，如委员会、理事会以及行动小组，其区别在于工作成果。可以这样定义团队：团队是一些才能互补，并为负有共同责任的统一目标和标准而奉献的少数人员的集合。

团队的核心是共同奉献，没有这一点，团队就只是松散的个人集合。这种共同奉献需要一个成员们能够为之信服的目标。可信目标是与成功及保持领先密不可分的。成功的团队也将他们的共同目标映射为具体的工作要求，如将销售商的退货率减少50%，或是将毕业班的数学成绩由60分提高到95分。事实上，如果一个团队不能确定明确的具体工作目标，或是具体工作目标与整体目标毫无联系，那么团队成员会因此变得困惑、涣散、表现平庸。当一小群人决定将某项产品的成本下降10%或是将某项产品销售率提高到100%时，他们相对的头衔、工资以及其他个人特性已经不再重要。在那些成功的团队中，每个成员如何为集体目标贡献最大力量是人们关注的问题，更为重要的是，人们关注的是业绩目标本身，而不是个人的地位和利益。

（一）团队的技能要求

观察那些成功的团队，可以发现其规模并不大，一般为2~25人。规模超过50人从理论上讲也可以组成团队，但是这种规模的团队更容易分裂为较小的集团，而不是作为一个单一单位发挥功效。

除了选择最佳的规模之外，团队必须寻找最佳的特长组合，也就是说，为了工作的需要而选择成员互补的各种技能。虽然听起来容易，但这是团队成功的关键。

（二）解决问题和制定决策的技巧

团队必须能够发现潜在的问题和机遇，斟酌各种选择方案，并且能够在权衡利弊之后决定前进的方式。

人际关系技巧如果缺乏有效的交流沟通和建设性的碰撞，那么共同目标和相互理解便是一句空谈。

（三）团队如何有效工作

在那些成功的团队中，每个成员都承担着同等数量的工作，所有的成员，包括团队领导在内，都要以具体的方式为团队的工作成果贡献力量。这是驱动着团队成绩的情感逻辑的一个非常重要的因素。

除非能够作为一个集体承担责任，否则任何集团都不能算作真正的团体。如同集团目标和工作方式一样，集体责任是对成员集体的考验。比如，考虑一下"老板让我负责"与"我们自己负责"之间的重要的差别，前者可以过渡到后者，但是没有后者则没有团队。

当面对需要集体努力而不是个人奋斗的挑战时，团队能够有机地凝聚在一起。在团队中，共同责任的概念已经成为一种常识，"同舟共济"是其工作方式。

当人们为了共同的目标而工作在一起时，信任和承诺会随之而来。因此，拥有强烈集体使命感的团队必将为了团队的业绩表现共同承担责任。这种集体责任感同样可以产生丰厚的集体成果作为回报。

从另一方面看，单纯为了改进工作、交流、组织效率或取得成功而组建的集团很难成为高效率的团队。只有当设定了适当的目标及实现目标的方式后，他们才可以接受并与同事共同承担责任。

(四) 团队的类型

团队的操作规律对于所有团队的成功是至关重要的。团队一般可分为三类：提供咨询意见的团队、生产和经营的团队和负责管理的团队。每一类团队在实际操作中都面临不同类型的挑战。

提供咨询意见的团队包括特别行动小组、项目集团、审计、质量以及安全监督团。它们的任务是研究并解决特定的问题。

生产和经营的团队包括那些身处一线负责基本生产、开发、操作、市场、销售、服务以及其他企业增值行为的人员。

在决定此类团队如何发挥最大功效时，高级管理层应该集中精力于所谓的"企业关键点"，也就是最直接决定企业产品和服务成本与价值的那些地方，如财务管理、顾客服务、产品设计以及生产效率。如果"企业关键点"依赖于多种技巧以及判断能力的实时结合，那么团队将是最佳选择。

而对于负责管理的团队，虽然许多企业领导将那些向他们汇报工作的团体称为团队，然而事实很少如此。那些真正的团队很少将自己作为团队看待，因为他们全心全意投入于自己的工作。这样的团队可以在企业从上至下的任何职能和部门级别中出现。不论他们负责管理着几千名员工还是几名员工，只要他们管理着某项业务、工程或者职能行为，他们就都是负责管理的团队。

(五) 团队的生命力

在高效率、高产出的企业中，团队将成为主要的工作单位。但是这并不意味着团队将取代个人努力或是正规的企业层级结构和体制。相反，团队将加强现有的企业结构，在层级结构限制了发挥最佳功效的地方，团队都为企业提供了机遇。因此，新产品的革新需要在保留企业结构功能精华的同时，通过团队方式去其糟粕。同样，通过自我管理的团队能在保留层级结构的管理和指导的同时，灵活自如地实现一线生产能力的提高。

每个公司都面对着具体的工作业绩挑战，对此，在高级管理层的手中，团体是一种最实际、最强大的载体。因此，高级管理层最重要的角色是关注企业的业绩表现，并寻找和开发能够实现这些目标的团队形式。这意味着他们必须发现团队取得成就的潜在独特优势，在团队成为最佳工具的情况下能够运用团队战略，并为了提高团队的功效而促进团队基本规律的运作。这样，企业的高级管理层能够创造一种理想环境，使得团队以及员工个人和企业整体能够取得成绩。

（六）团队的冲突

团队冲突指的是两个或两个以上的团队在目标、利益、认识等方面互不相容或互相排斥，从而产生心理或行为上的矛盾，导致抵触、争执或攻击事件。

20世纪40年代之前的传统观点认为，所有冲突都是不良的、消极的，是破坏性的，必须避免或尽量减少。因为冲突意味着意见分歧和对抗，势必造成组织、团队、个体之间的不和，破坏良好关系，影响团队目标和组织目标的实现。从20世纪40年代末到20世纪70年代中期，人际关系观点在冲突理论中非常流行。该观点认为，对于所有团队与组织来说，冲突都是与生俱来，无法避免的。因此，我们应该接纳冲突，发挥其对团队和组织的有益之处。从20世纪70年代末至今，冲突的互动观点成为主流观点。该观点指出，过于融洽、和谐、安宁和合作的组织容易对变革表现出静止、冷漠和迟钝，因此可能使组织缺乏生机和活力，适当的冲突反而有利于组织的健康发展。"鲶鱼效应"非常直观地显示了适当的冲突可能带来的积极效果。

1. 团队冲突的类型

从冲突的性质来看，团队之间的冲突可以分为两类：建设性冲突与破坏性冲突。建设性冲突的特点主要有：冲突双方对实现共同的目标都十分关心，彼此乐意了解对方的观点、意见，大家以争论问题为中心，互相交换情况不断增加。破坏性冲突的特点主要有：双方对赢得自己观点的胜利十分关心；不愿听取对方的观点、意见；由问题的争论转为人身攻击；互相交换情况不断减少，以至完全停止。一般来说，组织内部的团队之间需要适当的建设性冲突，破坏性冲突则应该被降低到最低程度。

2. 团队冲突的产生原因

导致团队之间冲突的原因很多，只有对症下药，才能改善和优化团队之间的关系，提高组织的整体竞争力。团队冲突产生的原因主要有以下几种。

（1）资源竞争

组织在分配资源时，总是按照各个团队的工作性质、岗位职责、在组织中的地位以及组织目标等要素分配资金、人力、设备、时间等资源，不会绝对公平。在各类团队在成员数量、权力大致相同的情况下，会为了组织内有限的预算、空间、人力资源、辅助服务等资源而展开竞争，产生冲突。例如，企业里生产部门与销售部门的冲突。另外，团队之间可能会共用一些组织资源，但是在具体使用过程中会出现谁先谁后、谁多谁少的矛盾。

(2) 目标冲突

每一个团队都有自己的目标，而这些目标都是为了实现组织的目标。因此，每个团队都需要其他团队的协作。比如，市场营销部门要实现营销目标，就必须得到生产部门、财务部门、人事部门、研发部门的配合与支持。但现实情况是，各个团队的目标经常发生冲突。例如，营销部门的目标是吸引客户、培养客户忠诚，这就要求生产部门生产出质优价廉的商品。而生产部门的目标是降低成本，减少开支，以尽可能少的资源生产尽可能多的商品，而这就不能保证商品质量。因此，营销部门与生产部门就可能发生目标冲突。

(3) 相互依赖性

相互依赖性包括团队之间在前后相继、上下相连的环节上，一方的工作不当会造成另一方工作的不便、延滞，或者一方的工作质量影响到另一方的工作质量和绩效。组织内的团队之间都是相互依赖的，不存在完全独立的团队。相互依赖的团队之间在目标、优先性、人力资源方面越是多样化，越容易产生冲突。例如，生产部门希望采购部门尽可能增加存货，以便于在生产需要时能及时获得原材料，而采购部门希望尽可能减少存货，以降低仓储费用。生产部门与采购部门的这种相互依赖性反而可能导致冲突。

(4) 责任模糊

组织内有时会由于职责不明造成职责出现缺位，出现谁也不负责的管理"真空"，造成团队之间的互相推诿甚至敌视，发生"有好处抢，没好处躲"的情况。

(5) 地位斗争

组织内团队之间对地位的不公平感也是产生冲突的原因。当一个团队努力提高自己在组织中的地位，而另一个团队视其为对自己地位的威胁时，冲突就会产生。在权力与地位不对等的团队之间也会发生冲突，如管理层与工人、教师与学生都可能因为立场的不同而发生冲突。

(6) 沟通不畅

团队之间的目标、观念、时间和资源利用等方面的差异是客观存在的，如果沟通不够或沟通不成功，就会加剧团队之间的隔阂和误解，加深团队之间的对立和矛盾。美国在1998年发射火星气候探测器失败，正是由于负责项目的两组科学家分别使用了公制单位和英制单位。

3. 团队冲突管理的方法

有效管理团队之间的冲突，需要遵循以下三条原则：第一，要分清楚冲突的性质，建设性冲突要适当鼓励，破坏性冲突则应该降低到最低程度；第二，要针对不同类型的冲突采取不同的措施，个人与个人之间、个人与团队之间、个人与组织之间、团队与团队之间、团队与组织之间都可能产生冲突，要分别采用不同的管理对策；第三，充满冲突的团队等于一座火山，没有任何冲突的团队等于一潭死水，因此既要预防团队之间的冲突，也要激发团队之间的冲突。常见的管理团队冲突的方法有以下几种。

（1）交涉与谈判

交涉与谈判是解决问题的较好方法，这是因为通过交涉，双方都能了解、体谅对方的问题，交涉也是宣泄各自情感的良好渠道。具体来讲，就是将冲突双方召集到一起，让他们把分歧讲出来，辨明是非，找出分歧的原因，提出办法，最终选择一个双方都能接受的解决方案。

（2）第三者仲裁

当团队之间通过交涉与谈判仍无法解决问题时，可以邀请局外的第三者或者较高阶层的主管调停处理，也可以建立联络小组促进冲突双方的交流。

（3）吸收合并

当冲突双方规模、实力、地位相差悬殊时，实力较强的团队可以接受实力较弱团队的要求并使其失去继续存在的理由，进而与实力较强的团队完全融合为一体。

（4）强制

强制，即借助或利用组织的力量，或是利用领导地位的权力，或是利用来自联合阵线的力量，强制解决冲突。这种解决冲突的方法往往只需要花费很少的时间就可以解决长期积累的矛盾。例如，朱镕基总理刚刚上任时，东三省"三角债"问题最严重、最持久，朱镕基提出注入资金、压货挂钩、结构调整、扼住源头、连环清欠等一整套铁拳式的解决措施，只用了26天，清理拖欠款125亿元，问题基本解决。

（5）回避

当团队之间的冲突对组织目标的实现影响不大而又难以解决时，组织管理者不妨采取回避的方法。冲突双方能够意识到冲突只会造成"两败俱伤"，因此自觉由冲突转向合作。现实生活中，警察就经常采取这种方法处理"扯皮"事件。

（6）激发冲突

激发冲突的具体方法有：在设计绩效考评和激励制度时，强调团队和团队之间的利益比较；运用沟通的方式，通过模棱两可或具有威胁性的信息来提高冲突水平；引进一些在背景、价值观、态度和管理风格方面均与当前团队成员不同的外人；调整组织结构，提高团队之间的相互依赖性；故意引入与组织中大多数人的观点不一致的"批评家"。

（7）预防冲突

预防冲突的具体方法有：加强组织内的信息公开和共享；加强团队之间正式和非正式的沟通；正确选拔团队成员；增强组织资源；建立合理的评价体系，防止本位主义，强调整体观念；进行工作轮换，加强换位思考；明确团队的责任和权利；加强教育，建立崇尚合作的组织文化；设立共同的竞争对象；拟订一个能满足各团队目标的超级目标；避免形成团队之间、成员之间争胜负的情况。

复习思考题

1. 有人说企业实施多角化战略可以产生"东方不亮西方亮"的效果，你怎么看？
2. 企业如何根据不同的产品生命周期来实施营销策略？
3. 如何利用杜邦财务分析体系进行财务分析？
4. 企业生产控制工作包括哪些方面？
5. 采购成本控制的方法有哪些？

一试身手

通过本章的学习，你对企业的经营管理有了一定的认识，谈谈你遇到这样的问题，怎么进行决策分析。

1. 沙盘企业经营的成败，很大程度上与企业的战略规划密切相关，也就是自己的团队知道自己要做什么，什么时间做，怎样做。你和你的团队如何规划战略呢？

2. ERP沙盘模拟运营过程中，遵守规则、自我监督、比赛第二、诚信第一，当你的团队在经营中有不同的分歧时，该如何协调团队冲突？

第四章　ERP电子沙盘运营规则

章前导读

企业是社会经济的基本单位，企业的发展要受到自身条件和外部环境的制约。企业的生存与企业间的竞争不仅要遵守国家的各项法规及行政管理规定，还要遵守行业内的各种制约。在开展企业模拟竞争之前，管理层必须了解并熟悉这些规则，这样才能做到合法经营，才能在竞争中生存、发展。

教学目标

1. 掌握筹资、投资的种类及规则。
2. 掌握生产管理和营销管理的规则。
3. 掌握综合费用、折旧、利息等的计提方法。
4. 领会开展岗位工作要遵守的规则。
5. 学会在规则允许范围内制订规则，开展工作。

第一节　ERP 电子沙盘简介

传统的沙盘教学采用手工方式进行信息的管理，效率相对不高，学生大量的时间用于信息的记录与纠错，教师也花费大量时间用于监控学生的操作是否规范。

ERP 电子沙盘系统分为教师端和学生端，在运营过程中，学生从学生端将每年的经营数据、财务数据等录入系统，同时可对自己的经营状况和财务状况进行简单分析。教师通过教师端将每年销售数据（订单）发送至学生端，接收学生端的数据并进行分析。教学过程中，教师端和学生端通过网络连接，实时传递数据，体现了信息化教学的优势；操作规则和步骤由计算机程序自动控制，实现了经营过程、选单、报表生成的全自动操作，将老师彻底从发放订单、监督控制等具体操作中解放出来，极大地减轻了教师的教学工作强度，提高了学生操作效率，将教学研究的重点放在企业经营的本质分析上，增加了有效教学时间，进而提高了教学效果。

ERP 电子沙盘具有以下特点。

1. 采用 B/S 架构，基于 Web 的操作平台，安装简便，可实现本地或异地训练。

2. 可以对运营过程的主要环节进行严格控制，学生不能擅自改变操作顺序，也不能随意反悔，避免作弊。

3. 自动核对现金流，并依据现金流对企业运营进行控制，避免了随意挪用现金的操作，真实反映现金对企业的重要作用。

4. 实现交易活动（包括银行贷款、销售订货、原料采购、交货、应收款回收等）的本地操作，以及操作合法性验证的自动化。

5. 可以与手工沙盘结合使用，也可单独使用。

6. 有多组训练模式的选择，标准版可在 6~8 组中任选。

7. 可以有限地改变运行环境参数，调节运行难度。

8. 增加了系统间谍功能。

9. 系统中集成了即时信息功能。

10. 强大的用户决策跟踪，可无遗漏地找出决策失误，进行赛后复盘分析。

ERP 手工沙盘拟侧重于对企业经营的综合认知，但存在三个不可避免的问题：一是企业经营监管不力，二是参与课程人数受到限制，三是教师端的操作工作量大。ERP 电子沙盘的引入可以有效地解决上述问题。ERP 电子沙盘经营可以作为集中课程进行，也可以由学生社团组织沙盘竞赛的形式开展。

ERP 电子沙盘彻底实现了时间不可倒流的控制，即所有的运营环节一经执行，便不可能反悔，更为真实地体现了现实企业运行环境。使学生像企业经营一样负有使命感地做好每一项决定，认真完成每一项工作。

本章主要介绍用友商道电子沙盘的操作方法与规则。商道电子沙盘采用创业模式经营，初始状态只有现金（股东资本），一般为 600M，教师也可以根据学生的运营情况对“系统参数”予以调整。系统参数如图4–1 所示。

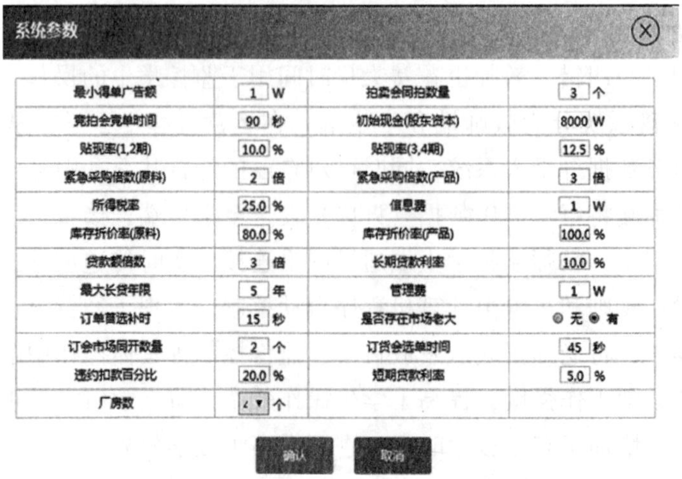
系统参数

最小得单广告额	1 W	拍卖会同拍数量	3 个
竞拍会竞单时间	90 秒	初始现金(股东资本)	8000 W
贴现率(1,2期)	10.0 %	贴现率(3,4期)	12.5 %
紧急采购倍数(原料)	2 倍	紧急采购倍数(产品)	3 倍
所得税率	25.0 %	信息费	1 W
库存折价率(原料)	80.0 %	库存折价率(产品)	100.0 %
贷款额倍数	3 倍	长期贷款利率	10.0 %
最大长贷年限	5 年	管理费	1 W
订单首选补时	15 秒	是否存在市场老大	无 有
订会市场同开数量	2 个	订货会选单时间	45 秒
违约扣款百分比	20.0 %	短期贷款利率	5.0 %
厂房数	4 个		

确认 取消

图 4–1　系统参数

第二节 运营规则简介

现实生活中，企业经营、企业之间的竞争必须遵循一定规则的约束。这里的"规则"就是分门别类、名目繁多的各项法律、法规。企业在一个开放的市场环境中，遵循一定的规则，只有做到合法经营，才能在竞争中求生存、求发展。因此，在进行运营前，只有充分理解规则才能胸有成竹、游刃有余。在 ERP 沙盘模拟中，不可能对各项"规则"面面俱到，只能采用相对简化的方式，以简驭繁。

一、筹资规则

企业的启动和发展必须靠足够的资金，充足的资金是企业经营活动顺利进行的重要保障。能否提供充分的资金，从根本上决定了企业发展空间和发展速度。筹资是通过一定渠道、采取适当方式筹措资金的财务活动。无论其筹资的来源和方式如何，其取得途径不外乎两种：一种是接受投资者投入的资金，即企业的资本金；另一种是向债权人借入的资金，即企业的负债。ERP 沙盘模拟中，筹资类型有长期贷款、短期贷款和贴现，其规则如表 4-1 所示。

表 4-1 筹资规则

贷款类型	贷款时间	贷款额度	年息	还款方式	备注
长期贷款	每年年初	所有长短贷之和不超过上年权益 3 倍	10.0%	年初付息到期还本	不小于 10W
短贷贷款	每季度初		5.0%	到期一次还本付息	
资金贴现	任何时间	视应收款额	1 季，2 季：10.0 % 3 季，4 季：12.5 %	变现时贴息	贴现各账期分开核算，分开计息
库存拍卖	100.0 %（产品） 80.0 %（原料）				

二、厂房

ERP 沙盘模拟中，厂房有大厂房、中厂房和小厂房，其规则如表 4-2 所示。

表 4-2　厂房规则

名称	购买价格	租金	出售价格	容量	说明
大厂房	400W	40W/年	400W	4	厂房出售得到 4 个账期的应收款，紧急情况下可厂房贴现，直接得到现金。厂房租入后，一年后可作租转买、退租等处理，续租系统自动处理。
中厂房	300W	30W/年	300W	3	
小厂房	180W	18W/年	180W	2	

三、生产线

模拟企业可以选择四种生产线，超级手工、自动线、柔性线和租赁线，其规则如表 4-3 所示。

表 4-3　生产线规则

名称	投资总额	每季投资额	安装周期	生产周期	总转产费用	转产周期	维修费
超级手工	35W	35W	0 季	2 季	0W	0 季	5W/年
自动线	150W	50W	3 季	1 季	20W	1 季	20W/年
柔性线	200W	50W	4 季	1 季	0W	0 季	20W/年
租赁线	0W	0W	0 季	1 季	20W	1 季	65W/年

四、折旧

ERP 沙盘模拟中，厂房不计提折旧；生产线采用年限平均法计提折旧，年折旧额=（原值-残值）÷折旧年限，其规则如表 4-4 所示。

表 4-4　折旧规则

名称	原值	残值	折旧费	折旧时间	生产周期	说明
超级手工	35W	5W	10W	3 年	2 季	当年建成的生产线不计提折旧，从下一年开始计提；当净值等于残值时生产线不再计提折旧，但可以继续使用。
自动线	150W	30W	30W	4 年	1 季	
柔性线	200W	40W	40W	4 年	1 季	
租赁线	0W	-65W	0W	0 年	1 季	

五、产品

ERP 沙盘模拟中，产品共有四种类型：P1、P2、P3、P4。其规则如表 4-5 所示。

表 4–5 产品规则

名称	开发费	开发时间	加工费	直接成本	产品组成	说明
P1	10W/季	2 季	10W	20W	R1×1	开发费用在季末支付，不允许加速投资，但可以中断投资。
P2	10W/季	3 季	10W	30W	R2×1 R3×1	
P3	10W/季	4 季	10W	40W	R1×1 R3×1 R4×1	
P4	10W/季	5 季	10W	50W	P1×1 R1×1 R3×1	

六、原料

ERP 沙盘模拟中，原料共有四种类型：R1、R2、R3、R4。其规则如表 4-6 所示。

表 4–6 原料规则

名称	购买单价	提前期	说明
R1	10W	1 季	采购材料订单不用支付现金，材料入库时必须支付现金。
R2	10W	1 季	
R3	10W	2 季	
R4	10W	2 季	

七、市场开拓

ERP 沙盘模拟中，市场分为本地市场、区域市场、国内市场、亚洲市场和国际市场，其规则如表 4-7 所示。

表 4–7 市场开拓规则

名称	开发费	开发时间	说明
本地	10W/年	1 年	各个市场的开发可以同时进行，不允许加速投资，资金短缺时可以中断或停止。
区域	10W/年	1 年	
国内	10W/年	2 年	
亚洲	10W/年	3 年	
国际	10W/年	4 年	

八、ISO 资格认证

ISO 资格认证分为两种类型，分别为 ISO9000 和 ISO14000，其规则如表 4-8 所示。

表 4-8 ISO 资格认证

名称	开发费	开发时间
ISO9000	10W/年	2 年
ISO14000	20W/年	2 年

九、其他规则说明

表 4-9 其他规则说明

项目	说明
行政管理费	每季度支付 10M 行政管理费
紧急采购	付款即到货，原材料价格为直接成本的 2 倍，成品价格为直接成本的 3 倍。多付出的部分计入"损失"。
选单规则	上年本市场销售额最高（无违约）优先；其次看本市场本产品广告额；再看本市场广告总额；再看市场销售排名；如仍无法决定，先投广告者先选单。
破产标准	现金断流或权益为负
订单规则	第一年无订单，交单可提前，不可推后，违约收回订单并按该订单金额的 20%扣除违约金，计入"损失"。
取整规则	违约金扣除——四舍五入；库存拍卖取得现金——向下取整； 贴现费用——向上取整；扣税——四舍五入；长短贷利息——四舍五入。
其他费用	库存折价拍卖，生产线变卖，紧急采购，订单违约记入"损失"。
计分规则	排行榜记分标准：总成绩=所有者权益×（1+企业综合发展潜力/100） 企业综合发展潜力=市场资格分值+ISO 资格分值+生产资格分值+厂房分值+各条生产线分值 生产线建成（包括转产）即加分，无须生产出产品，也无须有在制品。

第三节 筹资活动规则

企业进行的生产经营活动和投资活动，都需要有一定数量的资金投入，如果出现资金断流，则企业就要破产，因此要保证企业在经营过程中有足够的现金。在模拟企业经营中除了第一年有一定的现金维持企业经营外，随着时间的推移，企业的投入增加，产出滞后，资金短缺的压力越来越大，所以要未雨绸缪，事先做好筹资规划。

ERP沙盘模拟中，企业的筹资渠道主要包括贷款、贴现和出售资产三种形式。

一、贷款规则

1. 贷款额度

ERP沙盘中约定，所有长期贷款与短期贷款的额度之和不能超过上一年年末所有者权益的3倍，否则不允许贷款。例如，如果某企业上年年末所有者权益为100W，100×3=300W，则该企业第二年贷款额度为300W，即新申请的贷款加上已有的贷款不能超过300W。若企业已贷款350W，将不能申请贷款；如果企业已有100W的贷款，则最多还可申请贷款200W。

2. 长期贷款

长期贷款指企业向银行和非银行金融机构以及其他单位借入的、期限在一年以上的各种借款，主要用于购建固定资产和满足长期资金占用的需要。

长期贷款的使用期限最长为5年，长期贷款的额度取决于本企业上年末所有者权益的多少，长期贷款的利率为10%，每年年初支付利息，到期还本并支付最后一年利息。

3. 短期贷款

短期贷款指为满足企业临时性流动资金需要而进行的筹资活动，企业的流动资产一般是通过流动负债的方式取得。短期贷款的使用期限为4个季度，所有长期贷款与短期贷款的额度之和不能超过上年年末所有者权益的3倍。企业每年有四次申请短贷的机会，短期贷款利率为5%，到期一次还本付息。

二、贴现规则

贴现就是将尚未到期的应收账款提前兑换为现金，贴现需要支付贴现利息。若提前使用应收账款，必须计算贴现费用。注意：只要有足够的应收账款，可以随时贴现（包括次年支付广告费时，使用应收贴现）。ERP沙盘中约定，第1、2季贴现利率为10%，第3、4季贴现利息为12.5%。

三、出售资产规则

1. 出售生产线规则

对于不用的生产线可以变卖，变卖前要先计提当年折旧，然后按照表3-4折旧规则中的残值金额取得现金。

2. 出售原料规则

库存原料按其成本的八折出售，取得现金（向下取整），折价部分计入报表的"损失"项。例如，出售10M原料，11×0.8=8.8W，向下取整后只能得到8W现金。显然，出售库存原料会产生损失，通常情况下不宜采用。

3. 出售产品规则

库存产成品可以按其直接成本出售，取得现金。例如，出售1个P3产品，可以得到40W现金。以出售库存产品的方式取得现金虽然无利可图，但亦无损失。当产品堆有大量库存，并且现金紧张时，这也可以作为一种紧急的融资方法。

4. 出售厂房规则

厂房出售可得到4个账期的应收款，紧急情况下可厂房贴现，直接得到现金。例如，若企业第三年的第一季度欲将原购入的大厂房出售，则会产生期限为4季、金额为400W的应收款。若企业资金紧张，欲将400W的应收款贴现，则贴现利息=400W×10%=40W，实收金额=400-40=360 W。

第四节 投资活动规则

筹资的目的是为了投资，投资包括固定资产投资和无形资产投资，在ERP沙盘模拟演练中，固定资产投资包括购置厂房和生产线，无形资产投资包括市场开拓、ISO认证和产品研发。

一、厂房投资

1. 厂房类型

购买厂房只能在每年年初进行，厂房分为大、中、小三种类型，大厂房可以容纳4条生产线，中厂房可以容纳3条生产线，小厂房可以容纳2条生产线。

2. 厂房的取得

厂房可以通过购买或租赁两种方式取得。若选择购买，大厂房购买价格400W，中厂房300W，小厂房180W。若选择租赁，大厂房租金40W/年，中厂房30 W/年，小厂房18W/年。

每季均可租可买，租满一年的厂房在满年的季度（如第三季度租的，则在以后每年第三季度为满年，可进行处理），需要用作"厂房处置"进行"租转让"、"退租"（当厂房中没有任何生产线时）等处理，如果未加处理，则原来租用的厂房在满年季末自动续租。已购买的厂房不需要支付租金。租期不足一年的按一年计算，于每年年末一次性支付。

说明：

(1) 厂房不计提折旧；

(2) 生产线不允许在不同厂房间移动。

3. 出售厂房

企业已购买的厂房可以按照其买价出售，得到 4 个账期的应收款。如果厂房中有生产线，还需要支付厂房租金，即"买转租"。

厂房贴现与厂房出售的区别为：

(1) 厂房贴现可以随时进行，而厂房出售只能在经营流程的"厂房处理"节点操作。

(2) 厂房贴现只能一次全额贴现，不允许部分贴现；而厂房出售得到的应收款可以视情况分次贴现，也可以不贴现。

二、生产线投资

(一) 生产线类型

在 ERP 沙盘模拟中，生产线类型包括：超级手工生产线、租赁生产线、自动生产线和柔性生产线，它们的投资金额、安装周期、生产周期、转产费用、转产周期各不相同，各有特点。每条生产线都可以生产已取得生产资格的各种产品。不同类型生产线的主要区别在于投资额、生产效率和灵活性。生产效率是指单位时间生产产品的数量（产能），灵活性是指转产新产品设备调整的难易程度。

1. 超级手工生产线

这是一种低技术含量的生产线。它的优点是购置成本低，可以满足企业初建时资金不足的困境；其次，生产灵活性好，在同一条生产线上生产不同产品时不需要转产费，可以直接生产；最后，安装周期短，投资后即刻生产。缺点是生产周期长，需要两季才能生产一个产品，生产效率低下，不能满足在竞争状态下快速发展的企业需要。

2. 自动生产线

这是一种高效率的先进生产线。该生产线的优点是生产周期短，生产效率高，一条生产线一年能够生产 4 个产品。缺点是投资成本较高，安装周期较长，需要三个季度；此外，灵活度不够，同一条生产线生产不同产品需要转产费用和转产周期。

3. 柔性生产线

这是一种灵活的高效率生产线。该生产线与自动线的生产效率一样，但具有自动线不具备的灵活性，可以直接生产不同的产品，不需要转产。缺点是投资成本高，安装周期长。

4. 租赁生产线

这是一种不需投资高效率的生产线。优点是不需要投资，没有安装期，可以直接进行生产；缺点是后续维修费用高，每年 65W，为超级手工生产线的 13 倍；此外，租赁生产线的灵活性不够，转产时需要支付 20W 的转产费并且需要 1 季的转产周期。

（二）生产线新建与在建

生产线建设的总投资额在安装周期内按季度平均支付，全部资金到位后的下一个季度季初（除了超级手工生产线）方可开工生产。

下面以自动线建设为例说明。

总投资 150W。安装周期：3 季。每季支付 50W。

例如，某公司在第 1 年的第 2 季度开始投资一条自动生产线，需要分 3 个安装周期，每期投入 50 W，在第 1 年的第 4 季度投资完毕，在第二年的第 1 季度才能上线生产产品。具体安装过程如表 4–10 所示。

表 4–10 自动线安装进程

运行期间	投资额	进度
第 1 年第 2 季度	50 W	新建
第 1 年第 3 季度	50W，累计投资 100W	在建
第 1 年第 4 季度	50W，累计投资 150W	在建
第 2 年第 1 季度		建成，可以开始生产

说明：

1. 投资新生产线过程中，资金短缺时，可以中断投资。

2. 一条生产线最后一期投资到位后，下一季度的季初才算安装完成，安装完成的生产线当季可以投入生产。

3. 所有生产线可以生产任何所有产品。

（三）生产线转产

生产线转产是指生产某种产品转变为生产另一种产品。只有已经建成并且有空闲的生产线才允许转产。转产改造时，生产线上不能有在制品。超级手工生产线和柔性生产线具有较好的灵活性，产品下线后，可以直接生产不同的产品类型。

自动线和租赁线转产时需要停工一个季度，并支付转产费，下个季度方可开工生产另一种产品。柔性线和超级手工线可以生产任意产品，无需再支付转产费。例如，A 公司自动生产线原来生产 P1，在第 3 年第 2 季度决定改造生产 P2，改造周期为 1 季，并需支付 20W 的改造费用。如表 4–11 所示。

表 4–11　全自动线转产进程

运行期间	转产费用	进度
第 3 年第 2 季度	20W	停止生产 P1，开始转产
第 3 年第 3 季度		完成转产，开始生产 P2

(四) 生产线的维修

生产线建成后，需要不断维修。具体规则如下。

1. 生产线建成之后都需要进行维修。已经建成的生产线，不论是否开工生产，都必须交纳维修费；正在进行转产的生产线也必须交纳维修费。

2. 不同生产线的维修费用不同。超级手工线维修费为 5W/年，租赁线的维修费为 65 W/年，自动线和柔性线的维修费为 20W/年。

3. 当年在建的生产线和当年出售的生产线不需缴纳维修费。例如，某企业在第 1 年第 2 季度开始投资建设一条自动生产线，尽管于第 4 季度完成投资，但还不算建成，因此第 1 年年末不需要缴纳维修费。如果该自动线第 1 年第 1 季开始新建，到第四季度就可以生产，那么第 1 年要交维修费。

(五) 生产线折旧

当年建成的生产线当年不计提折旧，从下一年开始计提折旧。每条生产线单独计提折旧，折旧的方法采用平均年限法，年折旧额=（原值–残值）÷折旧时间。例如，每条柔性生产线的年折旧额=（200–40）÷4= 40W。

当生产线的净值等于残值时，也就是折旧计提完成后，不再计提折旧，但可以继续使用，待出售时按残值出售。

(六) 变卖生产线

淘汰旧的生产线可以腾出厂房的空间，以便安装更适合的生产线，还可以收回残值现金，也节约了维修费用。因此，企业可以出售不需要的生产线，生产线出售规则如下。

1. 出售生产线时，该生产线应处于闲置状态，生产线上有在制品则不能变卖。

2. 生产线的售价均为该生产线的残值，可以直接得到现金。

3. 生产线变卖时，净值大于残值时，差额作为损失计入综合管理费用的其他项。

说明：

生产线原值为生产线的购置费用。

生产线残值为生产线原值减去折旧后的价值。

生产线残值为生产线折旧完成后的最后剩余价值。

例如，某企业一条原值为 200W 的柔性生产线，已计提折旧 80W，净值为 120W。现将这条生产线出售，即可获得 40W 的现金，净值与残值的差额为 80W，计入综合管理费用明细表中的其他费用。

三、ISO 认证体系投资

随着客户日益重视产品的质量管理和环境管理，ISO 投资在市场营销中的地位日益重要，ISO 认证体系包括 ISO9000 和 ISO14000 的认证。

1. 两项认证的取得，都需要投入一定的时间和资金。两项独立存在，需要分别投入。

2. 每项 ISO 开发在规定周期内平均支付，不允许超前或集中投资。

3. 两项认证可同时进行，也可择其一投资。

4. 资金短缺时，ISO 认证可随时中断或停止，开发周期顺延。

5. 只有获得 ISO 认证后，才有资格获取具有 ISO 要求的销售订单。

6. ISO 认证投资计入当年综合费用，已投入资金不允许收回，完成的认证资格不允许转让。

四、产品研发投资

目前企业有待研发的产品是 P1、P2、P3 和 P4，它们所需的研发时间和资金投入各不相同，如表 4-12 所示。

表 4-12 产品研发投资

名称	开发费	开发时间
P1	10W/季	2 季
P2	10W/季	3 季
P3	10W/季	4 季
P4	10W/季	5 季

说明：

1. 四种产品可同步研发。

2. 每个产品研发必须按研发周期分别投入，研发费用在季末支付，不允许加速投资，但可以中断投资。因资金或其他原因，产品研发可以随时中断或终止，研发时间顺延。如研发 P3 产品需要 4 个季度，研发投资共 40W；研发时只能每季度投入 10W，累计四个季度达到 40W 时，方可生产 P3。

3. 若公司决定停止研发某一产品，该产品前期研发投资不能收回。

4. 研发完成的产品可在已开拓的市场进行销售。

5. 正在研发的产品可依据实际情况在本年初投放广告。

例如，A 公司在第 1 年的第 1 季度开始研发 P4 产品，在第 2 年初的订货会上，A 公司可以在 P4 产品上投入广告费，争取相应的订单。因为 P4 产品研发需要 5 季，在第 1 年经过 4 季的研发后，还需 1 季就完成研发，在第 2 年第 1 季度如果继续投入研发费用，完成 4 季的研发后，就可在第 2 季度开始生产 P4 产品。假设 A 公司用全自动线生产 P4 产品，原材料准备充足，则可以在第 3、4 季度分别生产 1 个 P4 产品，共 2 个 P4 产品。

第五节　生产管理规则

企业生产管理主要包括产品结构、原材料采购规则、生产线生产规则等。

一、产品结构

ERP 沙盘规则中，产品包括 P1、P2、P3、P4 四种产品，不同的产品需要不同的原料，四种产品的结构如图所示。

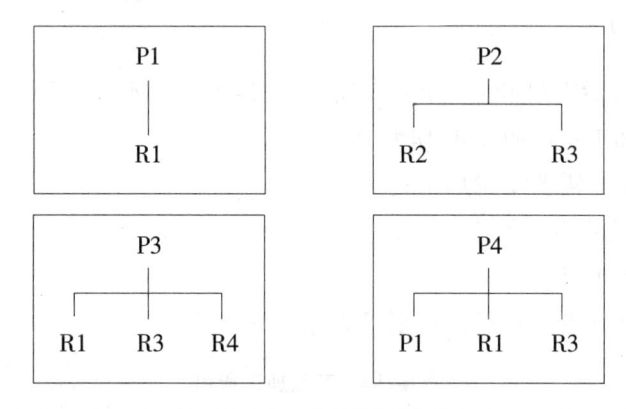

图 4-2　产品结构图

其中：

1. P1 的原材料需要 1 个 R1。
2. P2 的原材料需要 1 个 R2。
3. P3 的原材料需要 1 个 R1、R3、R4。
4. P4 的原材料需要 1 个 R1、R3 和 1 个 P1 产品。

二、原材料采购

原材料共有 R1、R2、R3、R4 四种类型，其采购单价均为 10W。原材料采购需经下订单和采购入库两个步骤。原料订单要注意提前订货，R1、R2 必须提前一个季度订购，R3、R4 必须提前两个季度订购。各种原材料的订货提前期如表 4-13 所示。

注意以下运行规则：

1. 采购订单是原材料购买入库的依据，如果企业没有下各种的原材料订单则不能购买对应的原材料。

2. 原材料订单不得违约反悔，所有下订单的原材料到期必须入库。

3. 下采购订单时不需要付款，原材料抵达入库时应按规定支付现金或计入应付账款，各种原材料的价格均为10W/个。

表4-13 原材料订货提前期

原材料	购买单价	订货提前期
R1	10W	1季
R2	10W	1季
R3	10W	2季
R4	10W	2季

三、产品生产

产品研发完成后即可开始生产，产品的直接生产成本等于原材料成本加上产品加工费。产品的加工费用如表4-14所示。

1. 产品上线时，需要支付加工费。

2. 不同生产线的生产效率不同，但加工费相同，无论在哪条生产线上生产哪种产品，加工费均为10W。

3. 上线生产必须有原材料，否则只能停工待料。

表4-14 产品加工费用

名称	产品组成	材料费	加工费	直接成本
P1	R1×1	10W	10W	20W
P2	R2×1 R3×1	20W	10W	30W
P3	R1×1 R3×1 R4×1	30W	10W	40W
P4	P1×1 R1×1 R3×1	40W	10W	50W

第六节 市场管理规则

企业要想持续发展，就要获取订单，组织生产，交付产品，获得利润。因此，谁赢得市场，谁就可能赢得竞争。

一、市场准入规则

企业决定进入新的市场时，需要做好市场调研、开拓渠道等一系列工作，这些工作需要时间，也需要资金。只有完成市场开发等各项工作之后，企业才可以进入该市场销售产品。企业经营沙盘中市场包括本地市场、区域市场、国内市场、亚洲市场和国际市场5个市场，各市场开发需要的时间和资金不同。各市场开拓费用按开发时间在年末一次支付，某市场开发费用全部到位后即可获取该市场准入资格，次年年初可以竞争该市场的订单。

市场开拓是企业进入相应市场投放广告、选取产品订单的前提。市场准入规则如表4-15所示。

表4-15 市场开拓规则

名称	费用	年开发费	开发周期
本地	10W/年	10W/年	1年
区域	10W/年	10W/年	1年
国内	20W/年	10W/年	2年
亚洲	30W/年	10W/年	3年
国际	40W/年	10W/年	4年

说明：

1. 开拓市场只能在每年年末进行。
2. 各个市场的投资可以同时进行。
3. 每个市场开发每年只能投入10W，不允许超前或集中投入。
4. 资金短缺时市场投资可以随时中断，开拓时间顺延；亦可停止，已投入资金不能收回。
5. 在有需求的情况下，已开拓的市场可销售所有生产的产品。

二、销售订单争取规则

（一）市场订单要素

一张普通的市场订单包括产品名称、产品数量、交货期、账期、ISO资格要求、销售单价、销售金额等要素。

1. 产品。订单上的产品数量规定了该订单交货数量，按订单交货时，须一次性交够该订单要求的全部产品数量，否则视作整张订单违约。

2. 交货期。交货期规定了该张订单在本年度的第几季度交货，可以提前交货但不可推迟。

3. 账期。大多数情况下，企业销售的产品不能立即获得现金，而是获得有一定账期的应收款。销售订单上的账期是指该张订单交货时的应收收入为第几季应收款。例如，一张订单交货期为2季，账期3季，则这张订单在本年度的第二季度交货，应收款要经过三季才能变现，即在次年的第一季度转为现金。如果账期为零，则交货时即可获取现金。

4. ISO资格要求。市场上某些客户对产品质量要求比较高，企业要有相应的资格资质。此类订单包括ISO9000和ISO14000两种，没有ISO资格的企业不能接此类订单。

5. 销售单价和销售金额。每张订单上标明该订单的单价和总金额。

（二）广告投放规则

投放广告是模拟企业得到客户订单的必要条件，如果不投放广告就没有选单的机会，广告投放的规则包括：

1. 只有已获得某市场准入证时，才可以在该市场上投入广告，争取订单。

2. 广告费分市场、分产品投放，订单按市场、按产品发放。企业只有在某个市场上投放了广告，才能在该市场获得选单机会，获取一次选单机会至少要投放10W广告。例如广告投入单如表4-16所示，假设这是A公司第4年的广告投入单，那么在年初国内市场的订货会上，A公司就只可能拿到P2产品的区域和国内订单以及P1产品的区域订单，而不能抢到国内市场上P3、P4产品的订单。

表4-16　广告投入单

年度	市场类别	P1	P2	P3	P4
第四年	本地				
	区域	10W	10W		
	国内		10W		
	亚洲				
	国际				

3. 选单排序规则

当有多个企业在同一市场投放了广告时，企业要按一定的顺序轮流选单，排在第一位的企业优先选单，然后轮到排在后一位的企业，每次可选一张订单。确定订单顺序的具体规则如下：

（1）优先选单权。如果系统设置了市场老大，则上一年某一市场的老大下一年在该市场拥有优先选单权。市场老大是指某市场销售额最大的企业。例如，某企业第四年在本地市场的销售额比其他企业都多，则为本年度本地市场老大，第五年年初的订货会上，享有本地市场优先选单权，不论其他企业广告费投入多少，只要该企业有广告费投入，都是第一个选单。

（2）广告投放额。当某个市场上一年没有销售额，无法确定市场老大时，则按广告投放额的多少确定排序。在确定了市场老大的市场中，没有获得老大资格的企业选单顺序也是按照广告投放额的多少来排序。如果系统没有设置市场老大规则，则所有企业的选单顺序都直接由广告费投放额的多少决定。

（3）本市场广告投放总额。如果两个或两个以上企业均不是市场老大，在某一市场投放的广告额相同，则按照它们在该市场投放的广告总额来决定选单顺序。例如，表4-17是第三年企业A和企业B区域市场投放广告情况，两企业第三年均不是区域市场老大，本年度在区域市场P2的广告费相同，但由于区域市场A企业投放总额为60W，大于B企业在区域市场的广告投放总额50W，所以在区域市场P2选单时，A企业排在B企业前面。

表4-17 第三年企业A、B区域市场广告投放情况

企业	P1	P2	P3	P4	合计
A	0	30	30	0	60
B	10	30	0	10	50

（4）上一年度该市场的销售额。如果两个企业都不是某一市场的市场老大，且在该市场上投放广告的总额也一样，其选单顺序的排列则由它们上一年度该市场的销售额决定，上一年度该市场销售额大的排在前面，销售额小的排在后面。

表4-18和表4-19分别为第三年企业A和企业B国内市场广告投放情况和第二年企业A和企业B国内市场销售情况。两企业P3产品在第三年国内市场投放广告费用均为30W，在国内市场投放的金额均为60W。但由于B企业第二年国内市场销售额大于A企业第二年国内市场的销售额，因此，国内市场P3产品选单时B企业排在A企业之前。

表4-18 第三年企业A、B国内市场广告投放情况

企业	P1	P2	P3	P4	合计
A	0	30	30	0	60
B	20	0	30	10	60

表 4-19　第二年企业 A、B 国内市场销售情况

企业	P1	P2	P3	P4	合计
A	21	15	0	0	36
B	10	30	0	10	50

4. 订单交货及违约处罚

（1）订单必须在规定日期交货，可以提前交货但不允许推迟交货。

（2）不能按时交货则按照违约处理，收回订单并按订单金额的五分之一扣违约金。若违约金不是整数，则向下取整。

（3）如果企业在违约订单所在的市场销售额最高，本应获得市场老大资格也因违约行为而被取消。

第七节　综合费用和税金

企业要正常经营必须要用现金支付各种费用，例如综合费用、税金、利息、折旧等。

一、综合费用

利润表中的综合费用范围较广，包括管理费、广告费、设备维修费、厂房租金、转产费、市场准入开拓、产品研发、信息费、ISO认证等费用。每季度末，要完成综合管理费用明细表，具体内容见表4-20。

表 4-20　综合管理费用明细表　　　　单位：W

项目	金额	备注
管理费		
广告费		
设备维修费		
租金		
转产费		
市场准入开拓		□本地　□区域　□国内　□亚洲　□国际
ISO认证资格		□ISO9000　□ISO14000
产品研发		P1（　）P2（　）P3（　）P4（　）
信息费		
其他		
合计		

1. 管理费用

无论企业有没有生产、销售活动，都必须支付管理费用。管理费用按季支付，每季度支付 10W。

2. 生产线维护费

不同生产线的维护费如表 4-3 所示。

（1）生产线只要投产，就需要按年度缴纳维护费用。

（2）生产线即使当年没有生产，也要缴纳维护费用。

3. 厂房租金

如表 4-2 所示，大厂房租金 40W/年，中厂房租金 30 W/年，小厂房 18 W/年。

4. 市场开拓费用

如表 4-7 所示，市场开拓费用均为 10W/年，需要的时间为本地 1 年、区域 1 年、国内 2 年、亚洲 3 年、国际 4 年。

5. ISO 认证费用

如表 4-8 所示，ISO 认证费用均为 10 W/年，ISO9000 需要的时间是 1 年，ISO14000 需要的时间是 2 年。

6. 产品研发费

如表 4-5 所示，产品研发费按季度支付，均为 10 W/季，P1 需要 2 季，P2 需要 3 季，P3 需要 4 季，P4 需要 5 季。

二、生产线折旧

折旧是对生产线的损耗程度进行的补偿。生产线由于损耗而减少的价值就是生产线的折旧。各生产线的年折旧额见表 4-21。

表 4-21　生产线折旧情况

名称	原值	残值	折旧费	折旧时间
超级手工	35W	5W	10W	3 年
自动线	150W	30W	30W	4 年
柔性线	200W	40W	40W	4 年
租赁线	0W	-65W	0W	0 年

1. 折旧按平均年限法计提折旧，设备价值折旧完，不再计提。

2. 生产线建成第一年不计提折旧。

3. 生产线变卖当年需要计提折旧。

4. 生产线计提完折旧后，仍然可以使用。如果出售，可以取得残值收入。

三、税金

1. 企业所得税税率为 25%。税法规定，企业纳税年度发生的亏损，准予向以后年度结转，用以后年度的所得弥补，但结转年限最长不得超过五年。因此，当企业盈利时，首先弥补以前年度亏损，最多可弥补以前 5 个年度的亏损，弥补后若仍有盈利，按 25% 的所得税税率计算应交税金。

2. 利润表中计算得出的所得税，在下年初缴纳。

应交税金=（当年净利润−弥补以前年度亏损）×25%

3. 计算出的税金若为小数，需四舍五入取整。

第八节 经营业绩综合评价

完成预定的经营年限，系统根据各模拟企业的最终权益、生产能力、资源状态等进行综合评分，总分计算公式如下：

总成绩=所有者权益×（1+企业综合发展潜力/100）

式中，企业综合发展潜力为表 4-22 中各项得分之和。

企业综合发展潜力=市场资格分值+ISO 资格分值+生产资格分值+厂房分值+各条生产线分值

生产线建成（包括转产）即加分，无须生产出产品，也无须有在制品。

企业综合发展潜力计算过程如表 4-22 所示。

表 4-22　企业综合发展潜力表

序号	项目		加分
1	生产线	超级手工	+0/条
2		自动线	+8/条
3		柔性线	+10/条
4		租赁线	+0/条
5	厂房	大厂房（至少生产出一件产品）	+10/个
6		中厂房	+8/个
7		小厂房	+7/个
8	市场	本地市场准入证	+7
9		区域市场准入证	+7
10		国内市场准入证	+8
11		亚洲市场准入证	+9
12		国际市场准入证	+10
13	研发产品	P1 产品	+7
14		P2 产品	+8
15		P3 产品	+9
16		P4 产品	+10
17	ISO	ISO9000 资格证	+8
18		ISO14000 资格证	+10
19		企业综合发展潜力得分	

复习思考题

1. ERP 沙盘模拟中的筹资种类及规则是什么？
2. ERP 沙盘模拟生产线的种类及建设规则是什么？
3. ERP 沙盘模拟中的广告投放的规则是什么？

一试身手

想知道自己是否掌握了应掌握的规则吗？做好准备，智勇闯关吧。

1. 营销总监

（1）作为营销总监，您准备如何进行竞争对手分析？

（2）参加订货会，选单次序如何规定？

2. 生产总监

（1）如果采用平均年限法计提折旧，四种生产线在使用期间内折旧规则如表4-4所示，试计算四种生产线在不同年限出售时的设备价值，并填写在表4-23中。

表4-23 折旧计算表

可使用年限	超级手工生产线	自动生产线	柔性生产线	租赁生产线
1				
2				
3				
4				
5				

（2）按各种生产线的特点填写在图4-3中标注四种设备。

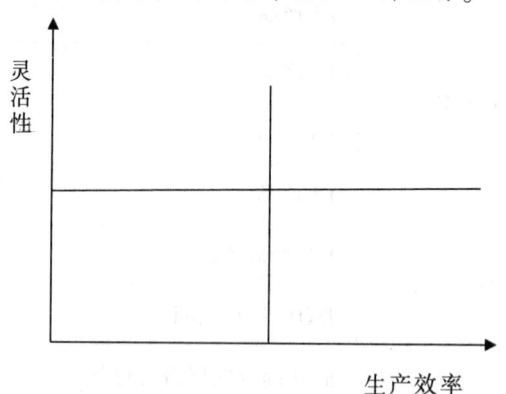

图4-3 标注四种设备

3. 采购主管

（1）请在图4-4中标注P1、P2、P3、P4四种产品的产品结构。

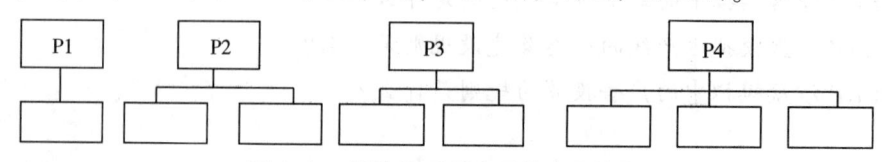

图4-4 标注P系列产品的产品结构

（2）如果本年第 2 季度需要上线 2 个 P3，1 个 P4；第 4 季度需要上线 1 个 P2，1 个 P4；在不考虑库存的情况下，制订出您的采购计划并填写在表 4-24 中。

表 4-24　模拟采购计划

时间	上年第 3 季度	上年第 4 季度	本年第 1 季度	本年第 2 季度	本年第 3 季度	本年第 4 季度
R1						
R2						
R3						
R4						

4. 财务总监

（1）假设目前资金缺口 500W，企业有 2 账期应收账款 750W，3 账期应收账款 550W；如果只考虑用应收账款贴息方式弥补资金缺口，你准备如何贴现？

（2）对设备进行投资时需要考虑的主要因素有哪些？

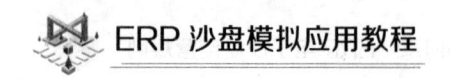

第五章　模拟企业概况

章前导读

任何一个企业都有与企业类型相适配的组织结构。企业组织结构是企业全体职工为实现企业目标,在管理工作中进行分工协作,在职务范围、责任、权利方面形成的结构体系。

企业经营管理涉及企业的战略制订与执行、市场营销、采购与生产管理、财务管理等多项内容。在企业中,这些职能是由不同的业务部门履行的,企业的经营管理过程也是各部门协调工作,共同努力实现企业目标的过程。

教学目标

1. 了解模拟企业的经营环境,并对市场进行分析;
2. 了解模拟企业有哪些角色,各自的工作职责是什么;
3. 了解模拟企业的财务状况。

第一节　模拟企业简介

ERP 沙盘模拟的是一家制造业企业,拟开发 P 系列产品。目前市场上有 P1、P2、P3、P4 四个系列,其中 P1 是初加工、原料型产品,P2 是 P1 的技术改良产品,P3、P4 是 P 系列产品中的中高端产品,附加值较高。四种产品的研发时间、生产原料各不相同。目前,市场上生产 P 系列产品的生产工艺有四种:超级手工生产线、自动生产线、柔性生产线和租赁生产线。市场上销售 P 系列产品的有本地市场、区域市场、国内市场、亚洲市场和国际市场。由于模拟公司是一新建公司,需要投入一定的时间和金钱开拓市场,随着产品生产量的增加,市场上对 P 系列产品质量要求越来越高,有些客户需要产品有 ISO9000、ISO14000 资格认证。该企业拥有 600M 的启动资金,有稳定的团队成员,需要团队成员集思广益,精诚团结,用 600M 的启动资金,投资新建(租)厂房和生产线,研发 P 系列产品,开拓市场等,完成 6 年持续运营的目标。

现代企业的组织结构一般分为股东会、董事会和经理班子三个层次。在 ERP 沙盘中，省略了股东会和董事会，企业的重要决策均由 CEO 决定。本书所模拟企业具体组织结构如图 5-1 所示。

图 5-1 企业组织结构图

第二节 模拟企业的主要角色及职责分工

ERP 沙盘模拟采用了简化了的生产型企业组织结构，主要涵盖了企业的战略决策机构、营销部门、采购部门和生产部门，分别以总经理、财务总监、营销总监、生产总监和采购总监等几个职位来代表。参加 ERP 沙盘模拟的学生以团队方式进行企业运营，一个团队 5 至 7 名同学，组建一家公司。这样将教学班全部同学分成了 6 至 10 家相互竞争的模拟企业（视教学条件与学生人数而定），团队成员通过竞选、推举或者协商，担任不同的角色，如总经理、财务总监、销售总监、采购总监和生产总监等，然后，他们在面对其他企业的激烈竞争中，密切配合，协调作业，推进企业向前发展。在学习小组人数较少时，可以一人多职；在人数较多时，也可以增加相应的助理岗位，比如财务助理、销售助理等。

ERP 沙盘模拟中，各岗位本着各司其职、团结协作的原则，明确各岗位各个角色的职责和工作内容。

一、总经理（CEO）职责

总经理代表企业的最高战略决策层，是团队各项工作的组织者和领导者。

1. 制定发展战略

ERP 沙盘模拟沙盘中，要完成企业六年的持续运营，离不开公司的战略规划和战略实施策略。总经理在企业建立初期，就要对公司未来六年内的发展前景有明确的战略规划和实施策略，才能使企业走的更长远。

2. 分析竞争格局

企业是在与其他企业的竞争中发展的，总经理必须对其他企业的发展状况、战略发展、市场份额及市场优势与劣势等影响竞争的因素有全面的了解，以此确定自身的市场竞争定位。

3. 确定经营指标

在 ERP 沙盘模拟沙盘中，最重要的企业经营指标有：销售收入、综合管理费用、财务费用、折旧费、年度利润、所有者权益、贷款余额等。企业的持续经营建立在盈利及拥有充足现金的基础上，只有不断扩大企业的销售额，同时将各项成本费用控制在合理的范围内，企业才能获取满意的利润。总经理应充分关注企业的经营状况的指标，规划每一年的经营目标，实现企业的长期战略目标。

4. 制定业务策略

业务策略包括产品策略、市场策略、产能扩展策略等，总经理需要决策六年的产品结构、市场开拓计划、主要目标市场、企业产能扩展计划以及市场的开拓、资金的保证等。

5. 管理团队协作

沙盘模拟中各角色的工作是相互关联的，财务总监的现金预算与企业的采购计划、生产计划等密不可分，采购总监的采购计划也必须建立在生产总监的年度生产计划上。因此，要完成六年的运营，各角色之间的协助非常重要。因此，总经理需要按照企业运营流程组织各部门开展每个运营年度的工作，在不同部门之间发生冲突时，及时做好协调工作，若部门人员没有及时完成岗位工作，总经理还应进行监督管理，以此提高团队的业绩。

6. 企业业绩分析

总经理要组织团队成员对企业经营业绩进行分析，与企业年度经营目标对比，有没有完成目标任务，如果没有完成，则需要分析原因，结合下一年的经营目标，考虑企业原有的经营战略是否需要调整，如何调整。在对企业业绩分析的基础上，制定下一年的经营计划。

二、财务总监（CFO）职责

企业的各项经营活动最终都会反映在财务数字上，财务工作不仅要提供对外财务报告，更重要的是细化核算，为企业决策提供更为详细的管理信息。财务状况是企业的命脉，所有者权益为负企业将被迫宣布破产，现金流断裂企业直接退出比赛，沙盘运营中，会计和财务总监通常由一人担任。具体再说，其职责主要包括以下几点。

1. 全面预算

企业发展中离不开资金的流转，没有资金的支持，企业的发展战略规划就不能落地生根。财务总监要在企业的长期发展战略、企业的经营计划内，做好企业的全面预算，保证企业战略和业务策略的顺利实施。

2. 编制年度现金计划

企业破产规则之一就是现金流断流，保证年度现金需求是财务总监的一项重要工作。财务总监应在每年年初在企业其他成员的协助下编制年度资金计划，以此作为企业年度经营的资金运作依据。

3. 日常财务记账和登账

为保证年度财务报表的完成，需要做好日常财务记账和登账工作，主要做好企业运营流程表的记录，登记每一项现金的收入和支出。

4. 提供财务报表

沙盘模拟中，每年年末需要提交三份财务报表：综合管理费用表、资产负债表和利润表，这三份报表都由财务人员完成。

5. 制定融资策略

融资策略是影响企业经营业绩的关键因素之一，财务费用是企业可控成本的重要部分。由于不同的融资方式其融资成本的高低不同，因此，财务总监应该在可行的范围内尽可能降低筹资资金的成本，将企业的财务成本控制在最低。同时也要考虑企业的还款能力，保证企业有足够的现金归还贷款。

6. 控制成本费用

沙盘模拟中，企业的成本费用主要有：直接生产成本、综合管理费用、折旧费、财务费用等，以及由经济采购、违约罚款等原因导致的其他支出。在企业销售收入一定的情况下，企业的年度利润由企业的成本费用决定。为了实现企业盈利，财务总监要做好成本费用的控制工作，除了做好自身财务成本的控制外，还要协助企业其他成员做好成本控制，合理规划企业的采购、生产以及企业的研发成本和市场开拓等。

7. 风险管理

企业的破产风险来自于两个方面，一是现金不足，二是所有者权益下降，其中最关键的是所有者权益的下降。因为所有者权益直接决定企业的贷款总规模，影响企业的现金筹措。因此，财务总监的财务风险应以所有者权益为核心来进行。每年年初在企业参加订货会选择完成当年订单后，就应及时估算出企业当年的所有者权益，并在预估下一年底的现金需求及企业可用资金的基础上，做出本年度的财务决策。

8. 财务分析

在年底经营完成后，财务总监要对本企业的财务状况进行分析，包括企业资金的使用效益、企业的盈利能力、偿债能力、资产负债情况、资产的流动性等，以协助总经理做好企业经营决策。

9. 向税务部门报税

纳税是企业应尽的义务。沙盘模拟中设置了所得税这一项税收项目，比现实中企业缴纳多项税收有所简化。

三、营销总监职责（CMO）

市场是企业进行营销的场所，企业的生存和发展离不开市场这个大环境。谁赢得了市场，谁就赢得了竞争。市场是瞬息万变的，变化增加了竞争的对抗性和复杂性。营销总监必须要做好各市场的总需求以及产品价格走势的分析、研究，估算出企业各年的销售量，据此参与企业的总体战略。具体再说，其职责主要包括以下几点。

1. 进行市场调查分析

要做好营销策略，必须对市场有深入的了解和认识。首先，营销总监要对市场预测数据认真地研究分析。沙盘模拟中已有系统给出了市场预测数据，简化了这一影响企业经营的复杂因素。其次，要分析竞争对手，特别是每年的订单会上，快速收集各种有用信息，有重点的针对主要竞争对手进行分析，并以此作为制定营销策略的依据之一。

2. 制定市场准入政策

沙盘模拟中企业可以有选择的进入五个市场：本地市场、区域市场、国内市场、亚洲市场和国际市场。四种产品在不同年份、不同市场上的需求量和价格各不相同。营销总监根据竞争情况，做好市场开拓的长远规划，根据企业战略规划，有针对性地选择年度的主要目标市场，以实现企业的销售利润。

3. 制定销售任务

企业每年的销售任务来源于两个方面，一是企业上一年度的库存，二是企业本年度的生产。营销总监在每年年初要协同生产总监一起，明确本年度的销售任务，主要是明确企业本年度的生产产能，制定本年度广告策略。

4. 制定广告宣传策略

企业必须进行广告宣传才能获得消费者的认可并获取销售订单。广告费是影响企业订单数量多少最重要的因素。营销总监要根据每年年初的市场需求、企业本年度的生产能力、竞争对手状况等因素，确定本企业年度广告投放策略，用最低的销售成本尽可能实现最好的销售目标，获取最大的经济效益。

5. 参加订货会选取订单

每年的订货会上，营销总监要根据企业的生产能力，选择合适的订单，完成本年的销售任务。选取订单时要注意订单的交货期、账期、单价等因素，使销售收入尽可能早点收现，并实现销售收入的最大化。

6. 分析销售绩效

在沙盘模拟中，企业销售业绩重点分析两个指标：一是广告费与年度销售额的比值，二是销售量与年度销售任务的比值。前者反映企业广告费用的投放效果，或者反映企业销售任务的完成情况。营销总监应该用合理的广告费用，尽可能销售本年度可供销售的产品，包括本年度新生产的产品和上一年度的库存产品。

四、生产总监（COO）

沙盘模拟中，生产总监负责企业的生产安排、车间管理、固定资产投资、产品生产，同时兼任研发总监的产品研发、ISO 资格认证等工作。具体职责有以下几方面。

1. 编制年度产能表

每年年初确定广告投放策略之前，生产总监要根据企业本年度的生产能力编制企业年度产能表，作为营销总监制订年度销售计划和广告策略的依据。

2. 编制生产计划

当年营销总监参加订货会选择订单结束后，企业当年的交货任务已经确定。生产总监要根据生产能力，制定年度生产计划，保证订单如期交货。同时，要根据下一年企业的销售策略，合理安排本年度剩余生产能力。

3. 进行生产车间管理

ERP 沙盘模拟经营按四个季度进行更新，每一季度都需要进行生产线上产品的更新入库，以及下一批次产品的上线生产。该工作流程由生产总监负责，以保证企业生产计划的具体落实。

4. 固定资产投资

固定资产投资包括厂房的购买和生产线的建设。生产总监要根据年初总经理制订的年度经营计划具体落实生产线建设和厂房的购买与租赁。

5. 产品研发管理

由于产品研发在 ERP 沙盘模拟中的设置相对简单，只需投入一定的资金和时间即可完成，因此一般不再单独设置研发总监，由生产总监兼任。生产总监每季度按当年年初计划制订的年度经营计划落实产品研发的进度和完成情况。

6. ISO 资格认证管理

企业的 ISO 每年年末进行，该项工作的具体落实也由生产总监负责。

7. 产品外协管理

生产总监需要协助采购总监计算原材料数量，同时要结合原材料库存和在途情况以及生产线结构分析下一年的产出情况，向市场总监提供准确的产能数据，以便营销主管指导投放广告策略，并向财务总监提供生产加工费、维修费、折旧费等数据，为财务预算做准备。

五、采购总监（CPO）

采购的任务要适时、适量、适价地采购生产所需的原材料。适时与生产和采购提前期相关，适量与生产计划和产品结构相关，适价是要控制采购成本。采购过程要注意保持原材料库存的最小化以实现原材料资金占用的最小化。

1. 编制采购计划

每年年初,企业采购总监要根据生产总监的生产计划制订企业的采购计划,确保生产所需原材料的及时供应。

2. 订购原材料

企业的原材料每季度下一次订单,所订购的原材料要按照不同的品种在下一季度或下下季度入库。采购总监要根据年度采购计划,认真落实每一季度的原材料订单。原材料订单到期入库时,需要支付原材料费用。

3. 协调工作

原材料采购费用是企业流动资金的重要组成部分,随着企业规模的不断扩大,在企业资金需求中所占比例增大,因此,采购总监年初在做好采购计划时,要及时与财务总监沟通,为企业的年度现金预算提供依据。同时,还要与生产总监协调工作,当生产计划变动时,要及时调整采购计划。

第三节 模拟企业的财务状况

财务状况(Financial situation)是指一定时期的企业经营活动体现在财务上的资金筹集与资金运用状况,反映企业某个时间段的资产及权益情况,综合反映企业一定期间内的经济活动及其结果。资产负债表是体现企业财务状况的报表,企业的资金状况、负债情况,企业的所有者权益状况,企业的资产流动性等都是属于企业的财务状况。

一、资产负债表

资产负债表是反映企业在某一特定日期(如月末、季末、年末)全部资产、负债和所有者权益情况的会计报表,是企业经营活动的静态体现,根据"资产=负债+所有者权益"这一平衡公式,反映资产、负债、所有者权益之间的内在关系。通过资产负债表,可以了解企业拥有的经济资源及其分布情况、负债情况以及结构、权益结构,这些都能反映企业的资本结构和财务实力,有助于分析、预测企业生产经营安全程度和抗风险的能力。ERP沙盘模拟中,需要每一季度都要有一份完整的资产负债表,资产负债表如5-1所示。

表 5-1　资产负债表　　　　　　　　　　　　　　　　　单位：W

资产	期初数	期末数	负债和所有者权益	期初数	期末数
流动资产：			负债：		
现金	600		长期负债		
应收款			短期负债		
在制品			应付账款		
成品			应缴税金		
原料			一年内到期的长期负债		
流动资产合计			负债合计		
非流动资产：			所有者权益：		
土地和建筑			股东资本	600	
机器和设备			利润留存		
在建工程			年度净利		
非流动资产合计			所有者权益合计		
资产总计	600		负债和所有者权益合计	600	

下面对 ERP 沙盘中资产负债表中的项目给予说明。

（一）资产

资产是指由于过去的交易或事项所引起的、企业拥有或者控制的、能带来未来经济利益的经济资源。在 ERP 沙盘中，资产有流动资产和固定资产两部分组成。

1. 流动资产

流动资产是指企业可以在一年或者超过一年的一个营业周期内变现或者运用的资产，是企业资产中必不可少的组成部分，周转速度快，变现能力强。在 ERP 沙盘中，流动资产包括现金、应收款、在制品、产品、原料 5 种。其中，在制品和原料属于企业的存货。

（1）现金。现金是企业流动性最强的资产，可以直接支付。在企业模拟运营中，企业初始现金为 600M。

（2）应收款。应收款是在销售过程中因赊销形成的，企业按订单销售产品时，会形成订单上规定账期的应收款。经过一定时间，应收款可以回收为现金。若企业资金紧张，应收款可以通过贴现方式直接转化为现金。

（3）在制品。在制品是生产线上正在加工的产品。

（4）产成品。产成品是已经完成全部生产加工过程，库存中的产品。

（5）原材料。ERP 沙盘中有四种原材料 R1、R2、R3、R4。

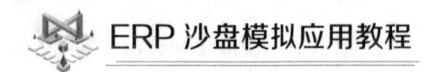

2. 固定资产

固定资产指企业为生产产品、提供劳务、出租或者经营管理而持有的，使用时间超过 12 个月的，价值达到一定标准的非货币性资产，包括房屋、建筑物、机器、机械、运输工具以及其他与生产经营活动有关的设备、器具、工具等。在 ERP 沙盘中，固定资产包括 3 项，土地与建筑、机器与设备、在建工程。

（1）土地和建筑。ERP 沙盘中该项目特指厂房，如果企业购置了厂房，则该项目反映厂房的价值。

（2）机器与设备。该项目专指现有生产线的净值。

（3）在建工程。在建工程指期末未建成的生产线的价值。

（二）负债

负债是指由于过去的交易或事项所引起的、预期会导致经济利益流出企业的现时义务。ERP 沙盘中的负债包括长期负债、短期负债和应交税金 3 个项目。

1. 长期负债

ERP 沙盘模拟中长期负债是指长期借款，是企业向银行或其他金融机构借入的期限在一年以上（不含一年）或超过一年的一个营业周期以上的各项借款。ERP 沙盘中的长期贷款期限为 2~5 年。

2. 短期负债

ERP 沙盘模拟中短期负债是指短期贷款，是贷款期限在 1 年以内（含 1 年）的贷款。短期贷款一般用于生产、经营中的流动资金需要。

3. 应交税金

在 ERP 沙盘中，应交税金主要指应交所得税，若企业当年有盈利并且需要缴纳所得税时，该项费用的支付时间为下个经营年度的年初，在当年年末的资产负债表中记为"应交税金"。

（三）所有者权益

所有者权益是指企业投资者对企业净资产的所有权，包括企业投资者对企业的投入资本以及企业的资本公积、盈余公积和未分配利润等。所有者权益等于资产减去负债。ERP 沙盘中所有者权益包括股东权益、利润留存和年度净利。

1. 股东资本

是指股东投入企业的资本。ERP 沙盘中股东资本初始设定为 600M。

2. 利润留存

留存收益是指企业从历年实现的利润中提取或形成留存于企业的内部积累。ERP 沙盘中不考虑股东分红，该项目是指截止上一个经营年度企业全部净利润的总和。

3. 年度净利

指企业税前利润总额减去所得税后的净利润。

二、企业的经营成果

利润表是反映企业一定会计期间（如月度、季度、半年度或年度）生产经营成果的会计报表。企业一定会计期间的经营成果既可能表现为盈利，也可能表现为亏损，因此，利润表也被称为损益表。它全面揭示了企业在某一特定时期实现的各种收入、发生的各种费用、成本或支出，以及企业实现的利润或发生的亏损情况。利润表是根据"收入－费用=利润"的基本关系来编制的，其具体内容取决于收入、费用、利润等会计要素及其内容，利润表中的项目是收入、费用和利润要素内容的具体体现。从反映企业经营资金运动的角度看，它是一种反映企业经营资金动态表现的报表，主要提供有关企业经营成果方面的信息，属于动态会计报表。

表 5-2 利润表   单位：W

项目	运算符号	本年数
销售收入	+	
直接成本	－	
毛利	=	
综合费用	－	
折旧前利润	=	
折旧	－	
支付利息前利润	=	
财务费用（利息+贴息）	－	
税前利润	=	
所得税	－	
净利润	=	

下面对 ERP 模拟沙盘中利润表项目予以说明。

1. 销售收入。本项目为企业当年按订单交货产品的金额之和。未按时交货的订单金额不能计入此项目。

2. 直接成本。本项目是本年度按订单交货产品的直接生产成本总和。

3. 毛利。该项目等于企业当年销售收入减去直接成本后的差额。

4. 综合费用。综合费用由多项组成，包括管理费、广告费、维护费、设备维修费、厂房租金、转产费、市场准入开拓、产品研发、信息费、ISO 认证等。

5. 折旧前利润。该项目等于毛利减去综合费用。

6. 折旧。ERP 沙盘模拟中厂房不计提折旧，只有生产线计提折旧，建成当年不计提折旧。

7. 支付利息前利润。该项目等于折旧前利润减去当年折旧额。

8. 财务费用。财务费用指企业在生产经营过程中为筹集资金而发生的各项费用。ERP 沙盘中财务费用为利息和贴息费用之和。

9. 税前利润。是指在所得税上缴前的利润，就是企业的营业收入扣除成本费用以及流转税后的利润，叫税前利润。

10. 所得税。ERP 沙盘中所得税金额等于应向税务局缴纳的所得税金额，按应纳税所得额的 25% 计算。

11. 净利润。又称税后利润，是税前利润减去企业缴纳所得税之后的金额。

三、现金预算

（一）预算概述

预算是经营决策和长期决策目标的一种数量表现，即通过有关的数据将企业的全部经营活动的各项目标具体、系统地反映出来。

预算的内容主要包括经营预算、财务预算和专门预算。

经营预算是与企业日常经营活动有关的预算，主要包括销售预算、生产预算、直接材料预算、直接人工预算、制造费用预算等。

财务预算是与企业现金收支、经营成果和财务状况相关的预算，主要包括现金收支预算、预计利润表预算、预计资产负债表。

专门预算是与企业的固定资产投资有关的预算，也称为资本支出预算。预算的完整体系如图 5-2 所示。

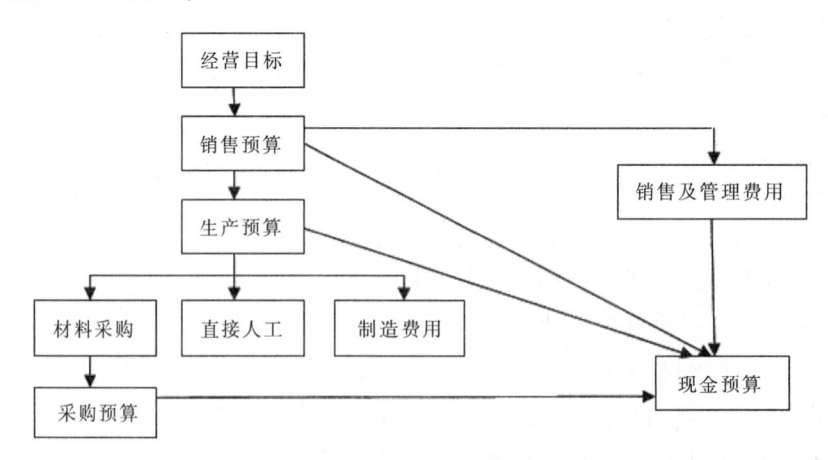

图 5-2 预算体系

（二）现金预算包括的内容

企业在初创时期，各项成本费用的支付需要资金，各项投资需要资金，到期还债需要资金，如果没有一个准确详尽的现金预算，很快就会顾此失彼。因此，每年年初的现金预算非常有必要，可以使企业运营更加游刃有余。

现金预算作为企业全面预算的一个重要部分，是与企业生产预算、销售预算、成本预算密切相连的，是反映预期内企业现金流转状况的预算。编制现金预算的目的是合理地处理现金收支业务，调度资金，保证企业财务处于良好状态。现金预算包括以下内容。

1. 现金收入预算

制造业企业现金收入主要来源于销售收入，销售预算是现金预算编制的起点。其他预算例如应收款到期、应收款贴现等预算都以销售预算为基础，销售预算包括销量、单价和销售总额。除了销售预算还有其他收入预算，例如出售固定资产等收入预算。

2. 现金支出预算

企业现金支出主要包括生产产品所需支出、投放广告支出、进行固定资产投资支出以及支付税金和管理费用等其他支出。

现金预算是有关预算的汇总。由现金收入、现金支出、现金多余或不足、资金的筹集和运用四个部分组成。"现金收入"部分包括期初现金余额和预算期现金收入，现金收入的主要来源是销货收入。年初的"现金余额"是在编制预算时预计的，"销货现金收入"的数据来自销售预算，"可供使用现金"是期初现金余额与本期现金收入之和。"现金支出"部分包括预算的各项现金支出。其中"直接材料"、"直接人工"、"制造费用"、"销售与管理费用"的数据，分别来自前述有关预算；"所得税"、"购置设备"、"股利分配"等现金支出的数据分别来自另行编制的专门预算。

"现金多余或不足"是现金收入合计与现金支出合计的差额。差额为正，说明收入大于支出，现金有多余，可用于偿还借款或用于短期投资；差额为负，说明支出大于收入，现金不足，需要向银行取得新的借款。

现金预算和销售计划、生产计划、原材料订购计划的综合使用，既能保证各计划正常执行，又可避免不必要的浪费。资金的合理安排，为其他计划顺利实施提供强有力的保障。

(三) 现金预算的编制

1. 市场总监确定可接受订单数量

营销总监可以根据年初的库存产品数量和计划年度完工产品数量确定可接受订单数量，并根据确定的可接订单数量参加产品订货会。

2. 生产总监编制生产计划表

订货会后，企业根据确定的计划年度产品销售数量安排生产。生产总监要根据年度规划会议、企业本年度的订单情况和企业发展下一步战略策划，做好本年度和下一年的生产计划，明确企业在计划期内根据产能生产的产品数量，生产计划表如表5-3所示。

生产计划表的主要功能为：一是生产总监指导全年的生产，二是财务总监据此安排当年各季度的生产加工费，三是采购总监据此制订年度原材料采购计划。其中前两项功能的完成只需要制订季度的生产计划，而提供给采购总监的生产计划则要安排到下一年的第一季度和第二季度，因为下一年的第一、第二季度生产需要的原材料必须提前在本年度订购。

表 5-3　年生产计划　　　　　　　　　　　　　　　　　　　单位：个

年份	季度	P1	P2	P3	P4
本年度	第 1 季				
	第 2 季				
	第 3 季				
	第 4 季				
下年度	第 1 季				
	第 2 季				

3. 采购总监编制原材料采购计划

为了保证材料的供应，采购总监根据生产总监编制的"生产计划表"编制"材料采购计划表"。根据各季度原材料使用量、原材料库存及上年度原材料订单数，采购总监制订年度原材料采购计划，既要保证原材料的及时供应，又要将库存降至最低，以减少资金的占用量。采购计划表如表 5-4 所示。

表 5-4　年原材料采购计划　　　　　　　　　　　　　　　　单位：W

原材料 时间	R1				R2			
	季初库存	季初库存	本季使用	本季订购	季初库存	本季入库	本季使用	本季订购
第 1 季								
第 2 季								
第 3 季								
第 4 季								
原材料 时间	R3				R4			
	季初库存	本季入库	本季使用	本季订购	季初库存	本季入库	本季使用	本季订购
第 1 季								
第 2 季								
第 3 季								
第 4 季								

4. 财务总监编制现金预算

财务总监根据企业规划确定的费用预算、生产预算和材料需求预算等编制资金预算表，明确企业在计划期内资金的使用和筹集，保证预算期内各个季度资金正常流转。现金预算表如表 5-5 所示。

表 5-5 现金预算表 单位：W

资金项目	年初	资金项目	第1季	第2季	第3季	第4季	资金项目	年末
年初资金		季初现金					市场开拓费	
应收款贴现		应收款贴现					ISO 认证费	
广告费		借入短贷					设备维修费	
支付应交税		短贷还本付息					年末支出合计	
长贷利息		原材料入库/出库					年末收入合计	
长贷还本		购买厂房					年末现金余额	
借入长贷		生产线费用						
年初支出合计		紧急采购原材料						
年末收入合计		加工费						
		出售产成品						
		应收款收现						
		紧急采购产成品						
		零账期订单收现						
		违约罚款						
		厂房租金						
		产品研发费						
		管理费						
		本季支出合计						
		本季收入合计						
		短贷还本付息						

第四节 P 系列产品的市场预测

市场是企业进行产品营销的场所，标志着企业的销售潜能。企业的生存和发展离不开市场这个大环境。谁赢得市场，谁就赢得了竞争。市场是瞬息万变的，变化增加了竞争的对抗性和复杂性。为了更好的经营企业，有必要对市场进行调研分析和预测。ERP 沙盘模拟中，市场预测是各企业能够得到关于产品市场需求预测的唯一可

145

参考的有价值的信息，对市场预测的分析与企业的营销策略息息相关。在市场预测中可以比较准确的预测企业未来 6 年内的各市场需求量、产品单价和订单数，市场预测对所有企业而言是公开透明的。但由于市场有很大的不确定性，未来 6 年内的预算只能作为一个参考。电子沙盘实际选单是从第 2 年开始，市场预测中实际预测数据从第 2 年开始。

1. 本地市场分析

本地市场将会持续发展，对低端产品的需求可能降低，伴随着需求量的减少，低端产品的价格很可能会走低。后几年，随着高端产品的成熟，市场对 P3、P4 的需求量将逐渐增加。由于客户质量意识的不断提高，后几年可能对 ISO9000 和 ISO14000 认证有更多的需求，本地市场预测情况如表 5-6 和图 5-3 所示。

表 5-6 本地市场 P 系列产品市场预测

	P1			P2			P3			P4		
	需求量	单价(w)	订单数	需求量	单价(w)	订单数	需求量	单价(w)	订单数	需求量	单价(w)	订单数
第 2 年	27	49.15	10	17	71.24	6	24	90.42	9	16	120.56	7
第 3 年	17	50.18	8	28	71.68	10	23	94.35	10	13	131.62	6
第 4 年	23	50.04	8	16	69.50	7	14	93.14	7	18	126.50	7
第 5 年	16	48.06	7	29	70.00	10	23	90.83	8	17	129.82	8
第 6 年	17	50.76	7	13	71.54	6	17	87.29	7	22	124.55	9

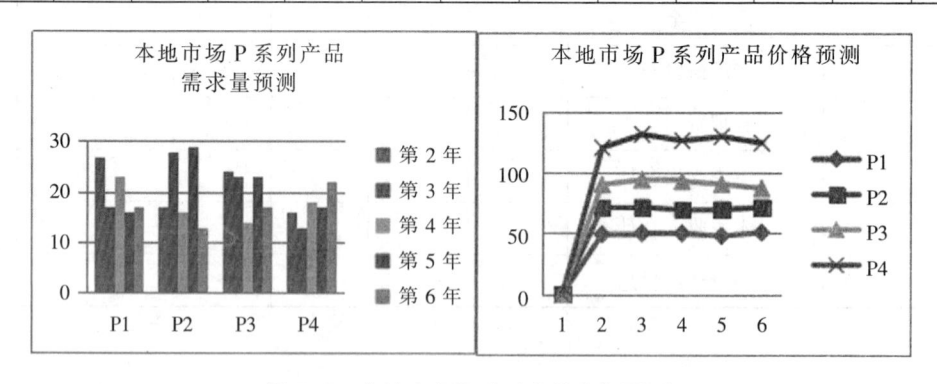

图 5-3 本地市场 P 系列产品市场预测

2. 区域市场分析

区域市场的客户相对稳定，对 P 系列产品需求量的变化很可能比较平衡。因为紧邻本地市场，所以该市场产品的需求量的走势很可能与本地市场相似，价格趋势也应大致一样。该市场容量有限，对高端产品需求量也可能相对较少。但客户对产品的 ISO9000 和 ISO14000 认证有较高的要求。区域市场预测情况如表 5-7 和图 5-4 所示。

表 5-7　区域市场 P 系列产品市场预测

	P1			P2			P3			P4		
	需求量	单价(w)	订单数	需求量	单价(w)	订单数	需求量	单价(w)	订单数	需求量	单价(w)	订单数
第 2 年	18	50.22	8	15	69.07	7	26	87.96	8	17	131.00	7
第 3 年	18	53.94	8	24	70.29	10	20	92.65	8	15	123.13	6
第 4 年	14	53.79	7	29	70.31	9	19	87.05	7	16	120.62	8
第 5 年	19	53.58	8	11	73.55	7	10	87.30	6	12	122.25	5
第 6 年	16	47.06	6	18	68.44	7	19	95.05	8	13	127.65	5

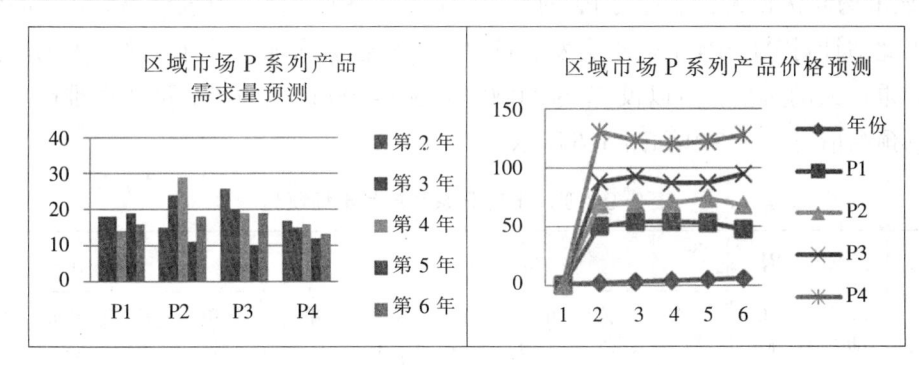

图 5-4　区域市场 P 系列产品市场预测

3. 国内市场分析

估计国内市场对 P1 不会有持久的需求，但 P2 更适合国内市场，估计需求量比较平稳。随着对 P 系列产品的逐渐认同，对 P3 的需求量会发展较快，但对 P4 的需求量就不一定像 P3 那样。对附加值高的产品来说，客户一定会更注重产品的质量认证。国内市场预测情况如表 5-8 和图 5-5 所示。

表 5-8　国内市场 P 系列产品市场预测

	P1			P2			P3			P4		
	需求量	单价(w)	订单数	需求量	单价(w)	订单数	需求量	单价(w)	订单数	需求量	单价(w)	订单数
第 3 年	23	48.65	10	21	69.81	10	22	91.86	8	18	127.67	6
第 4 年	16	50.19	7	22	71.50	9	18	89.89	7	10	125.30	8
第 5 年	16	50.00	8	25	69.68	7	15	90.87	6	13	121.23	5
第 6 年	17	50.59	6	19	70.11	7	18	91.39	8	23	127.65	5

147

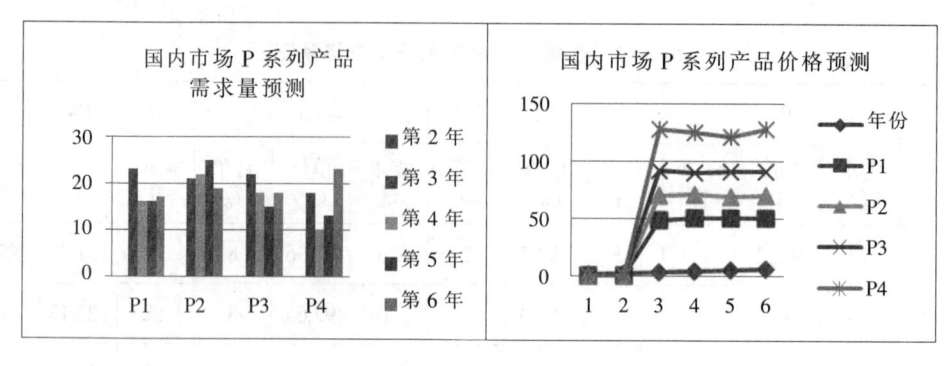

图 5-5 国内市场 P 系列产品市场预测

4. 亚洲市场分析

亚洲市场波动较大，第 4 年市场对 P 系列产品需求旺盛，第 5、6 年波动较大。P1 在该市场起伏较大，估计对 P2 的需求量走势与 P1 相似。但该市场对新产品较敏感，因此估计对 P3、P4 的需求会发展较快，价格也会增加。另外，这个市场的消费者很看重产品的质量，所以没有 ISO9000 和 ISO14000 认证的产品可能很难销售。亚洲市场预测情况如表 5-9 和图 5-6 所示。

表 5-9 亚洲市场 P 系列产品市场预测

	P1			P2			P3			P4		
	需求量	单价(w)	订单数	需求量	单价(w)	订单数	需求量	单价(w)	订单数	需求量	单价(w)	订单数
第 4 年	25	49.60	9	24	71.58	9	23	92.43	9	21	127.62	8
第 5 年	26	50.42	9	12	73.75	6	21	94.33	9	9	130.00	5
第 6 年	17	51.82	7	12	69.08	7	17	94.00	7	16	120.56	6

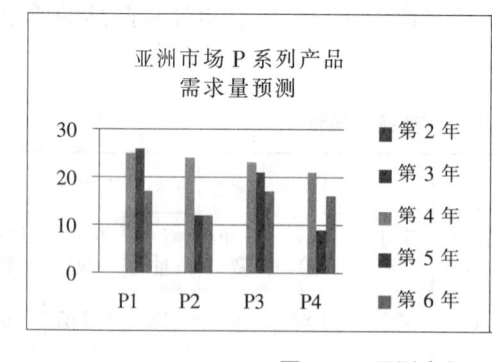

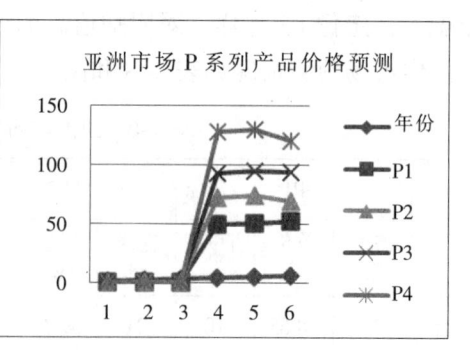

图 5-6 亚洲市场 P 系列产品市场预测

5. 国际市场分析

P 系列产品进入国际市场可能需要一个较长的时期。有迹象表明，国际市场对 P 系列已经有所认同，第 5 年该市场对 P 系列产品有较大的需求，但第 6 年可能会有所回落。当然，国际市场也会关注具有 ISO 认证的产品。国际市场预测情况如表 5-10 和图 5-7 所示。

表 5-10 国际市场 P 系列产品市场预测

	P1			P2			P3			P4		
	需求量	单价(w)	订单数	需求量	单价(w)	订单数	需求量	单价(w)	订单数	需求量	单价(w)	订单数
第 5 年	19	51.00	7	23	69.96	7	21	95.05	7	18	122.61	6
第 6 年	17	56.00	6	21	67.48	8	18	93.33	6	13	128.23	6

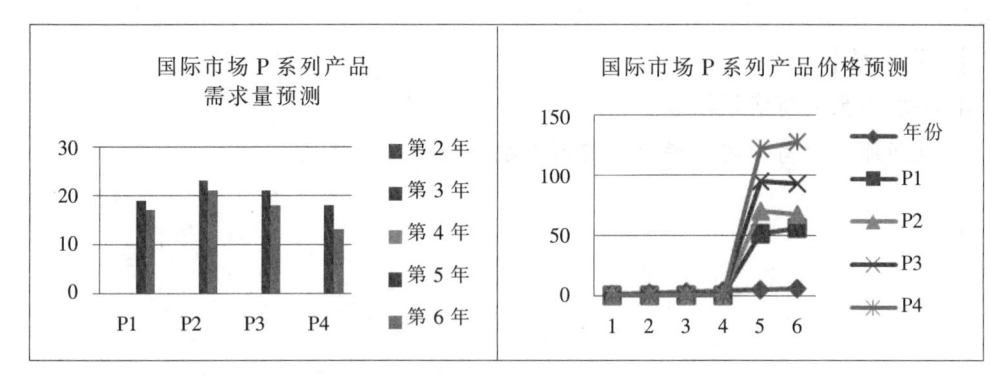

图 5-7 国际市场 P 系列产品市场预测

复习思考题

1. 分析企业经营环境的基础，思考你作为新的管理者应如何经营该企业。
2. 如果你是 CEO，你将如何来经营公司，实现六年的持续经营？

实训拓展

调研某一个生产制造型企业

【实训项目】

从企业基本情况、财务状况、运营情况和岗位职责四个方面对企业进行调研。

【实训内容】

1. 企业基本情况调研

（1）基本情况：了解企业类型、创建时间、产品、市场、设备、客户、供应商、市场占有率、品牌等。

（2）组织机构：了解企业组织机构、人力资源状况、不同职位的工作职能、胜任该职务所必需的管理技能等情况，了解企业管理者应该具备哪些方面的素质和能力。

2. 财务状况调研

了解企业的财务状况，理解资产负债表的结构、各项目的意义及作用。

3. 经营情况调研

了解企业的经营状况，了解资产负债表的结构、各项目的意义及作用。

4. 企业运营流程

了解企业运营流程，理解企业各部门的业务协作关系，理解物流、资金流、信息流的流动过程。

【实训组织】

1. 把全班同学分成四组，针对实训内容要求的四项内容，分四组轮流完成四项内容。

【实训考核】

1. 要求学生填写实训报告。

2. 教师评阅后写出实训评语，实训小组或全班进行交流。

第六章　ERP电子沙盘模拟运营实战

章前导读

新道新商战电子沙盘是一种企业经营模拟软件，它将电子沙盘与物理沙盘完美结合，继承了物理沙盘形象直观的特点，同时实现了选单、经营过程、报表生成、赛后分析的全自动，将教学研究的重点放在企业经营的本质上进行分析。该系统全真模拟企业市场竞争及经营过程，受训者犹如身临其境，感受真实市场氛围，既可以使受训者全面掌握经营管理知识，又可以树立团队精神、责任意识。本章内容的主要任务就是结合企业运营规则，在了解企业基本状况的基础上，解决营运过程中的操作问题，以及为了更好的经营，年初、各季度和年末应当做什么以及怎样按照流程进行规范的操作，使受训者初步掌握电子沙盘的操作流程，为下一步的实战演练打下坚实的基础。

教学目标

1. 了解企业实际生产经营的基本流程。
2. 掌握运营中各个步骤的决策方法与原理，并能运用到决策中。

第一节　系统初始操作

一、登录系统

进入系统需要按照下列操作步骤进行：

1. 使用谷歌浏览器、IE 浏览器（版本需为 IE8 以上）或 360 浏览器（需要选择极速模式）。

2. 在浏览器地址栏内输入：http：//服务器 IP 地址：8081，127.0.0.1：8081，进入商道沙盘系统用户登录界面。

3. 用户登录输入教师事先设置好的用户名，首次登录的初始密码为"1"。登录系统的界面如图 6-1 所示。

图 6-1　登录系统的界面

二、首次登录填写信息

登录者只有第一次登录时需要填写企业基本信息和重置密码。企业基本信息主要包含公司名称、岗位分工签名、公司宣言等内容，让学生感受经营起点企业的注册过程。首次登录填写公司信息的界面如图 6-2 所示。

1. 公司名称（必填）。

2. 所属学校（必填）。

3. 各职位人员姓名（如有多人，可以在职位中输入两个及以上人员姓名）（必填）。

4. 登录确认后不得更改。

5. 重设密码。

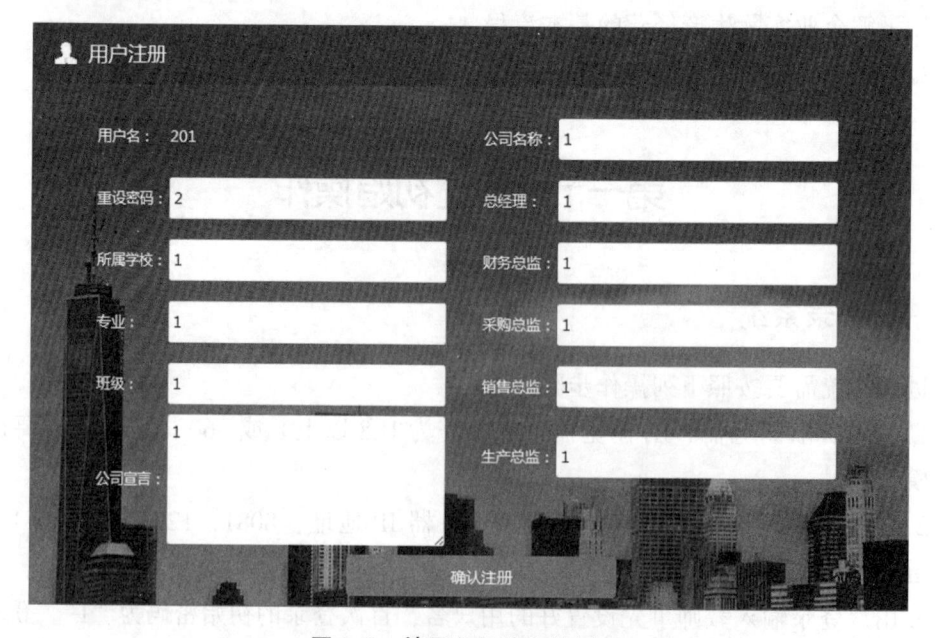

图 6-2　填写公司信息的界面

三、操作窗口

模拟企业经营操作主界面如图 6-3 所示，共分为三个部分。

(一) 用户信息

通过用户信息（如图中最上面部分方框内所示）可以了解到用户名称、所在组别、运营时间、用户状态。

(二) 经营状况信息栏

通过信息栏（如图中在用户信息栏下面方框内所示）可以了解模拟企业的经营状况，包括厂房类型及数量、生产线类型及数量、库存现金及构成、市场开拓、ISO 认证、生产资格、原料订购等情况。

(三) 操作区

操作区分为上、下两部分。上面部分为企业正常运营操作，包括年初和 1~4 季度操作，下面部分为特殊运营操作。

1. 正常运营操作区

操作区的上部分为主操作区，即正常运营操作区，分为年初和 1~4 季度操作。年初部分包括投放广告、参加订货会和申请长期贷款等。此部分只有在每年年初才可以操作，当点击"当季开始"按钮后，当年便不能再进行操作，开始进入 1~4 季度操作。

1~4 季度操作包括申请短期贷款、更新原料库、下原料订单、购置厂房、在建生产线、生产线转产、变卖生产线、下一批生产、应收款更新、按订单交货、产品研发、厂房处理、市场开拓和 ISO 认证。其中市场开拓和 ISO 认证两部分只有在每年的第 4 季度才可以操作。

2. 特殊运营操作区

该部分是随时可操作部分，在操作区的下部分，包括贴现、紧急采购、出售库存、厂房贴现、订单信息、间谍等。以上几项在第一年第一季开始以后，可以随时进行操作。

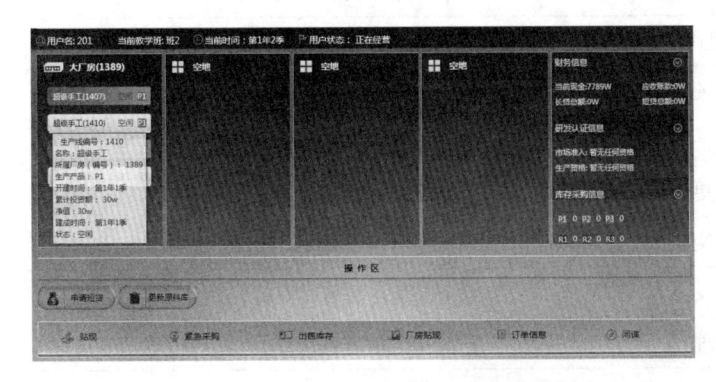

图 6-3 模拟企业经营操作界面

第二节 企业运营流程与操作

系统中的操作分为基本流程和特殊流程,基本流程要求按照一定的顺序依次进行,不允许改变其执行的顺序。

基本流程包括:

1. 年初任务。主要包括投放广告、订货会、长期贷款等任务。
2. 季度任务。主要包括短期贷款、采购、生产、交货等任务。
3. 季末任务。主要包括年末计提折旧、支付设备维修费等任务。

ERP 电子沙盘流程和手工沙盘基本上一样,但也有区别,如表 6-1 所示。

表 6-1　ERP 电子沙盘经营流程

		经营流程	系统操作	手工记录	
年初任务		新年度规划会议			
		投放广告	输入广告费并确认		
		支付上年所得税	系统自动		
		更新长贷/长贷还本付息	系统自动		
		参加订货会	选单		
		申请长贷	输入贷款数额并确认		
当季开始		更新短贷/短贷还本付息	系统自动		
		更新生产/完工入库	系统自动		
		检测生产线完工情况	系统自动		
	1	申请短贷	输入贷款金额并确认		
	2	更新原料库	系统自动扣减金额并确认		
	3	下原料订单	输入并确认		
	4	购买/租用厂房	选择并确认		
	5	新建/在建/转产/变卖生产线	选择并确认(投资每季并确认)		
	6	开始下一批生产	选择并确认		
	7	应收款更新	输入到期的应收款并确认		
	8	按订单交货	选择并确认		
	9	产品研发	选择并确认		
	10	厂房处理	选择并确认		
	11	市场开拓/ISO 资格认证	选择并确认(仅第四季可操作)		

续表

	经营流程	系统操作	手工记录
特殊任务	厂房贴现	选择并确认（随时进行）	
	紧急采购	选择并确认（随时进行）	
	出售库存	选择并确认（随时进行）	
	应收款贴现	选择并确认（随时进行）	
当季结束	支付行政管理费	系统自动	
	支付租金	系统自动	
	检测产品开发完成情况	系统自动	
当年结束	检测新市场/ISO资格完成情况	系统自动	
	支付设备维修费	系统自动	
	计提折旧	系统自动	
	违约罚款	系统自动	

说明：

1. 电子沙盘流程控制更加严格，不允许任意更改经营流程表顺序，特别是对经营难度有影响的顺序。例如必须先还旧债再借新债。

2. 某些工作在物理沙盘上需要通过操作沙盘教具完成，电子沙盘中由系统自动完成。例如更新贷款、产品下线、扣管理费等。

3. 某些信息在电子沙盘中被隐蔽，需要经营者更好地记录。如应收款的信息。

4. 系统对各项任务操作次数有严格要求，有些可以多次操作，有些一季只能操作一次。

一、年初任务

年初企业运营过程包括年度规划、投放广告、支付广告费、支付所得税、参加订货会、长期贷款。具体运营流程如图6-4所示。

（一）年度规划会议

常言道"预则立，不预则废"。新的一年，企业管理团队要制订企业战略，做出经营规划、投资规划、营销策略方案等。年度规划会议在每运营年度开始时召开，在软件中无需操作。年度规划会议一般由团队的CEO主持召开，会同团队中的采购、生产、销售等负责人

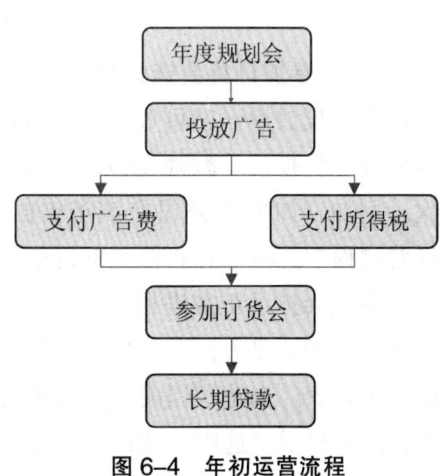

图6-4 年初运营流程

一起进行全年的市场预测分析、广告投放、订单选取、产能扩张、产能安排、材料订购、订单交货、产品研发、市场开拓、筹资管理和现金控制等方面的分析和决策规划，最终完成全年运营的财务预算。

预算是企业经营决策和长期投资决策目标的一种数量表现，通过有关数据将企业全部经济活动的各项具体目标系统地反映出来。销售预测是编制预算的关键和起点，主要是对本年度要达成的销售目标的预测，销售预算的内容包括销售数量、单价和销售收入等。在参加订货会之前，需要计算企业的可接受的订单量。企业可接订单量取决于现有库存和生产能力，因此产能计算的准确性直接影响销售交付。

（二）投放广告

市场开拓完成，相应的市场显示为黑色字体，则可在该市场投放广告费。若市场显示为红色字体，则表示该市场尚未开拓完成，不可在该市场投放广告费。市场广告费的投放依据主要有以下三点：一是市场需要，二是企业销售目标，三是市场竞争状况。

要根据市场的竞争激烈程度、企业自身的产能布置、发展战略、竞争对手的广告投放策略等多方面因素综合考虑。

【操作】该操作在每年年初进行，点击主页面下方操作区中菜单"投放广告"，弹出"投放广告"对话框，如图6-5所示，录入各市场广告费，点击确认后系统会自动扣除所投放的广告费。

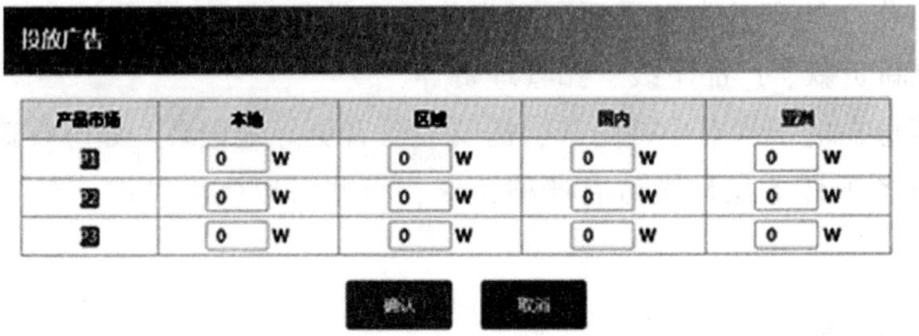

图6-5 投放广告

（三）参加订货会选订单

广告投放后，就可等待教师/裁判开启订货会，订货会开始的前提是所有的小组均完成广告投放，教师/裁判才会开启订货会。订货会每年年初召开，一年只召开一次。例如，如果A公司在该年年初的订货会上只拿到1张销售订单，那么在当年的经营过程中，再没有获得其他订单的机会。

系统会提示正在进行选单的市场（显示为红色）、选单用户和剩余选单时间，企业选单时特别要关注上述信息。对话框左边显示某市场的选单顺序，右边显示该市场的订单列表。未轮到当前用户选单时，右边操作一列无法点击。当轮到当前用户选单时，操作显示"选中"按钮，点击选中，成功选单。当选单倒计时结束后，用户将无法选单。全部市场选单结束后，订货会结束。

【说明】

选单时要特别注意有两个市场在同时进行选单的情况，此时很容易漏选市场订单。

【操作】点击主页面下方操作区中菜单"参加订货会"，弹出"订货会就绪"对话框（图6-6）或"参加订货会"对话框（图6-7）。当所有企业中存在未完成投放广告操作时，当前组显示图6-6所示，当所有企业均已经完成投放广告，且教师/裁判已经启动订货会时，系统会显示图6-7所示。

图6-6 订货会就绪

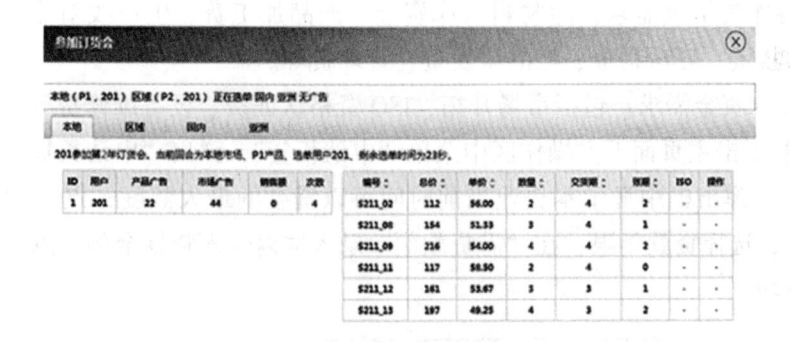

图6-7 参加订货会

(四) 支付税金

当企业完成选单任务后，进入下一步流程，系统自动从现金中扣除应缴纳税金。

(五) 更新长期贷款/长期贷款还本付息

该流程与支付应付税款同时进行，若上一年度的长期贷款为1000M，按10%年利率应支付长期贷款利息100M，从现金中直接扣除。原有的长期贷款在新的一年中还款期减少了1年，如果有到期的长期贷款，则应归还本金。

(六) 申请长期贷款

1. 长期贷款年限

系统预设有1年、2年、3年、4年和5年，最大贷款额度系统设定为上年末企业所有者权益的 N 倍，N 具体为多少，由教师/裁判在参数设置中设定。需贷款额由企业在年度规划会议中根据企业运营规划确定，但不得超过最大贷款额度。

2. 付息

长期贷款为分期付息，到期一次还本。年利率由教师/裁判在参数设置中设定。

【举例】若长期贷款年利率设定为 10%，贷款额度设定为上年末所有者权益的 3 倍，企业上年末所有者权益总额为 80W，则本年度贷款上限为 240W（80W×3），假定企业之前没有贷款，则本次贷款最大额度为本年度贷款上限，即为 240W。若企业之前已经存在 100W 的贷款，则本次贷款最大额度为本年度贷款上限减去已贷金额，即为 140W。

若企业第 1 年初贷入了 100W，期限 5 年，则系统会在第 2、3、4、5、6 年初每年自动扣除长贷利息 10W（100W×10%），并在第 6 年初自动偿还贷款本金。

3. 长期贷款金额

申请长期贷款是企业财务管理的重要组成部分，确定是否借入长期贷款、借入多少之前，需要认真分析企业年度资金需求，做好年度资金预算。企业年度资金需求包括以下内容。

（1）年初资金需求：包括广告费、支付上一年税金、长期贷款利息、长期贷款还本。

（2）各季度资金需求：原材料入库资金、产品加工费、生产线新建/续建/转产资金、厂房投资、厂房租金、产品研发费、管理费等。

（3）年末资金需求：包括市场开拓、ISO 资格认证费、设备维修费等。

【操作】点击主页面下方操作区中菜单"申请长贷"，弹出"申请长贷"对话框如图 6-8 所示。弹出框中显示本企业当前时间可以贷款的最大额度，点击"需贷款年限"下拉框，选择贷款年限，在"需贷款额"录入框内输入贷款金额，点击确认，即申请长贷成功。

图 6-8 申请长贷

二、季度运营任务

企业的生产、建设、研发、销售等活动按季度进行,每季度的活动可分解为若干项,大部分活动必须按系统流程进行,另一部分可随时进行,以下是四个季度运营流程,如图 6-9 所示。

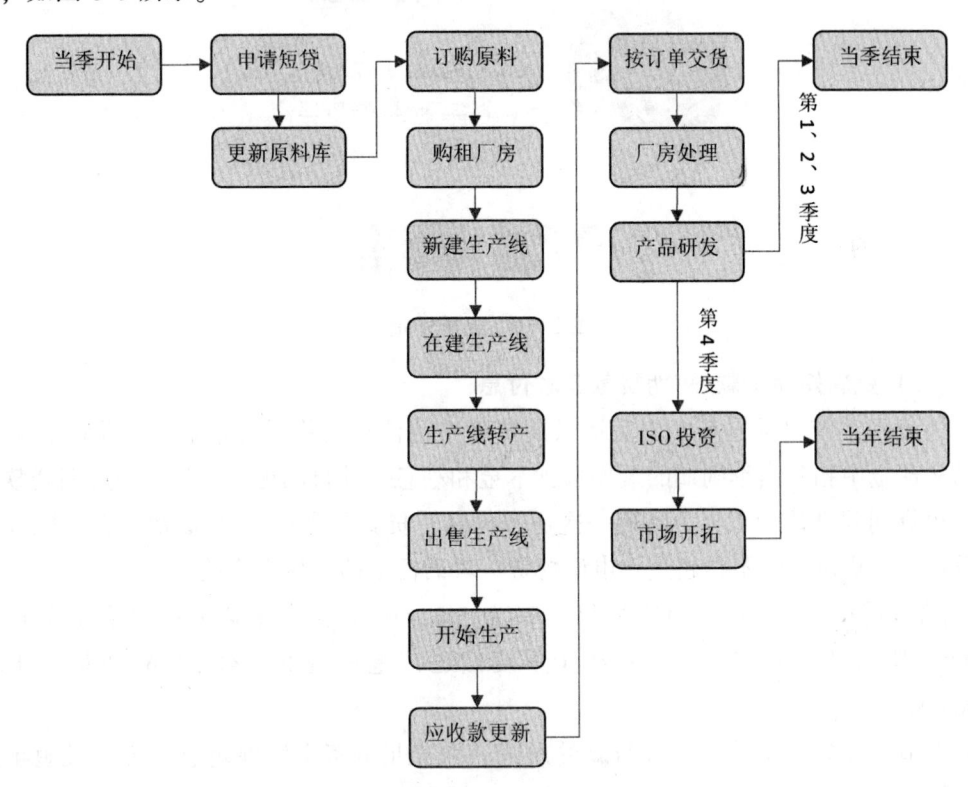

图 6-9 季度运营流程图

以下是四个季度运营情况及相关操作介绍,第一、第二、第三、第四季度的操作和流程大致相同,因此以第一季度的运营情况及相关操作为例介绍。

(一)当季开始

当季开始操作时,系统会自动完成短期贷款的更新,偿还短期借款本息,检测更新生产/完工入库情况(若已完工,则完工产品会自动进入产品库,可通过查询库存信息了解入库情况)、检测生产线完工/转产完工情况。

【操作】点击"当季开始"按钮,系统会弹出"当季开始"对话框,如图 6-10 所示,该操作完成后才能进入季度内的各项操作。

图 6-10 当季开始

（二）更新短期贷款/短期贷款还本付息

该流程系统自动进行。当完成长期贷款申请流程后将系统推进下一步时，系统自动从现金中扣除当季到期的短期贷款本金和利息，并自动更新未到期的短期贷款。

短贷期限默认为 1 年，到期一次还本付息，贷款年利率由教师/裁判在参数设置中设定，短贷申请时不得超过"申请短贷"对话框中的"最大贷款额度"。

【举例】假定企业短期贷款年利率为 5%，则企业若在第 1 年的第 1 季贷入 200W，那么，企业需在第 2 年第 1 季度偿还该笔短贷的本金 200W 和利息 10W（200×5%）。

申请长短贷：支持企业以贷款的形式获取充足的资金发展企业。长贷最短年限为 1 年，短贷采用固定的贷款时间，为 4 个季度。可贷金额受企业所有者权益影响。申请贷款对话框如图 6-11 所示。

【思考】

1. 如何获得新贷（长贷？短贷？贷款时机？如何利用贷款？）？

银行的特点——嫌贫爱富（连年的亏损，使你所有者权益越来越低，今后可能会失去贷款或续贷资格）。

2. 钱从哪里来？

融资 ┬ 贷款 ┬ 长期 → 固定资产
　　 │　　 └ 短期 → 流动资产
　　 └ 股东增资

3. 钱又到哪里去了？

图 6-11　申请贷款

(三) 更新原料库

企业经营沙盘运营中，原材料一般分为 R1、R2、R3、R4 四种，它们的采购价由系统设定，一般每 1 个原材料的价格均为 10W。其中 R1、R2 原材料是在订购 1 个季度后支付，R3、R4 原材料是在订购 2 个季度后支付。

【举例】假定每种原材料每个采购价均为 1W，若某企业在第 1 季度订购了 R1、R2、R3、R4 各 1 个，第 2 季度又订购了 R1、R2、R3、R4 各 2 个，则第 2 季度更新原料操作时，需支付的材料采购款为 20W（系第 1 季度订购的 R1 和 R2 材料款），第 3 季度更新原料操作时，需支付的材料采购款为 60W（系第 1 季度订购的 R3、R4 材料款和第 2 季度订购的 R1、R2 材料款）。

【操作】点击主页面下方操作区中菜单"更新原料库"，弹出"更新原料"对话框，如图 6-12 所示，提示当前应入库原料需支付的现金。确认金额无误后，点击确认，系统扣除现金并增加原料库存。

图 6-12　更新原料

(四) 订购原材料

根据年度生产计划，采购总监可计算每个季度原材料使用数量。计算公式如下：
某季度使用 R1 数量=该季上线 P1 数量+该季上线 P2 数量+该季上线 P3 数量；
某季度使用 R2 数量=该季上线 P2 数量+该季上线 P4 数量；
某季度使用 R3 数量=该季上线 P3 数量+该季上线 P4 数量；
某季度使用 R4 数量=该季上线 P1 数量+2×该季上线 P4 数量。

【操作】点击主页面下方操作区中菜单"订购原料",弹出"订购原料"对话框,如图 6-13 所示,显示原料名称、价格以及运货周期信息,在数量一列输入需订购的原料量值,点击确认即可。

图 6-13 订购原料

(五) 购买/租用厂房

厂房类型根据需要选择大厂房、中厂房或小厂房,订购方式可以根据需要选择买或租。厂房每季均可购入或租入。

若选择购买,则需一次性支付购买价款,无后续费用;若选择租入,则需每年支付租金,租金支付时间为租入当时以及以后每年对应季度的季末。

【举例】若企业在第 1 年第 2 季度选择购入 1 个大厂房,则系统会在购入时一次性扣除相应的购买价款,以后不再产生相关扣款。

若企业在第 1 年第 2 季度选择租入 1 个大厂房,则需在第 1 年第 2 季度租入时支付第 1 年租金,以后每年的租金由系统自动在第 2 季度季末支付。

【操作】 点击主页面下方操作区中菜单"购租厂房",弹出"购租厂房"对话框(图 6-14),点击下拉框选择厂房类型,下拉框中提示每种厂房的购买价格、租用价格等。选择订购方式,买或租。点击确认即可。

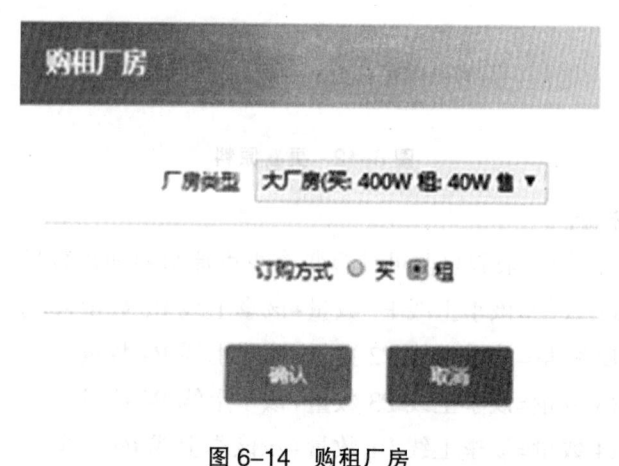

图 6-14 购租厂房

（六）新建生产线

生产线一般包括手工线、自动线和柔性线、租赁线等，各种生产线的购买价格、折旧、残值、生产周期、转产周期、建造周期详见规则说明。

【举例】若规则规定：超级手工线买价35W、建造期0Q，自动线买价150W、建造期3Q，柔性线买价200W、建造期4Q，租赁线卖价0W、建造期0Q。

企业如果在第1年第1季度同时建造上述生产线，则第1季度新建生产线时需支付135W（超级手工线35W、自动线50W、柔性线50W、租赁线0W），第2季度在建生产线时需支付100W（自动线50W、柔性线50W），第3季度在建生产线时需支付100W（自动线50W、柔性线50W），第4季度在建生产时需支付50W（柔性线50W）。新建生产线计算过程如下表6-2所示：

表6-2 新建生产线计算表

	第1年1季	第1年2季	第1年3季	第1年4季	第2年1季	总投资额
超级手工线	35W 建成					35W
自动线	50W 在建	50W 在建	50W 在建	建成		150W
柔性线	50W 在建	50W 在建	50W 在建	50w 在建	建成	200W
租赁线	0W 建成					0W
投资总额	135W	100W	100W	50W		

【操作】点击主页面下方操作区中菜单"新建生产线"，弹出"新建生产线"对话框（图6-15）。选择放置生产线的厂房，点击"类型"下拉框，选择要新建的生产线类型，下拉框中有生产线购买的价格信息，选择新建的生产线计划生产的产品类型，点击确认即可。

提醒：新建多条生产线时，无需退出该界面，可重复操作。

图6-15 新建生产线

（七）在建生产线

只有处在建造期的生产线才会在此对话框中显示，该对话框中会提供处于建造期间的生产线的累计投资额、开建时间和剩余建造期。

【举例】详见"（六）新建生产线"。

图6-16 在建生产线

【操作】点击主页面下方操作区中菜单"在建生产线"，弹出"在建生产线"对话框（图6-16）。弹出框中显示需要继续投资建设的生产线的信息，勾选决定继续投资的生产线，点击确认即可。

（八）生产线转产

【操作】点击主页面下方操作区中菜单"生产线转产"，弹出"生产线转产"对话框（图6-17）。弹出框中显示可以进行生产线转产的生产线信息，勾选转产的生产线以及转线要生产的产品，点击确认即可。

图6-17 生产线转产

（九）出售生产线

生产线出售的前提是该生产线是空置的，即没有在生产产品。出售时按残值收取现金，按净值（生产线的原值减去累计折旧后的余额）与残值之间的差额作企业损失。即已提足折旧的生产线不会产生出售损失，未提足折旧的生产线必然产生出售损失。

【举例】假定规则确定自动线建设期为3Q、原值为150W、净残值30W、使用年限4年，若某企业第1年第1季度开建一条自动线，则该生产线系第1年第3季度建成，只要该生产线处于待生产状态即可进行出售。

若建成后当年将其出售,则会收到 30W 现金,同时产生 120W 损失【(原值 150W-累计折旧 0W)-净残值 30W】,若第 2 年将其出售,则会收到 30W 现金,同时产生 90W 损失【(原值 150W-累计折旧 30W)-净残值 30W】,以此类推。

【操作】点击主页面下方操作区中菜单"出售生产线",弹出"出售生产线"对话框(图 6-18)。弹出框中显示可以进行出售的生产线信息。勾选要出售的生产线,点击确认即可。

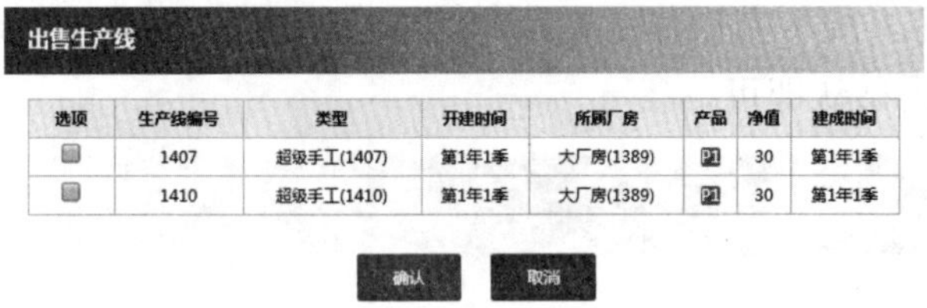

图 6-18　出售生产线

(十) 开始下一批生产

开始下一批生产时保证相应的生产线空闲、产品完成研发、生产原料充足、投产用的现金足够,上述四个条件缺一不可。开始下一批生产操作时,系统会自动从原材料仓库领用相应的原材料,并从现金处扣除用于生产的人工费用。

【举例】假定规则规定 P1 产品构成为 1R1+10W,当前想在某自动线上上线生产 P1 产品,则要求该自动线此时没有在生产产品(因为一条生产线同时只能生产 1 个产品),且原材料仓库需有 1 个 R1 原材料,以及 10W 的现金余额用于支付产品生产的人工费。上线生产后,系统会自动从 R1 原材料库中领用 1 个 R1,并从现金库中扣除 10W 的生产费用。

【操作】点击主页面下方操作区中菜单"开始生产",弹出"开始下一批生产"对话框(图 6-19)。弹出框中显示可以进行生产的生产线信息。勾选要投产的生产线,点击确认即可。

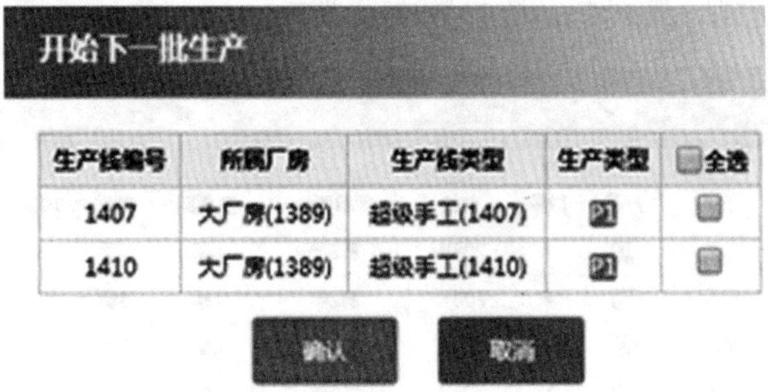

图 6-19　开始下一批生产

(十一) 应收款更新

应收款更新操作实质上是将企业所有的应收款项减少 1 个收账期,它分为两种情况,一是针对本季度尚未到期的应收款,系统会自动将其收账期减少 1 个季度,另一部分针对本季度到期的应收款，系统会自动计算并在"收现金额"框内显示，将其确认收到，并且自动增加企业的现金。

【举例】若某企业上季度末应收账款有如下两笔：一笔账期为 3 季、金额为 20W 的应收款，另一笔账期为 1 季、金额为 30W 的应收款。则本季度进行应收款更新时，系统会将账期为 3 季、金额为 20W 的应收款更新为账期为 2 季、金额为 20W 的应收款，同时系统会自动将账期为 1 季、金额为 30W 的应收款收现。

【操作】点击主页面下方操作区中菜单"应收款更新"，弹出"应收款更新"对话框（图 6-20），点击确认即可。

图 6-20　应收款更新

（十二）按订单交货

订单交货对话框中会显示年初订货会上取得的所有产品订单，该订单会提供订单销售收入总价、各订单需交的产品种类和数量、交货期限、账期等信息。点击相应订单右边的"确认交货"按钮后，若当相应产品库存足够的情况下提示交货成功，若库存不足的情况下弹出库存不足的提示框。订单交货后会收取相应的现金或产生相应的应收款。

【举例】若企业获取的订单情况如图 6-21 中所示，则表示上述订单均要求在当年第 4 季度结束前交货，如果不能按时交货则取消该产品订单，且要支付相应的违约金（违约金比率由教师/裁判在系统参数中设置）。

订单编号	市场	产品	数量	总价	得单年份	交货期	账期	ISO	操作
S211_01	本地	P1	4	208W	第2年	4季	1季	-	确认交货
S211_03	本地	P1	4	208W	第2年	4季	3季	-	确认交货
S211_04	本地	P1	2	96W	第2年	4季	2季	-	确认交货
S211_05	本地	P1	1	53W	第2年	4季	3季	-	确认交货
S211_06	本地	P1	4	201W	第2年	4季	1季	-	确认交货
S211_07	本地	P1	4	179W	第2年	4季	0季	-	确认交货
S211_10	本地	P1	2	96W	第2年	4季	2季	-	确认交货

图 6-21　按订单交货

若当前为当年的第 1 季度,库存 P1 产品有 4 个,则企业可选择 S211-01、S211-03、S211-06 或 S211-07 四个订单中的一个进行交货,若企业选择 S211-01 订单交货,则交货后企业会产生账期为 1 季、金额为 208W 的应收款,该应收款可在下季度应收款更新中收回。同时,系统会从 P1 产品库中减少 4 个 P1 产品予以交货。

【操作】点击主页面下方操作区中菜单"按订单交货",弹出"订单交货"对话框(图 6-21),点击每条订单后的"确认交货"即可。

(十三) 厂房处理

厂房处理方式包括卖出(买转租)、退租、租转买三种。

买转租操作针对原购入的厂房,实质上此操作包括两个环节,一是卖出厂房,二是同时将此厂房租回。卖出厂房将根据规则产生一定金额、一定账期的应收款(详见规则说明),租入厂房需支付对应的租金,这一操作无需厂房空置。

退租操作针对原租入的厂房,该操作要求厂房内无生产设备。若从上年支付租金时开始算租期未满 1 年的,则无需支付退租当年的租金,反之则需支付退租当年的租金。

租转买操作针对原租入的厂房,该操作实质上包括两个环节,一是退租,二是同时将该厂房买入。退租当年租金是否需要支付参照"退租操作"说明,购买厂房时需支付相应的购买价款,该操作无需厂房空置。

【举例】假定规则规定某大厂房购买价为 400W,租金 40W/年。

若企业欲将原购入的大厂房买转租,则会产生期限为 4Q、金额为 400W 的应收款,同时系统会在买转租时自动扣除当期厂房租金 40W。

若企业于上年第 2 季度租入一个大厂房,如果在本年度第 2 季度结束前退租,则系统无需支付第 2 个年度的厂房租金;如果在本年度第 2 季度结束后退租,则系统需扣除第 2 个年度的厂房租金 40W。此操作要求该厂房内无生产设备。

若企业欲租转买原租入的大厂房,则系统仍会在大厂房租入的对应季度扣除当年的租金,并且在租转买时支付大厂房的购买价款 400W。

【操作】点击主页面下方操作区中菜单"厂房处理",弹出"厂房处理"对话框(图 6-22)。选择厂房的处理方式,系统会自动显示出符合处理条件的厂房以供选择。勾选厂房,点击确认。

图 6-22 厂房处理

(十四) 产品研发

产品研发按照季度来投资，每个季度均可操作，中间可以中断投资，直至产品研发完成，产品研发成功后方能生产相应的产品。产品研发的规则详见第五章规则说明。

【举例】若规则规定 P1、P2、P3、P4 的研发规则同第五章规则说明。则某企业在第 1 年第 1 季度开始同时研发上述 4 种产品，且中间不中断研发，则第 1 年第 1 季度需支付研发费用 40W，第 1 季度无产品研发完成；第 1 年第 2 季度需支付研发费用 40W，此时 P1 产品研发完成，第 3 季度即可生产 P1 产品；第 1 年第 3 季度需支付研发费用 30W，此时 P2 产品研发完成，第 4 季度即可生产 P2 产品；第 1 年第 4 季度需支付研发费用 20W，此时 P3 产品研发完成，第 2 年第 1 季度即可生产 P3 产品。第 2 年第 1 季度需支付研发费用 10W，此时 P4 产品研发完成，第 2 年第 2 季度即可生产 P4 产品。具体研发计算过程如表 6-3。

表 6-3 产品研发计算表

	第1年 第1季度	第1年 第2季度	第1年 第3季度	第1年 第4季度	第2年 第1季度	第2年 第2季度
P1	10W	10W	研发完成			
P2	10W	10W	10W	研发完成		
P3	10W	10W	10W	10W	研发完成	
P4	10W	10W	10W	10W	10W	研发完成
投资总额	40W	40W	30W	20W	10W	

【操作】点击主页面下方操作区中菜单"产品研发"，弹出"产品研发"对话框（图 6-23）。勾选需要研发的产品，点击确认。

图 6-23 产品研发

(十五) ISO 投资

ISO 投资包括产品质量（ISO9000）认证投资和产品环保（ISO14000）认证投资。企业若想在订货会上选取带有 ISO 认证的订单，必须取得相应的 ISO 认证资格，否则不能选取该订单。ISO 投资每年进行一次，可中断投资，直至 ISO 投资完成。

【举例】若企业在订单市场中想选择带有 ISO9000 的产品订单，则该企业必须已经完成 ISO9000 的投资，否则不能选择该订单。

假定 ISO 投资规则同规则说明，企业若在第 1 年同时开始投资 ISO9000 和 ISO14000，中间不中断投资，则第 1 年该企业需支付 ISO 投资额 30W（ISO9000 投资费用 10W+ISO14000 投资费用 20W），第 2 年该企业还需支付 ISO 投资额 30W，此时完成 ISO 投资，该企业方可在第三年的年度订货会中选取带有 ISO 资格要求的订单。

【操作】该操作只有每年第 4 季度才出现。点击主页面下方操作区中菜单"ISO 投资"，弹出"ISO 投资"对话框（图 6-24）。勾选需要投资的 ISO 资质，点击确认即可。

图 6-24 ISO 投资

（十六）市场开拓

ERP 经营沙盘中市场包括：本地市场、区域市场、国内市场、亚洲市场和国际市场。市场开拓是企业进入相应市场投放广告、选取产品订单的前提。市场开拓相关规则详见规则说明。市场开拓每年第四季度末可操作一次，中间可中断投资。

【举例】假定规则规定本地市场、区域市场、国内市场、亚洲市场和国际市场的开拓期分别为 1、1、2、3、4 年，开拓费用均为每年 10W。若企业从第 1 年末开始开拓所有市场，且中间不中断投资，则：

第 1 年需支付 50W（各类市场各 10W）市场开拓费用，且当即完成本地市场和区域市场的开拓，即在第 2 年初的订货会上可对本地市场和区域市场投放广告，选取订单；

第 2 年末需支付 30W（国内、亚洲、国际各 10W）市场开拓费用，且完成国内市场的开拓，即在第 3 年初的订货会上可对本地市场、区域市场和国内市场投放广告，选取订单；

第 3 年末需支付 20W（亚洲、国际各 10W）市场开拓费用，且完成亚洲市场的开拓，即在第 4 年初的订货会上可对本地、区域、国内和亚洲市场投放广告、选取订单；

第 4 年末需支付 10W（国际市场 10W）市场开拓费用，且完成国际市场的开拓，即在第 5 年初的订货会上可对所有市场投放广告、选取订单。

【操作】该操作只有每年第 4 季度才出现。点击主页面下方操作区中菜单"市场开拓"，弹出"市场开拓"对话框（图 6-25）。勾选需要研发的市场，点击确认即可。

图 6-25 市场开拓

（十七）当季（年）结束

当季结束时，系统会自动支付行政管理费、厂房续租租金，检查产品开发完成情况。当年结束时，系统会自动支付行政管理费、厂房续租租金，检测产品开发、ISO 投资、市场开拓情况，自动支付设备维修费、计提当年折旧、扣除产品违约订单的罚款。

【操作】该操作在每年 1-3 季度末显示"当季结束"，每年第 4 季度末显示"当年结束"。点击主页面下方操作区中菜单"当季结束"或"当年结束"，弹出"当季结束"（图 6-26）或"当年结束"对话框（图 6-27）。核对当季（年）结束需要支付或更新的事项。确认无误后，点击确定即可。

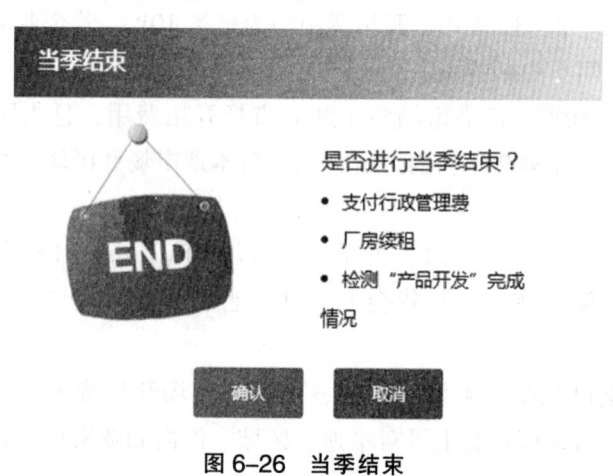

图 6-26 当季结束

图 6-27 当年结束

三、特殊运营操作

（一）贴现

贴现是指将提前收回未到期的应收款，因为该应收款并非正常到期收回，所以贴现时需支付相应的贴现利息。贴现利息=贴现金额×贴现率，贴现率由教师/裁判在系统参数中设定，相关规定详见规则说明。这一操作一般在企业短期存在现金短缺且无法通过成本更低的正常贷款取得现金流时才考虑使用。

【举例】假定某企业账期为 1 季和 2 季的应收款贴现率为 10%，账期为 3 季和 4 季的应收款贴现率为 12.5%，若现将账期为 2 季、金额为 100W 的应收款和账期为 3 季、金额为 200W 应收款同时贴现，则：

贴现利息=100W×10%+200W×12.5%=35W

实收金额=100+200−35=265W

贴现后收到的 265W，当即增加企业现金，产生的贴现利息 35W，作为财务费用入账。

【操作】此操作随时可进行，点击主页面下方操作区中菜单"贴现"，弹出"贴现"对话框（图 6-28）。弹出框中显示可以贴现的应收款金额，选好贴现期，在贴现额一列输入要贴现的金额。点击确定，系统根据不同贴现期扣除不同贴息，将贴现金额加入现金。

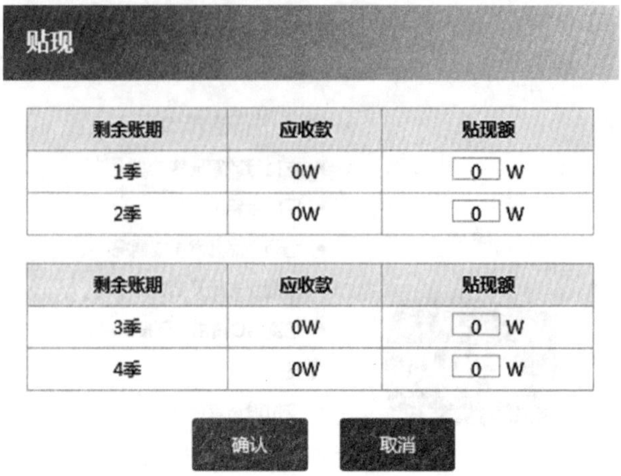

贴现

剩余账期	应收款	贴现额
1季	0W	0 W
2季	0W	0 W

剩余账期	应收款	贴现额
3季	0W	0 W
4季	0W	0 W

确认 取消

图 6–28　贴现

（二）紧急采购

紧急采购是为了解决材料或产品临时短缺而出现的，企业原材料订购不足或产品未能按时生产出来，均可能造成产品订单不能按时交货，从而导致订单违约，而失去该订单收入和支付违约损失。为避免该损失，企业可通过紧急采购少量的短缺原材料或产品，从而满足生产或交货的需要，促使产品订单按时交货，由此取得相应的销售利润。紧急采购价格一般比正常的采购价要高很多。操作时既可以紧急采购原材料，也可以紧急采购库存产品。

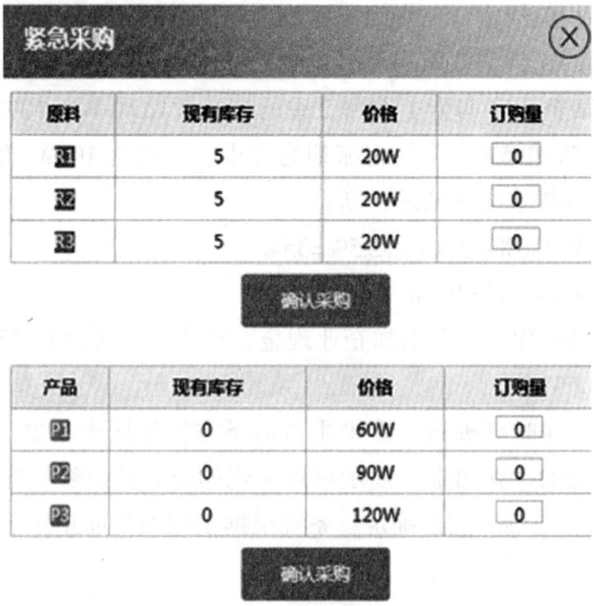

紧急采购

原料	现有库存	价格	订购量
R1	5	20W	0
R2	5	20W	0
R3	5	20W	0

确认采购

产品	现有库存	价格	订购量
P1	0	60W	0
P2	0	90W	0
P3	0	120W	0

确认采购

图 6–29　紧急采购

【举例】假定某企业当年的订单需要生产 10 个 P2 产品，该企业现有生产能力当年只能生产 9 个,并且由于采购计划失误,第二季度生产时缺少 2 个 R3,经过研究,决定紧急采购。若紧急采购原材料价格为直接成本的 2 倍,成品价格为直接成本的 3 倍,则:

原材料 R3 紧急采购金额=2×2×10 W=40 W

产品 P2 紧急采购金额=3×30W=90 W

【操作】该操作随时可进行,点击主页面下方操作区中菜单"紧急采购",弹出"紧急采购"对话框(图 6-29)。显示当前企业的原料、产品的库存数量以及紧急采购价格,在订购量一列输入数值,点击确定即可。

(三) 出售库存

企业一般只有在资金极度短缺时才会考虑出售库存。库存出售一般会在成本的基础上打折销售,出售价由教师/裁判在参数设置中设定。

【举例】假定某企业由于资金紧张,打算出售库存中 4 个 R3 和 5 个 P2 产品,若 R3 的购买单价为 10 W,P2 的直接成本为 30 W,则:

出售原材料 R3 金额=4×0.8×10 W=3W(规则规定库存出售一律向下取整)

产品 P2 紧急采购金额=5×30W=150 W

【操作】该操作随时可进行,点击主页面下方操作区中菜单"出售库存",弹出"出售库存"对话框(图 6-30)。显示当前企业的原料、产品的库存数量以及出售价格,在出售数量一列输入数值,点击确定即可。

图 6-30 出售库存

(四) 厂房贴现

该操作实质上是将厂房卖出(买转租)产生的应收款直接贴现取得现金。它与厂房处理中的卖出（买转租）的区别就在于，"卖出（买转租）"操作时产生的应收款并未直接贴现，而厂房贴现则直接将卖出（买转租）产生的应收款同时贴现掉。

【操作】该操作随时可进行，点击主页面下方操作区中菜单"厂房贴现"，弹出"厂房贴现"对话框（图6-31）。弹出框中显示可以贴现的厂房信息，选择某一条厂房，点击确定贴现。系统根据每类厂房出售价格贴现，如果有生产线则扣除该厂房的租金，保证厂房继续经营。

图6-31 厂房贴现

（五）订单信息

企业随时可点击"订单信息"查阅所取得的订单情况，从而确定生产安排、交货安排等情况。订单信息包括订单编号、产品品种、产品数量、金额、交货期、账期、ISO等。

【操作】此操作随时可进行，点击主页面下方操作区中菜单"订单信息"，弹出"订单信息"对话框（图6-32）。弹出框中显示当前企业所有年份获得的订单，可以查询每条订单的完成时间、状态等信息。

图6-32 订单信息

（六）间谍

市场竞争，信息的价值不言而喻，系统中设置了间谍功能，支付一定的信息费（或免费），可在规定的时间内查看其他企业产品开发、市场开发、生产线建设等情况。间谍中可显示获得自己公司信息和其他公司信息两种，可免费获取自己公司信息，以 excel 形式查阅或保存企业经营数据。若要查看其他公司的信息，则需由支付教师/裁判在参数设置中设定的间谍费，才能以 excel 形式查询其他企业任一组的数据。

【操作】点击主页面下方操作区中菜单"间谍"，弹出"间谍"对话框（图 6-33），确认下载即可。

图 6-33 间谍

第三节 新商战"三表"编制与提交

每年年末，系统自动弹出综合费用表、利润表和资产负债表，要求填写本年度发生的费用、收入、资产、负债和所有者权益相应数据。

图 6-34 填写报表

【操作】点击主页面下方操作区中菜单"填写报表",弹出"填写报表"对话框(图6-34)。依次在综合费用表、利润表、资产负债表的编辑框内输入相应计算数值,三张表填写过程中都可点击保存,暂时保存数据。点击提交,即提交结果。系统计算数值是否正确并在教师端公告信息中显示判断结果。

说明:

综合费用表反映企业本年度期间费用的情况,具体包括:管理费用、广告费、设备维护费、厂房租金、市场开拓费、ISO认证费、产品研发费、信息费和其他等项目。其中信息费是指企业为查看竞争对手的财务信息而向系统支付的费用,具体由规则确定。

利润表反映企业当期的盈利情况,具体包括:销售收入、直接成本、综合费用、折旧、财务费用、所得税等项目。其中销售收入为当期按订单交货后取得的收入总额,直接成本为当期销售产品的总成本,综合费用根据"综合费用表"中的合计数填列,折旧为当期生产线折旧总额,财务费用为当期借款所产生的利息总额和贴现时产生的费用,所得税根据利润总额计算。此外,下列项目系统自动计算,公式如下:

销售毛利=销售收入−直接成本

折旧前利润=销售毛利−综合费用

支付利息前利润=折旧前利润−折旧

税前利润=支付利息前利润−财务费用

净利润=税前利润−所得税

资产负债表反应企业当期财务状况,具体包括:现金、应收款、在制品、产成品、原材料等流动资产,土地建筑物、机器设备和在建工程等固定资产,长期负债、短期负债、特别贷款、应交税金等负债,以及股东资本、利润留存、年度净利等所有者权益项目。

其中,相关项目填列方法如下:

1. 现金(库存现金)根据企业现金结存数填列。
2. 应收款根据应收款余额填列。
3. 在制品根据在产的产品成本填列。
4. 产成品根据结存在库的完工产品总成本填列。
5. 原材料根据结存在库的原材料总成本填列。
6. 土地建筑物根据购入的厂房总价值填列。
7. 机器设备根据企业拥有的已经建造完成的生产线的总净值填列。
8. 在建工程根据企业拥有的在建的生产线的总价值填列。
9. 长期负债根据长期借款余额填列。
10. 短期负债根据短期借款余额填列。
11. 应交税金(应交税费)根据计算出的应缴纳的所得税金额填列。

12. 股东资本根据企业收到的股东注资总额填列。
13. 利润留存根据截至上年末企业的利润结存情况填列。
14. 年度利润根据本年度的利润表中的净利润填列。

复习思考题

1. 广告投入需要考虑哪些因素？
2. 资金筹措的渠道有哪些？各有什么优缺点？
3. 如何确定当期原材料订单数量？
4. 生产线投资中考虑哪种因素？生产线是改造好还是新建好？
5. 如何编制现金预算表？

一试身手

1. 我爱我的团队

也许你们来自一个集体，也许你们来自四面八方，聚在一起就是缘分，未来的两天你们将是同一战壕的战友，试着用表6-4记录你们每个人在模拟企业中的角色及联系方式。

表6-4 记录模拟团队的分工情况

模拟角色	姓名	班级	联系方式	爱好
总经理				
营销总监				
财务总监				
生产总监				
采购总监				

2. 记录你们的战略

成功的企业一定有着明确的战略，它是指引企业前进的罗盘，是企业行进的方向标，从你们所记录的战略上可以看出你们是否对战略有足够的认识，是否理解战略的涵义。

(1) 你们想成为什么样的公司？
(2) 你们倾向于研发和生产何种产品？开发哪个市场？

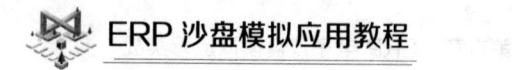

	本地	区域	国内	亚洲	国际
P1					
P2					
P3					
P4					

(3) 你们计划怎样开展生产活动？

(4) 你们计划采用怎样的融资策略？

3. 请各位主管思考，你们负责那些任务？如何完成？如何与他人协助？

第七章　ERP电子沙盘实战案例分析

章前导读

在 ERP 沙盘模拟经营过程中，各个模拟公司的初始状态是一样的，经过几年的模拟经营，不同模拟公司的经营结果完全不一样，有的盈利，有的亏损，有的甚至破产倒闭。"为什么会产生这样的结果呢？我们企业经营如何？"这是参与本课程学生最关注的问题。本章通过模拟企业 6 年的经营过程，亲身体验企业运营的艰辛，然后从企业战略管理、营销管理、生产组织和财务管理等角度对企业 6 年的经营管理进行分析和评价，参悟科学的管理规律，全面提升管理能力。

教学目标

1. 团队合作完成 6 年的模拟经营，获得企业运营管理的宝贵经验。
2. 认真履行岗位职责，理解岗位职业要求。
3. 学会利用专业知识和管理工具做好各项管理工作。
4. 学会与团队成员协同合作，为企业创造价值。
5. 及时总结经验和教训，分享每一年的成长。

第一节　实战前准备

一、组建团队

参见第五章第二节内容。

二、岗位认知

参见第五章第二节内容。

三、熟悉企业及市场背景

参见第五章第二节、第三节、第四节内容。

四、熟悉运营规则

参见第四章内容。

第二节 制订企业战略及经营策略

一、新商战常见战略分析

在新道新商战平台中，每个企业初始状态相同，给定的内部和外部环境也是一致的。因此，企业战略的制定是在特定资源环境下，追求企业财富最大化。根据规则的限定，普遍采用两种整体性战略：市场主导型和产能主导型。

一般在充分竞争的市场上，企业应当以市场为主导，制定企业的整体策略。以下介绍几种常见的整体策略，以供参考。

（一）高产能、高广告、多品种

在市场环境较为宽松的情况下，企业可以采用高产能、高广告、多品种的企业战略。企业在经营初期，可以利用所有者权益尚未下降时举借大量长期贷款，用于新建生产线、产品研发，保证产能第一。再以高广告方式获取足量订单销售，夺取市场龙头地位。产品由低端走向高端，以便在最短时间内实现权益的回升。高产能、高广告、多品种的战略要点为：

1. 市场订单

企业产能的释放，必须保证在市场上拿到预定的订单数量，只有保证销售任务完成，才能回笼资金以便有进一步发展的可能。反之，资金无法回笼，企业的现金就面临断流的风险。

2. 资本运作

企业需要有足够的资金用于扩大产能和维持高额费广告，同时，还需要抵制后期的还款压力。如何有效利用长短贷的融资方式，做好资金预算，是此战略的另一个操作要点。

（二）小本经营

在市场环境较为紧缩的情况下，企业可以采用小本经营战略。企业经营之初，按需举借少量贷款，选择建设价格便宜、折旧费用少的手工线，以减少占用资金数量。投放广告并不是砸广告抢单，而是选择低广告策略，选择相对合适的订单。由于企业战略为小本经营，运营成本少，即使没有按照预定抢到足够的订单，造成产品库存积压，企业也可以生存下去。同时，在市场环境中，一季度交货的产品价格普遍相对较高，而且较容易获得，上一年的库存商品也容易出售。企业前期积累权益，在第4、

5年逐渐转变生产线，第6年爆发以实现胜利。小本经营的战略要点为：

1. 市场环境

此战略较适用于竞争激烈的市场环境，在"开源"难度大，以"节流"求生存的背景下，如果市场环境宽松，此战略会使企业在初期错失发展良机，难以追赶其他竞争对手。

2. 广告投放

此战略广告投放额度较低，因此对广告投放的准确度提出更高要求。要充分分析市场上其他竞争企业的生产线、产品状况，吃透市场预测，以最小的销售费用完成销售。

3. 换线时机

此战略在经营后期涉及生产线换线问题，因此要把握好换线时机，切勿冒进，应循序渐进，逐步实现。

（三）高产能、低广告

利用长短贷结合的筹资方式，建设柔性生产线，并研发中间产品和高端产品。利用柔性线灵活生产、无需转产费用和时间的特点，生产出中间产品后转向高端产品，由于产出的高端产品数量较少，因此在市场上可减少投放的广告金额，即可实现全部销售；并随着经营的推进，占领高端产品市场，最终获得胜利。高产能、低广告的战略要点为：

1. 市场订单

由于高端产品成本较高，产品积压会造成大量现金占用，使企业面临资金断流的风险，因此，在本战略中，必须全部出售高端产品。

2. 生产线数量

柔性线投资和折旧费用较高，初期数量过多会导致资金断流，数量过少又无法灵活搭配实现订单数量。因此，需要重复考虑高端产品价格、市场等因素，通过精准的财务预算，测算战略可行性。

二、模拟企业战略决策

在企业运营之前，CEO组织召开经营会议，商定企业的发展战略，根据上面介绍的三种常见战略分析，团队拟采用高产品、高产能的策略，广告费根据市场变动，适时进行调整。

（一）营销战略

根据市场调研，拟开发附加值较大的P3、P4产品，经营的前两年在资金有限的情况下，主打P3产品。随着企业的发展，逐步开发P4产品，在第4~6年，同步生产P3、P4产品来适应市场的需要，同时适时调整策略。计划开发本地、区域、国内、亚洲和国际五个市场，完成ISO9000、ISO14000的资格认证。根据市场客户需求发展预测和公司发展战略，1~3 年主要经营比较稳定的本地市场、稳步发展的区域市场和国内市场，4~6 年缩小本地市场占有率，开拓区域市场、国内市场、亚洲市场和国际市场。提高 P3、P4 产品的整体市场占有率，提高企业的盈利水平。

（二）生产战略

拟新建生产周期短、效率高的自动生产线和柔性生产线。在保证资金不断裂的情况下，先建设自动生产线，再逐步扩大生产规模，增加产能，扩建灵活性较好的柔性生产线。厂房根据资金的富裕度先购买一个大厂房，再根据市场预测、订单数量和产能的扩大逐步购买大厂房，提高企业的生产能力和持续发展能力。

（三）资金战略

融资战略不仅直接关系到企业的财务费用多少，更重要的是直接关系到企业的资金。企业筹资的目的是为了获得利润，如果利用筹得资金赚的利润要比财务费用高，那么在合理范围内，借得越多意味着赚得越多，这个概念是财务管理中总资产收益率和净资产回报率关系中利率的财务杠杆作用，不贷款不是经营企业做好的策略。如果不能合理安排好长短贷的筹资策略，企业很容易被高额的财务费用消耗大部分利润，或者因为还不起到期的贷款而导致现金断流、企业破产。

在理解规则的基础上，根据收入、支出的先后顺序，进行融资规划。发生在年初的支出有应缴税费、广告费和长期贷款利息（或本金）；发生在年末的市场开拓费用、ISO 资格认证支出、厂房租金和设备维护费等；中间各季的短期贷款费用、原材料采购及加工费、生产线在建、行政管理费费用等。这些经营流程会对资金流产生很大的影响，如果财务规划不准，就会带来资金断流的严重后果。

企业的启动资金 600M，为了保证企业的正常运营，利用权益资金进行长期贷款和短期贷款，争取第一年通过广告投入获取较多订单，赢得市场地位，获取较高的销售收入，这样就会在第二年抢夺订单中占优势。在以后年度的融资中，本着"固定资产用长期贷款，营运资金用短期贷款"的原则，在短贷不能满足营运资金时，可以进行应收款贴息等融资策略，保证资金流的正常运转。

第三节 6 年经营实战演练

一、第一年经营活动

第一年初，团队目标是积极融资，合理进行投资。鉴于第一年公司资金并不充裕，远远不能满足构建厂房、生产线和原材料等的需求，经过充分的预算论证后，公司决定进行一定金额的长期贷款，只研发 P3 产品，先购买一个大厂房，新建三条自动线，期末进行本地、区域、国内、亚洲、国际的市场开拓，进行 ISO 资格认证。具体经营活动如表 7-1 所示。

表 7-1　第 1 年经营活动

开始时间	项目	资金	备注
第 1 年第 1 季	初始化资本金	600	公司成立
	长贷	-600	5 年期长贷 600W
	产品研发	-40	P3、P4 季
第 1 年第 2 季	厂房购买	-400	花费 400W 购买大厂房
	新建生产线	-450	3 条自动线
第 1 年第 3 季	在建生产线	-450	3 条自动线
第 1 年第 4 季	在建生产线	-450	3 条自动线
	市场开拓	-50	本地、区域、国内、亚洲、国际
	ISO 投资	-10	ISO9000 投资，花费 10W
	ISO 投资	-20	ISO14000 投资，花费 20W
	支付行政管理费	-40	每季末支付，10 W /季

二、第二年经营活动

开始组织生产，根据经营状况，灵活进行短期贷款，保障资金流正常运转。合理安排原材料采购，既保证及时满足企业生产需求，又不积压占用资金。具体经营活动如表 7-2 所示。

表 7-2　第 2 年经营活动

开始时间	项目	资金	备注
第 2 年第 1 季	广告投放	-51	支付广告费 51W
	长贷利息	-60	支付长贷利息 60W
	短贷	300	短贷 300W
	更新原材料	-90	3 个 R3、3 个 R4、3 个 R1
	开始生产	-30	自动线生产 P3
第 2 年第 2 季	更新原材料	-90	3 个 R4、3 个 R1、3 个 R3
	开始生产	-30	自动线生产 P3
第 2 年第 3 季	短贷	200	短贷 200W
	更新原材料	-90	3 个 R4、3 个 R3、3 个 R1
	开始生产	-30	自动线生产 P3
	应收款更新	306	应收款更新 306W

续表

开始时间	项目	资金	备注
第2年 第4季	更新原材料	-90	3个R1、3个R4、3个R3
	开始生产	-30	自动线生产P3
	市场开拓	-30	国内、亚洲、国际
	ISO投资	-10	ISO9000投资,花费10W
	ISO投资	-20	ISO14000投资,花费20W
	支付设备维修费用	-60	3条自动线
	支付行政管理费	-40	每季末支付,10W/季

三、第三年经营活动

进入第三年经营，团队成员已经渐入佳境，经营的有声有色。本年度决定继续追加生产方面的投资，扩建厂房和生产线。根据投资计划和生产计划的支出，进行长期贷款和短期贷款。本年度购置一座大厂房，新建一条自动生产线，对于经营中出现的资金紧张问题，及时进行应收账款贴现。具体经营活动如表7-3所示。

表7-3　第3年经营活动

开始时间	项目	资金	备注
第3年 第1季	广告投放	-82	支付广告费82W
	长贷利息	-60	支付长贷利息60W
	长贷	584	5年期长贷584W
	短贷利息	-15	支付短贷利息15W
	归还短贷	-300	归还短贷300W
	更新原材料	-90	3个R3、3个R4、3个R1
	新建生产线	-150	自动线P3
	开始生产	-30	3条自动线生产P3
第3年 第2季	短贷	299	短贷299W
	更新原材料	-90	3个R3、3个R1、3个R4
	在建生产线	-50	自动线
	开始生产	-30	3条自动线生产P3
	应收款更新	368	应收款更新368W

续表

开始时间	项目	资金	备注
第3年 第3季	短贷利息	-10	支付短贷利息 10W
	归还短贷	-200	归还短贷 200W
	短贷	199	短贷 199W
	更新原材料	-90	3个 R4、3个 R3、3个 R1
	开始生产	-30	3条自动线生产 P3
	厂房购买	-400	花费 400W 购买大厂房
	应收款更新	103	应收款更新 103W
第3年 第4季	更新原材料	-120	4个 R3、4个 R1、4个 R4
	贴现	84	贴现 1 账期应收款 94W，贴息 10W
	开始下一批生产	-40	4条自动线生产 P3
	应收款更新	876	应收款更新 876W
	市场开拓	-20	亚洲、国际
	支付设备维修费用	-80	4条自动线
	支付行政管理费	-40	每季末支付，10W/季

四、第四年经营活动

企业已经走上正轨，公司发展战略和经营策略也日趋合理。本年度团队年度规划会议，一致决定研发附加值高的 P4 产品，P4 要用 P1 作为原材料，因此开始研发 P1 和 P4 产品。由于产品的多元化，市场的不断变化，决定投资新建灵活性好的柔性线生产线。具体经营活动如表 7-4 所示。

表 7-4 第 4 年经营活动

时间	动作	资金	备注
第4年 第1季	广告投放	-98	支付广告费 98W
	缴纳所得税	-92	
	长贷利息	-118	支付长贷利息 118M
	长贷	944	5 年期长贷 944M
	更新原材料	-120	4个 R1、4个 R4、4个 R3
	开始生产	-40	4条自动线生产 P3
	新建生产线	-600	3条柔性线 P1
	产品研发	-70	2季 P1、5季 P4，每季末分别支付 10W

续表

时间	动作	资金	备注
第4年 第2季	短贷利息	-15	支付短贷利息 15W
	归还短贷	-299	归还短贷 299W
	更新原材料	-150	5个R4、5个R3、5个R1
	开始生产	-50	5条自动线生产P3
	应收款更新	300	应收款更新 300 W
第4年 第3季	短贷利息	-10	支付短贷利息 10 W
	归还短贷	-199	归还短贷 199 W
	更新原材料	-150	5个R1、5个R3、5个R4
	开始生产	-50	5条自动线生产P3
	应收款更新	368	应收款更新 368 W
第4年 第4季	更新原材料	-150	5个R1、5个R4、5个R3
	开始生产	-50	5条自动线生产P3
	应收款更新	388	应收款更新 388W
	市场开拓	-10	国际
	支付设备维修费用	-100	5条自动线
	支付行政管理费	-40	每季末支付，10 W/季

五、第五年经营活动

公司已进入快速发展阶段。新建的生产线已开始投入生产，企业产能扩大，订单增多，市场地位不断增强。具体经营活动如表7-5所示。

表7-5 第5年经营活动

时间	项目	资金	备注
第5年 第1季	贴现	84	贴现1账期应收款172W，贴息19W
	广告投放	-142	支付广告费142W
	缴纳所得税	-92	
	长贷利息	-213	支付长贷利息213W
	归还长贷	0	归还长贷0W
	长贷	1032	5年期长贷1032W
	短贷	299	短贷299W
	更新原材料	-220	5个R4、12个R1、5个R3
	开始下一批生产	-30	3条柔性线生产P1
	开始下一批生产	-50	5条自动线生产P3

续表

时间	项目	资金	备注
第5年第1季	厂房购买	−400	花费400W购买大厂房
	新建生产线	−200	4条柔性线
	应收款更新	41	应收款更新41W
	订单交货	308	3个P3
	产品研发	−10	P4
第5年第2季	更新原材料	−230	5个R4、10个R3、8个R1
	在建生产线	−200	4条柔性线
	转产	0	2条柔性线转产市场P4
	开始下一批生产	−10	1条柔性线生产P1
	开始下一批生产	−50	5条自动线生产P3
	开始下一批生产	−20	2条柔性线生产P4
	应收款更新	947	应收款更新947W
	订单交货	380	4个P3
第5年第3季	更新原材料	−220	6个R4、8个R1、8个R3
	在建生产线	−200	4条柔性线
	转产	0	柔性线P3
	开始下一批生产	−50	5条自动线生产P3
	开始下一批生产	−10	1条柔性线生产P3
	开始下一批生产	−20	2条柔性线生产P4
	厂房购买	−400	花费400W购买大厂房
	新建生产线	−200	4条柔性线
第5年第4季	更新原材料	−200	6个R3、8个R1、6个R4
	转产	0	3条柔性线生产P1
	开始下一批生产	−30	3条柔性线生产P1
	开始下一批生产	−50	5条自动线生产P3
	应收款更新	292	应收款更新292W
	支付行政管理费	−40	4个季度
	支付设备维修费用	−100	5条自动线
	支付设备维修费用	−60	3条柔性线

六、第六年经营活动

模拟经营的最后一年，企业已创下丰厚的资产。本年度继续扩大市场占有率，为股东盈利。具体经营活动如表 7-6 所示。

表 7-6　第 6 年经营活动

时间	项目	资金	备注
第 6 年第 1 季	贴现	480	贴现 1 账期应收款 534W，贴息 54W
	贴现	336	贴现 2 账期应收款 574W，贴息 58W
	广告投放	−194	支付广告费 194W
	缴纳所得税	−168	
	长贷利息	−316	支付长贷利息 316W
	归还长贷	−600	归还长贷 600W
	长贷	994	5 年期长贷 994W
	短贷利息	−15	支付短贷利息 15W
	归还短贷	−299	归还短贷 299W
	短贷	500	短贷 500W
	更新原材料	−250	8 个 R3、5 个 R4、12 个 R1
	在建生产线	−400	8 条柔性线
	转产	0	3 条柔性线转产生产 P4
	开始下一批生产	−50	5 条自动线生产 P3
	开始下一批生产	−30	3 条柔性线生产 P4
第 6 年第 2 季	短贷	300	短贷 300W
	更新原材料	−230	5 个 R4、8 个 R1、10 个 R3
	在建生产线	−200	4 条柔性线
	转产	0	2 条柔性线转产生产 P3
	转产	0	3 条柔性线转产生产 P1
	开始下一批生产	−60	6 条柔性线生产 P1
	开始下一批生产	−50	5 条自动线生产 P3
	开始下一批生产	−10	柔性线生产 P3
	应收款更新	258	应收款更新 258W
	订单交货	210	2 个 P3

续表

时间	项目	资金	备注
第6年 第3季	短贷	300	短贷300W
	更新原材料	−280	1个2R1、6个R4、10个R3
	转产	0	3条柔性线转产生产P4
	开始下一批生产	−30	3条柔性线生产P1
	开始下一批生产	−50	5条自动线生产P3
	开始下一批生产	−10	1条柔性线生产P3
	开始下一批生产	−30	3条柔性线生产P4
	在建生产线	−200	4条柔性线
	应收款更新	898	应收款更新898W
	订单交货	388	4个P3
第6年 第4季	更新原材料	−400	8个R4、16个R3、16个R1
	转产	0	4条柔性线生产P4
	转产	0	1条柔性线生产P1
	开始下一批生产	−40	4条柔性线生产P1
	开始下一批生产	−50	5条自动线生产P3
	开始下一批生产	−10	1条柔性线生产P3
	开始下一批生产	−60	6条柔性线生产P4
	应收款更新	274	应收款更新274W
	订单交货	383	4个P3
	订单交货	283	3个P3
	支付设备维修费用	−100	5条自动线
	支付设备维修费用	−220	11条柔性线
	支付行政管理费	−40	4个季度

第四节　模拟经营结果分析

一、模拟企业经营分析

团队在经营过程中对本地市场、区域市场、国内市场、亚洲市场和国际市场进行了稳步开拓，对市场上高附加值的 P3、P4（P1 作为生产 P4 产品的原料）产品进行了研发和生产，在前两年完成了 ISO9000、ISO14000 的资格认证工作，团队对这些经营活动的决策和执行都完成的比较好。从公司的后期发展看，这些决策对公司的持续快速发展都起到了决定性作用。

企业经营的前两年，主导产品是 P3，只有三条自动生产线，产品结构单一，产能有限。随着企业的发展，所有者权益的增加，相继购置新的大厂房，新建自动生产线和柔性生产线，研发新的高端产品 P4。在第五、第六年里，P3、P4 一起生产，由于建成了柔性生产线，根据每年的订单可以转产。

在广告投放上一直持较为谨慎的态度，第二年初由于受产量影响，投入并不多。后期随着产能的增加，国内市场、亚洲市场、国际市场逐步开拓完毕，广告投入不断增多，广告投入产出比不断提高。从第四年开始，企业由于优于竞争对手，抢先开拓了亚洲市场，所以在亚洲市场一直处于优先地位。

（一）营销决策分析

1. 广告投入产出比分析

广告投入产出比是分析评价广告效益的指标。这个指标告诉经营者，要深入分析市场和竞争对手，寻求节约成本、策略取胜的突破口。

其计算公式为：广告投入产出比=订单销售额÷总广告费投入

表 7-7　模拟企业历年 P3 产品广告投入产出比

年份	订单销售额/W	广告费/W	广告投入产出比
1	0	0	0
2	674	51	13.2
3	1373	82	16.7
4	1619	98	16.5
5	2385	142	16.8
6	3100	194	16.0

从表 7-7 中可以看出，第 3 年至第 6 年，广告投入产出比趋于稳定，比例最高的第 5 年，企业每 10W 的广告投入可以为它带来 168W 的销售收入。

2. 广告策略

在商战系统中，几支队伍真正博弈交锋的战场是在市场的选单过程中，产品的选择、市场的选择都集中反映在广告费用投放策略上。不同的市场、不同的规则、不同的竞争对手等一切外部因素都可能导致广告投放策略不同。

(1) 图表信息转换

对于市场预测，可以将图表信息转换成易于读识的数据表，如表 7-8 所示，通过这样"数字化"转换后，可以清楚地看到，各种产品、各个市场、各个年度不同的需求和毛利，从而可以帮助企业做出战略决策，更重要的是，通过市场总需求与不同时期全部队伍的产能比较，可以分析出该产品是"供大于求"还是"供不应求"。通过这样的分析，就可以大致分析出各个市场的竞争激烈程度，从而有助于测算广告费。

(2) 平均需求量分析

除了考虑整体市场的松紧程度，还可以将这些需求量除以生产产品的企业数量，就可以得到一个平均值。在投放广告时，如果企业打算今年出售的产品数量大于这个平均值，意味着可能需要更多的广告费用去抢夺别人手里的市场份额。反过来，如果打算出售的产品数量小于这个平均值，那么相对来说就可以少投入一点广告费。

(3) 整体广告方案

企业需要进行详细的各种分析并利用规则："若在同一产品上有多家企业的广告投入相同，则按该市场上全部产品的广告投入量决定选单顺序；若市场的广告投入量也相同，则按上年订单销售额的排名决定顺序。"在某一市场整体广告费偏高，或者前一年度销售额相对较高的情况下，可以适当优化部分产品的广告费，从而实现整体最佳的效果。

表 7-8 各产品市场分析图

年份	产品	项目	本地	区域	国内	亚洲	合计	平均值
第4年	P1	单价	50.04	53.79	50.19	49.6		
		数量	23.00	14.00	16.00	25.00	78.00	7.80
		毛利	27.04	39.79	34.19	24.60		
		单线毛利	27.04	39.79	34.19	24.60		
	P2	单价	69.5	70.31	71.5	71.58		
		数量	16.00	29.00	22.00	24.00	91.00	9.1
		毛利	53.50	41.31	49.50	47.58		
		单线毛利	53.50	41.31	49.50	47.58		
	P3	单价	93.14	87.05	89.89	92.43		
		数量	14	19.00	18	23	74.00	7.4
		毛利	79.14	68.05	71.89	69.43		
		单线毛利	79.14	68.05	71.89	69.43		

续表

年份	产品	项目	本地	区域	国内	亚洲	合计	平均值
第4年	P4	单价	126.50	120.62	125.30	127.62		
		数量	18	16.00	10	21	65.00	6.5
		毛利	108.5	104.62	115.3	106.62		
		单线利	54.25	52.31	57.65	53.31		

2.市场占有率

市场占有率是企业能力的一种体现，企业只有拥有了市场才有获得更多收益的机会。市场占有率可以按销售数量统计，也可以按销售收入统计，这两个指标综合评价了企业在市场中销售产品的能力和获取利润的能力。分析可以从两个方面展开，一是横向分析，二是纵向分析。横向分析是对同一期间各企业市场占有率的数据进行对比，用以确定某企业在本年度的市场地位。纵向分析是对同一企业不同年度市场占有率的数据进行对比，由此可以看出企业历年市场占有率的变化，这也从一个侧面反映了企业成长历程。

（1）综合市场占有率是指某企业在某个市场上全部产品的销售数量（收入）与该市场全部企业产品的销售数量（收入）之比，其计算公式为：

某市场某企业的综合市场占有率=该企业在该市场上全部产品的销售数量（收入）÷全部企业在该市场上各类产品总销售数量（收入）×100%

（2）产品市场占有率

了解企业在各个市场的占有率仅仅是第一步，进一步确知企业生产的各类产品在各个市场的占有率对企业分析市场、确定竞争优势也是非常必要的。其计算公式为：

某产品市场占有率=该企业在市场中销售的该类产品的总数量（收入）÷市场中该类产品总销售数量（收入）×100%

表7-9　P3产品历年市场占有率分析表　　　　　　　单位：个

年份	本地	区域	国内	亚洲	国际	合计	订单数量	市场占有率%
2	24	26	0	0	0	50	7	14.00
3	23	20	22	0	0	65	14	21.54
4	14	19	18	23	0	74	19	25.68
5	23	10	15	21	21	90	24	26.67
6	17	19	18	17	18	89	25	28.09

从表7-9中可以看出，P3产品的市场占有率在稳步提高。

(二) 生产管理决策分析

1. 生产线投资分析

沙盘模拟实践前期看资金，后期看产能。在扩大产能时会遇到一些选择问题，例如上新生产线会遇到哪种生产线更好一些的问题，用新生产线生产什么产品的问题。不同类型生产线的主要区别在生产效率和灵活性。生产效率是指单位时间内生产产品的数量，用产能表示；灵活性是指转产新品生产新产品时设备调整的难易性，主要看转产费的高低和转产周期的长短。

用新生产线生产不同产品的分析，如用新投资生产 P1 产品是否合理。在进行生产投资决策时，往往会遇到此类问题。依照沙盘规则，可以从设备的投资回收期去考虑。

投资回收期=安装时间+投入÷（毛利-维修费-利息）

各种设备生产不同产品的投资回收期计算表如表 7-10 所示。

表 7-10 投资回收期计算表

名称	产品	投资总额/W	安装时间/年	产出数量（个）/年	预计单价/W	单位成本/W	毛利/W	维修费/W	利息/W	回收期/年
超级手工	P1	35	0	2	51	20	62	5	1.75	0.63
自动线	P1	150	0.75	4	51	20	124	20	7.5	2.30
柔性线	P1	200	1	4	51	20	124	20	10	3.13
超级手工	P2	35	0	2	71	30	82	5	1.75	0.47
自动线	P2	150	0.75	4	71	30	164	20	7.5	1.85
柔性线	P2	200	1	4	71	30	164	20	10	2.49
超级手工	P3	35	0	2	91	40	102	5	1.75	0.37
自动线	P3	150	0.75	4	91	40	204	20	7.5	1.60
柔性线	P3	200	1	4	91	40	204	20	10	2.15
超级手工	P4	35	0	2	125	50	150	5	1.75	0.24
自动线	P4	150	0.75	4	125	50	300	20	7.5	1.30
柔性线	P4	200	1	4	125	50	300	20	10	1.74

说明：

(1) 预计单价以经营年的第四年市场上 P 系列产品的平均单价计算。

(2) 利率以短期利率 5% 计算。

从表 7-10 的分析中可以看出，用投资低的超级手工生产线生产低端产品 P1，投资回收期较长，是不可取的。柔性线生产产品的投资回收期和自动线的投资回收期相比，显得稍长一些。

根据表 7-10 生产线的投资回收期，结合各种生产线的产能和灵活性，团队以效率高、灵活性高的生产线作为投资重点，在经营期间，投资新建生产线如表 7-11 所示，为企业后续发展打下良好的基础。

表 7-11　各期新建生产线

序号	时间	生产线	数量/条	金额/W
1	第 1 年 2 季	自动线	3	450
2	第 3 年 1 季	自动线	1	150
3	第 3 年 3 季	自动线	1	150
4	第 4 年 1 季	柔性线	3	600
5	第 5 年 1 季	柔性线	4	800
6	第 5 年 3 季	柔性线	4	800
合计			16	2950

2. 确定产能

产能是企业参加订单会取得的可接受订单量的基础。为了准确计算产能，必须了解不同类型生产线的生产周期、年初在制品状态以及原料订购情况，计算本年能够完工产品的数量。如表 7-12 所示的各类型生产线在不停产、转产状态下的最大生产能力。结合企业的生产线和库存情况，可以计算出可承诺量（ATP）。

当年某产品可接受订单量=期初库存+本年产量+可能的租赁线加工产量

表 7-12　各类型生产线产能表

生产线类型	年初在产品状态	第1季	第2季	第3季	第4季	年最大生产能力
手工线	○○	生产		■		1
	●○		■		■	2
	○●	■		■		2
自动/柔性线	○	生产	■	■	■	3
	●	■	■	■	■	4
租赁线（当年租赁）	○	生产	■	■	■	3
租赁线（往年租赁）	●	■	■	■	■	4
租赁线（退租）	●	■	■	■	退租	3
租赁线（当年退租）	○	生产	■	■	退租	2

注：○ 代表当年无在制品；● 代表在制品的位置；■ 代表产品完工下线

说明：ATP 并不是一个定数，而是一个区间范围。由于手工线、柔性线和租赁线都没有转产周期，也没有转产费用，所以在计算产能时，要考虑转产的可能。同时也要考虑紧急采购、加建生产线等的可能。

3. 原料订购

原料订购要解决三个问题：订购原料种类、订购数量、订购时间。

（1）订购原材料种类

本团队主打产品为 P3，P3 的原料为 R1、R3、R4。

（2）订购数量

明确了订购原料的种类后，还要计算采购数量，这与物料库存和采购批次有直接关系。

（3）订购时间

要到达"既不出现物料短缺，又不出现库存积压"的管理境界，就要考虑采购提前期、采购政策等相关因素。

4. 年生产计划和原料订购计划的编制

获取订单后，就可以编制年生产计划和原料订购计划。企业首先应明确产品在各条生产线上的投产时间，然后根据各生产线的生产周期推算出每条生产线的产能和下材料订单的时间和数量，且不可出现停工待料的失误操作。

例如，以第三年为例，前 3 季有 3 条自动线，第 4 季新建的自动线投入生产，4 条生产线都生产 P3 产品。年初库存为 2，当年可接受的最大订单数为 14（2+4+4+4+4）。第 3 年 P3 实际订单数为 14 个，为保证完成订单的生产任务，第 3 年的生产计划如表 7-13 所示。

接下来要编制原料订购计划，1–3 季 3 条生产线，分别需要 3 个 R1、R3、R4，4 季 4 条生产线，分别需要 4 个 R1、R3、R4。其中，R1 需提前 1 季订购，R3、R4 需提前 2 季订购，具体的原料订购计划如表 7-14 所示。

表 7-13　第 3 年生产计划　　　　　　　　　　单位：个

年份	季度	P1	P2	P3	P4
本年度	第 1 季			3	
	第 2 季			3	
	第 3 季			3	
	第 4 季			3	
下年度	第 1 季			4	
	第 2 季			4	

表 7-14 第 3 年原料采购计划　　　　　　　　　　　　　　　　　　　　　　单位：W

原材料\时间	R1 季初库存	R1 季初入库	R1 本季使用	R1 本季订购	R2 季初库存	R2 本季入库	R2 本季使用	R2 本季订购
第 1 季		3	3	3				
第 2 季		3	3	3				
第 3 季		3	3	4				
第 4 季		4	4	4				

原材料\时间	R3 季初库存	R3 本季入库	R3 本季使用	R3 本季订购	R4 季初库存	R4 本季入库	R4 本季使用	R4 本季订购
第 1 季		3	3	3		3	3	3
第 2 季		3	3	4		3	3	4
第 3 季		3	3	4		3	3	4
第 4 季		4	4	4		4	4	4

二、企业财务分析

（一）企业财务数据

1. 综合费用表（见表 7-15）

表 7-15 综合费用表　　　　　　　　　　　　　　　　　　　　　　　　单位：W

项目\年度	第 1 年	第 2 年	第 3 年	第 4 年	第 5 年	第 6 年
管理费	40	40	40	40	40	40
广告费	0	51	82	98	142	194
设备维护费	0	60	80	100	160	320
转产费	0	0	0	0	0	0
租金	0	0	0	0	0	0
市场准入开拓	50	30	20	10	0	0
产品研发	40	0	0	60	10	0
ISO 认证资格	30	30	0	0	0	0
信息费	0	0	0	0	0	0
其他	0	0	0	0	0	0
合计	160	211	222	308	352	554

2. 利润表（见表 7-16）

表 7-16 利润表　　　　　　　　　　　　　　　　　　　　单位：W

年度 项目	第 1 年	第 2 年	第 3 年	第 4 年	第 5 年	第 6 年
销售收入	0	674	1373	1619	2385	3100
直接成本	0	280	560	680	980	1240
毛利	0	394	813	939	1405	1860
综合管理费用	160	211	222	308	352	554
折旧前利润	-160	183	591	631	1053	1306
折旧	0	0	90	120	150	270
支付利息前利润	-160	183	501	511	903	1036
财务费用	0	60	95	143	232	443
税前利润	-160	123	406	368	671	593
所得税	0	0	92	92	168	148
净利润	-160	123	314	276	503	445

该企业运营 6 年中，销售收入稳步增长，利润虽然有波动，但整体处于增长态势。根据综合费用表和利润表可以看出，第 4 年由于研发成本增加，致使利润较第 3 年有所下降，第 6 年由于设备维护费的增加和财务费用的增加，使本年利润较第 5 年有所下降。

企业利润增长强调"开源节流"，即提高销售收入的同时合理安排费用的支出。通过对综合费用表和利润表的分析，可以看出费用主要包括管理费、广告费、厂房租金、生产线维修费、产品研发费、财务费用以及损失等，一些费用支出是必须的，但一些支出是由于失误造成的不必要或者过高支出。例如，资金控制力不足，财务预算不充分，未能合理贷款，或者盲目扩大生产，不停使用贴现才能保证现金流正常，造成财务费用过高。

3. 资产负债表（见表 7-17）

表 7-17　资产负债表　　　　　　　　　　　　　单位：W

年度 项目	第1年	第2年	第3年	第4年	第5年	第6年
现金	190	245	781	330	335	1727
应收款	0	368	300	863	1108	406
在制品	0	120	160	200	260	620
产成品	0	80	0	40	100	40
原材料	0	0	0	0	90	190
流动资产合计	190	813	1241	1433	1893	2983
土地和建筑	400	400	800	800	1600	1600
机器与设备	0	450	510	540	990	2320
在建工程	450	0	100	600	800	0
固定资产合计	850	850	1410	1940	3390	3920
资产总计	1040	1663	2651	3373	5283	6903
长期负债	600	600	1184	2128	3160	3554
短期负债	0	500	498	0	299	1100
特别贷款	0	0	0	0	0	0
应交税金	0	0	92	92	168	148
负债合计	600	1100	1774	2220	3627	4802
股东资本	600	600	600	600	600	600
利润留存	0	−160	−37	277	553	1056
年度净利	−160	123	314	276	503	445
所有者权益合计	440	563	877	1153	1656	2101
负债和所有者权益总计	1040	1663	2651	3373	5283	6903

从资产负债表中可以看出，现金处于增长态势。现金是不是越多越好呢？回答是否定的。资金如果足够用，闲置资金越少越好。

在模拟企业经营中，资金的来源可能是银行贷款，这就需要付利息，短贷利息最低也要 5%，长贷利息 10%；也可能是股东投资，股东是要经营者拿钱去生钱，放在企业闲置，是不会生钱的。

企业破产有两种情况，一是权益为负，二是资金断流。现金不少，但是却破产了，必是权益为负。权益和资金是两个概念，不要混淆。从短期看，两者的关系是矛盾的，资金越多，需要付出的资金成本——财务费用也越多，反而会降低本年权益；

从长远看，两者又是统一的，权益高了，就可以从银行获取更多的贷款额度。

企业经营过程中，特别是在初期，权益和资金两者的处理会比较复杂。企业要发展，要想做强，必须贷款、投资，但这时候受制于权益，贷款受到极大限制；如果贷款过多，财务费用大大提升，若经营不善，反而会导致权益下降。可借不到钱，又如何发展呢？在权益较大的时候多借，以免来年权益低了借不到，这个观点有一定的道理，但是不能盲目借款，否则企业会一直背着沉重的财务费用负担，甚至会还不出本金。

通过以上分析可以看出，资金管理对企业经营的重要性。资金是企业日常经营的"血液"，断流一天都不行。企业的资金首先要保证企业正常运营，不发生断流，否则就破产出局；其次，合理安排资金，保证资金成本，使股东权益最大化。

(二) 企业财务指标分析

1. 企业盈利能力分析

盈利能力是指企业获取利润的能力。盈利能力是一个相对的概念，即利润是相对于一定的资源投入和一定的收入而言的，因此要用利润率来衡量。利润率越高，说明盈利能力越强；利润率越低，说明盈利能力越差。盈利是企业的经营目标，是企业生存的物质基础，它不仅关系企业所有者的权益，也是企业偿还债务的一个重要来源。下面从毛利率、销售利润率和净资产收益率三个方面来分析企业盈利能力。

(1) 毛利率

毛利率是指 1 W 的销售收入产生的利润，是衡量获利的初步指标。是毛利与销售收入（或营业收入）的百分比。其中毛利是收入和与收入相对应的销售成本之间的差额，其计算公式为：

毛利率=毛利÷销售收入=（销售收入-销售成本）÷收入

表 7-18 各期毛利率　　　　　　　　　　　　　单位：W

年度 项目	第 1 年	第 2 年	第 3 年	第 4 年	第 5 年	第 6 年
销售收入	0	674	1373	1619	2385	3100
直接成本	0	280	560	680	980	1240
毛利	0	394	813	939	1405	1860
毛利率	0	0.58	0.59	0.58	0.59	0.60

(2) 销售利润率

销售利润率是毛利率的延伸，是毛利减去综合费用后的剩余。反映销售收入收益水平的指标，即每元销售收入所获得的利润。在ERP沙盘模拟中，其计算公式为：

销售利润率=折旧前利润÷销售收入

　　　　　=（毛利-综合费用）÷销售收入

表 7-19　各期销售利润率　　　　　　　　　　　　　　　　单位：W

年度 项目	第 1 年	第 2 年	第 3 年	第 4 年	第 5 年	第 6 年
销售收入	0	674	1373	1619	2385	3100
直接成本	0	280	560	680	980	1240
毛利	0	394	813	939	1405	1860
综合管理费用	160	211	222	308	352	554
折旧前利润	-160	183	591	631	1053	1306
销售利润率	0	0.27	0.43	0.39	0.44	0.42

（3）净资产收益率

净资产收益率是公司税后利润除以净资产（股东权益）得到的百分比率，反映投资者投入资金的最终获利能力。这是投资者最关心的指标之一，该指标越高，说明投资带来的收益越高；净资产收益率越低，说明企业所有者权益的获利能力越弱。该指标体现了自有资本获得净收益的能力。计算公式为：

净资产收益率=净利润÷所有者权益合计

表 7-20　各期净资产收益率　　　　　　　　　　　　　　　　单位：W

年度 项目	第 1 年	第 2 年	第 3 年	第 4 年	第 5 年	第 6 年
年度净利润	-160	123	314	276	503	445
所有者权益	440	563	877	1153	1656	2101
净资产收益率	-0.36	0.22	0.36	0.24	0.30	0.21

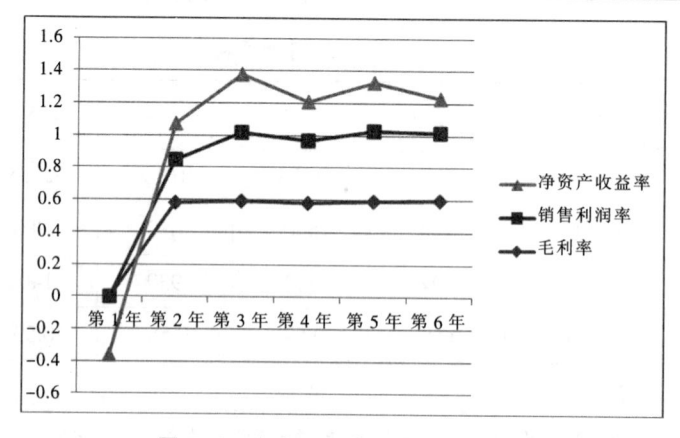

图 7-1　企业盈利能力变化趋势

从表 7-18、表 7-19、表 7-20 和图 7-1 可以看出，企业销售毛利率从第二年到第六年一直在 0.59 上下波动，处于比较稳定的状态。销售利润率第二年偏低，从第三年开始处于一个比较稳定的状态。通过对净资产收益率的分析，企业的净资产获取利润能力偏低。针对净资产收益率偏低的问题，企业应加强净利润的获取能力，一方面增加企业的销售收入，另一方面提高管理水平，完善现金预算表的制作，降低综合费用的支出。

2. 企业偿债能力分析

这是衡量企业财务状况是否稳定，会不会有财务危机的指标。它包含4个指标，分别是流动比率、速动比率、固定资产长期适配率和资产负债率。

（1）流动比率。流动比率是流动资产与流动负债的比率。这个指标体现的是企业偿还短期债务的能力。流动资产越多，短期偿债能力越弱，流动比率越大，企业的偿债能力越强。一般情况下，运营周期、流动资产中的应收账款数额和存货是影响流动比率的主要因素。其计算公式为：

流动比率=流动资产÷流动负债

表 7-21　各期流动比率　　　　　　　　　　　单位：W

年度 项目	第1年	第2年	第3年	第4年	第5年	第6年
流动资产	190	813	1241	1433	1893	2983
流动负债	0	500	498	0	299	1100
流动比率	0	1.63	2.49	0	6.33	2.71

（2）速动比率。速动比率比流动比率更能体现企业偿还短期债务的能力。其计算公式为：

速动比率=速动资产÷流动负债

　　　　=（流动资产-在制品-产成品-原材料）÷流动负债

从公式中可以看出，在流动资产中，尚包括变现速度较慢且可能已经贬值的存货，因此将流动资产扣除存货再与流动负债对比，以衡量企业的短期偿债能力。一般低于1的速动比率通常被认为短期偿债能力偏低。

表 7-22　各期速动比率　　　　　　　　　　　单位：W

年度 项目	第1年	第2年	第3年	第4年	第5年	第6年
流动资产	190	813	1241	1433	1893	2983
制品	0	120	160	200	260	620
产成品	0	80	0	40	100	40
原材料	0	0	0	0	90	190
流动负债	0	500	498	0	299	1100
速度比率	0	1.23	2.17	0.00	4.83	1.94

从表 7-21、表 7-22 可以看出，除了第一年和第四年，流动比率和速动比例均大于1，对短期借款而言，企业有一定的偿债能力。

(3) 固定资产长期适配率。因为固定资产建设周期长，且固定资产不能马上变现，因此，固定资产的购建应该使用还债压力较小的长期贷款和股东权益，从维护企业财务结构稳定和长期安全性角度出发，该指标数值较小比较好，但过小也会带来融资成本增加的问题。

所以这个指标应该小于1。如果用短期贷款来购建固定资产，由于短期内不能实现产品销售而带来现金回笼，势必造成还款压力。其计算公式为：

固定资产长期适配率=固定资产÷（所有者权益+长期负债）

表 7-23 　各期固定资产长期适配率　　　　　　　　　　　　　单位：W

项目＼年度	第1年	第2年	第3年	第4年	第5年	第6年
固定资产合计	850	850	1410	1940	3390	3920
长期负债	600	600	1184	2128	3160	3554
所有者权益合计	440	563	877	1153	1656	2101
固定资产长期适配率	0.82	0.73	0.68	0.59	0.70	0.69

(4) 资产负债率。资产负债率是负债总额除以资产总额的百分比，反映在总资产中有多大比例是通过借债来筹集的。负债比例越高，企业面临的财务风险越大，获取利润的能力也越强。如果企业资金不足，依靠欠债维持，导致资产负债率特别高，就应该特别注意偿债风险了。资产负债率为40%~60%，比较合理、稳健；当达到85%以上时，就是发出预警信号了，应引起企业足够的注意。其计算公式为：

资产负债率=负债总额÷资产总额

表 7-24 　各期资产负债率　　　　　　　　　　　　　　　　　单位：W

项目＼年度	第1年	第2年	第3年	第4年	第5年	第6年
资产总计	1040	1663	2651	3373	5283	6903
负债合计	600	1100	1774	2220	3627	4802
资产负债率	0.58	0.66	0.67	0.66	0.69	0.70

从表7-24可以看出，企业资产负债率控制在0.58和0.70之间，相对于一般认为的适宜水平40%~60%来说，有些偏高，并且除第四年外均处于缓慢上升趋势，反映企业的财务风险在增加。

3. 企业成长能力分析

成长率表示企业具有成长的潜力，即持续盈利的能力。成长率指标由三个反映企业经营成果增长变化的指标组成：销售收入增长率、利润成长率和净资产成长率。

(1) 销售收入成长率。这是衡量利润增长的比率指标，用来衡量经营业绩的提高程度，指标越高越好。其计算公式为：

销售收入成长率=（本期销售收入-上期销售收入）÷上期销售收入

表 7-25 各期销售成长率　　　　　　　　　　　　　单位：W

项目＼年度	第1年	第2年	第3年	第4年	第5年	第6年
本期销售收入	0	674	1373	1619	2385	3100
上期销售收入	0	0	674	1373	1619	2385
销售收入成长率	0	0	1.04	0.18	0.47	0.30

（2）利润成长率。这是衡量利润增长的比率指标，用来衡量经营效果的提高程度，指标越高越好。其计算公式为：

利润成长率=〔本期（利息前）利润－上期（利息前）利润〕÷上期（利息前）利润

表 7-26 各期利润增长率　　　　　　　　　　　　　单位：W

项目＼年度	第1年	第2年	第3年	第4年	第5年	第6年
本期利润	−160	123	314	276	503	445
上期利润	0	−160	123	314	276	503
利润成长率	0	1.77	1.55	−0.12	0.82	−0.12

（3）净资产增产率。这是衡量净资产增长的比率指标，用以衡量股东权益的增加程度。对于投资者来说，这个指标非常重要，它反映了净资产的增长速度。其计算公式为：

净资产成长率=（本期净资产－上期净资产）÷上期净资产

表 7-27 各期净资产成长率　　　　　　　　　　　　单位：W

项目＼年度	第1年	第2年	第3年	第4年	第5年	第6年
本期净资产	440	563	877	1153	1656	2101
上期净资产	600	440	563	877	1153	1656
净资产增长率	−0.27	0.28	0.56	0.31	0.44	0.27

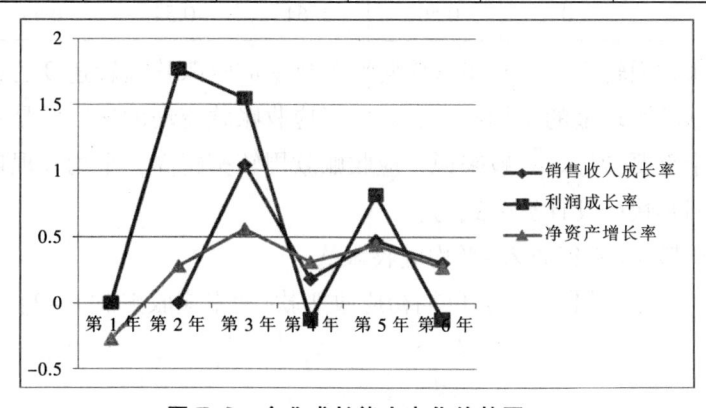

图 7-2 企业成长能力变化趋势图

从表 7-25、表 7-26、表 7-27 和图 7-2 可以看出，企业的销售收入成长率和利润成长率在第二年到第六年间上下波动，处于不稳定状态，二者的变化趋势大致相当。销售增长率在第三年有一个大的飞跃，随后几年虽有波动，但整体处于增长态势，说明企业的销售水平一直处于上升阶段。利润成长率波动最大，在第四年和第六年出现负增长，在销售收入增长的情况下，出现这种情况的主要原因是这两年由于长期贷款金额较大，致使财务费用增加，净利润降低。净资产成长率在第一年到第六年间也是呈现波动状态，但从第二年开始成长率均为正值，反映净资产呈现增长态势，股东权益不断增加。

销售收入成长率、利润成长率和净资产成长率的变动和销售额的增长密切相关，公司的管理层应该重视销售收入，另一方面要减低费用。

4. 企业营运能力分析

营运能力分析是指企业对有限资源的配置和利用能力，反映企业在资产管理方面效率的高低。从价值角度看，就是企业资金的利用效果，反映了企业的资金周转状况，对此进行分析了解企业营业状况及经营管理水平。

(1) 总资产周转率。总资产周转率也称总资产利用率，是企业销售收入与资产平均总额的比率。该项指标反映资产的周转速度，周转越快，反映销售能力越强。其计算公式为：

资产周转率=销售收入÷平均资产总额

=销售收入÷〔(期初资产总额+期末资产总额)÷2〕

表 7-28 各期总资产周转率　　　　　　　　　　　　单位：W

年度 项目	第1年	第2年	第3年	第4年	第5年	第6年
本期销售收入	0	674	1373	1619	2385	3100
期初资产总额	600	1040	1663	2651	3373	5283
期末资产总额	1040	1663	2651	3373	5283	6903
总资产周转率	0	0.50	0.64	0.54	0.55	0.51

(2) 应收账款周转率。应收账款周转率是反映应收账款周转速度的指标，也就是年度内应收账款转为现金的平均次数，说明了应收账款流动的速度。是衡量应收账款变现速度的一个重要指标。一般来说，应收账款周转率越高，平均收现期越短，说明应收账款的收回越快。其计算公式为：

应收账款周转率=销售收入÷平均应收账款

=销售收入÷〔(期初应收账款+期末应收账款)÷2〕

表 7-29　各期应收账款周转率　　　　　　　　　　　　　单位：W

项目＼年度	第1年	第2年	第3年	第4年	第5年	第6年
当期销售收入	0	674	1373	1619	2385	3100
期初应收账款	0	0	368	300	863	1108
期末应收帐款	0	368	300	863	1108	406
应收账款周转率	0	3.66	4.11	2.78	2.42	4.10

（3）存货周转率。存货周转率是销售成本被平均存货所除而得到的比率，是衡量和评价企业购入存货、投入生产等环节管理状况的综合性指标。一般来讲，存货周转率越快，存货的占有水平越低，流动性越强，存货转化为现金的速度越快。其计算公式为：

存货周转率=销售成本÷平均存货

=销售成本÷〔(期初存货+期末存货)÷2〕

表 7-30　各期应收账款周转率　　　　　　　　　　　　　单位：W

项目＼年度	第1年	第2年	第3年	第4年	第5年	第6年
直接成本	0	280	560	680	980	1240
期初在制品	0	0	120	160	200	260
期初原材料	0	0	0	0	0	90
期末在制品	0	120	160	200	260	620
期末原材料	0	0	0	0	90	190
存货周转率	0	4.67	4.00	3.78	3.56	2.14

（4）流动资产周转率。流动资产周转率指一定财务期限内一定数量流动资产价值（流动资金）周转次数或完成一次周转所需的天数，反映全部流动资产价值（全部流动资金）的周转速度。其计算公式为：

流动资产周转率=销售收入÷平均流动资产

=销售收入÷〔(期初流动资产总额+期末流动资产总额)÷2〕

表 7-31　各期流动资产周转率　　　　　　　　　　　　　单位：W

项目＼年度	第1年	第2年	第3年	第4年	第5年	第6年
当期销售收入	0	674	1373	1619	2385	3100
期初流动资产	0	0	813	1241	143	1893
期末流动资产	190	813	1241	1433	1893	2983
流动资产周转率	0	1.66	1.34	1.21	2.34	1.27

(5) 固定资产周转率。固定资产周转率,也称固定资产利用率,是企业销售收入与平均固定资产净值的比率。表示在一个会计年度内,固定资产周转的次数,或表示每1元固定资产支持的销售收入。固定资产周转天数表示在一个会计年度内,固定资产转换成现金平均需要的时间,即平均天数。固定资产的周转次数越多,则周转天数越短;周转次数越少,则周转天数越长。其计算公式为:

固定资产周转率=销售收入÷平均固定资产

=销售收入÷〔(期初固定资产总额+期末固定资产总额)÷2〕

表 7-32　各期固定资产周转率　　　　　　　　　　　　　　　单位:W

年度 项目	第1年	第2年	第3年	第4年	第5年	第6年
当期销售收入	0	674	1373	1619	2385	3100
期初固定资产	0	850	850	1410	1940	3390
期末固定资产	850	850	1410	1940	3390	3920
固定资产周转率	0	0.79	1.22	0.97	0.89	0.85

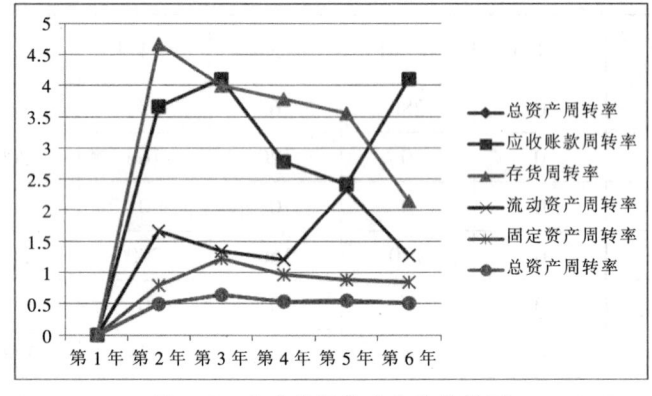

图 7-3　企业营运能力变化趋势图

从表 7-28、表 7-29、表 7-30、表 7-31 和表 7-32 以及图 7-3 可以看出,总资产周转率、应收账款周转率、存货周转率、流动资产周转率和固定资产周转率各不相同。其中存货周转率最好,其次是应收账款,然后是流动资产周转率,总体来说,应收账款周转率和存货周转率要优于流动资产周转率、固定资产周转率和总资产周转率。

存货周转率整体较好,反映出企业的销售效率高,库存积压低,运营资本中存货占比相对较小,这样可以提高企业经济效益。但存货周转率呈现下降趋势,主要由于从第三年开始,新建生产线逐渐开始生产,使在线在制品数量增多。应收账款周转率不断波动,主要源于每年订单的账期期限不同。

流动资产的流动性越好,短期偿债能力越强,该企业近年来流动资产周转率有一定的波动,但整体水平良好,说明流动资产利用效果较好,有一定的短期偿债能力。总资产周转率一直比较平稳，总体水平并不高，尽管六年销售收入不断增加，但资产增长水平也在飞跃增加。

三、杜邦分析法

（一）杜邦分析法的特点

1. 杜邦分析法最显著的特点是将若干个用以评价企业经营效率和财务状况的比率按其内在联系有机地结合起来，形成一个完整的指标体系，并最终通过净资产收益率来综合反映。

2. 杜邦分析法可使财务比率分析的层次更清晰、条理更突出，为报表分析者全面仔细了解企业的经营和盈利状况提供方便。

3. 杜邦分析法有助于管理层更加清晰地看到权益资本收益率的决定因素，以及销售净利率与总资产周转率、债务比率之间的相互关联关系，给管理层提供了一张明晰的考察公司资产管理效率和是否最大化股东投资回报的路线图。

（二）杜邦分析法的基本思路

1. 净资产收益率（也称权益净利率）是股东每投入一元资本在某一年里能赚取的利润，这个数值当然越高越好，净资产收益率是杜邦分析的核心指标。

2. 总资产净利率是一个综合性的指标，同时受到销售净利率和总资产周转率的影响，因此，要从销售成果和资产营运两方面来分析。

销售净利率反映了企业利润总额与销售收入的关系，从这个意义上看提高销售净利率是提高企业盈利能力的关键所在。要想提高销售净利率：一是要扩大销售收入；二是降低成本费用。而降低各项成本费用开支是企业财务管理的一项重要内容。各项成本费用开支的列示，有利于企业进行成本费用的结构分析，加强成本控制，以便为寻求降低成本费用的途径提供依据。

企业资产的营运能力，既关系到企业的获利能力，又关系到企业的偿债能力。一般而言，流动资产直接体现企业的偿债能力和变现能力；非流动资产体现企业的经营规模和发展潜力。两者之间应有一个合理的结构比率，如果企业持有的现金超过业务需要，就可能影响企业的获利能力；如果企业占用过多的存货和应收账款，则既要影响获利能力，又要影响偿债能力。为此，就要进一步分析各项资产的占用数额和周转速度。对流动资产应重点分析存货是否有积压现象、货币资金是否闲置、应收账款中分析客户的付款能力和有无坏账的可能；对非流动资产应重点分析企业固定资产是否得到充分的利用。

3. 权益乘数反映企业的负债能力，负债比率越大，权益乘数越高，说明企业有较高的负债程度，给企业带来较多的杠杆利益，同时也给企业带来了较多的风险。这个指标低，说明企业的财务政策比较稳健，负债较少，风险也较少，但获得超额收益的机会也不会很多。

(三) 杜邦分析法的财务关键指标关系

杜邦分析法中几种主要的财务指标关系为：

净资产收益率=总资产净利率×权益乘数

总资产净利率=销售净利率×总资产周转率

净资产收益率=销售净利率×总资产周转率×权益乘数

在杜邦体系中，包括以下四种主要的指标关系。

1. 净资产收益率是整个分析系统的起点和核心。该指标的高低反映了投资者的净资产获利能力。净资产收益率是由销售净利率、总资产周转率和权益乘数决定的。

2. 权益乘数表明了企业的负债程度。该指标越大，企业的负债程度越高，它是资产权益率的倒数。

3. 总资产净利率是销售利润率和总资产周转率的乘积，是企业销售成果和资产运营的综合反映，要提高总资产收益率，必须增加销售收入，降低资金占有率。

4. 总资产周转率反映企业资产实现销售收入的综合能力。分析时，必须综合销售收入分析企业资产结构是否合理，即流动资产和长期资产的结构比率关系。同时，还要分析流动资产周转率、存货周转率、应收账款周转率等有关资产使用效率指标，找出总资产高低变化的确切原因。

(四) 经营期的主要财务指标 (见表7-33)

表7-33 各期主要财务指标　　　　　　　　　　　　　单位：W

经营期	销售净利率	总资产周转率	权益乘数	资产净利率	净资产收益率
第2年	0.18	0.5	2.95	0.09	0.22
第3年	0.23	0.64	3.02	0.15	0.36
第4年	0.17	0.54	2.93	0.09	0.24
第5年	0.21	0.55	3.19	0.12	0.3
第6年	0.14	0.51	3.29	0.07	0.21

由表7-33可以看出，净资产收益率第三年比第二年高，一方面由于第三年的权益乘数大于第二年，另一方面是因为第三年的资产净利率也明显高于第二年；第五年的净资产收益率低于第三年的，主要源于第五年的资产净利率低于第3年的，再进一步细分，第五年的销售净利率和总资产周转率也都低于第三年的。

通过杜邦分析法，将影响这个指标的三个因素从幕后推向前台，使企业能够见到他们的庐山真面目。所以在分析净资产收益率时，就应该从构成该指标的三个因素分析入手。

由此可见，为了找出销售净利率及总资产周转率水平高低的原因，可将其分解为财务报表有关项目，从而进一步发现问题产生的原因。销售净利率及总资产周转率与财务报表和有关项目之间的关系可以通过杜邦分析图一目了然。有了这张图，可以非常直接地发现是哪些项目影响了销售净利率，或者是哪些项目影响了资产周转率。同时还涉及举债能力指标（权益乘数），可以说杜邦分析法是一个较为全面的财务分析方法。

四、全成本核算分析

（一）全成本核算分析

企业经营的本质是获取利润，获取利润的途径是扩大销售或降低成本。企业成本由多项费用要素构成，了解各项费用要素在总体成本中所占的比例，分析成本结构，从比例较高的费用支出入手，是控制各项成本费用的有效方法。

在 ERP 沙盘模拟课程中，从销售收入中直接扣除直接成本、综合费用、折旧、利息后得到税前利润。明确各项费用在销售收入中的比例，可以清楚地指明思考方向。

费用比例=费用÷销售收入

这一指标反映的是在单位销售额当中，该项费用所占的成本比率。比如，广告费用成本分摊比率为 0.23 时，说明在 1W 销售额中，广告成本占 23%。分摊比例越低，成本越低。

如果将各项费用比例相加，再与 1 相比，则可以看出总费用占销售比例的多少，如果超过 1，则说明支出大于收入，企业亏损，并可以直观地看出亏损的程度。

表 7-34　全成本分析表

项目＼年度	第 2 年 金额	费用比例	第 3 年 金额	费用比例	第 4 年 金额	费用比例	第 5 年 金额	费用比例	第 6 年 金额	费用比例
销售收入	674		1373		1619		2385		3100	
广告费	51	0.08	82	0.06	98	0.06	142	0.06	194	0.06
市场开拓和 ISO 认证	60	0.09	20	0.01	10	0.01	0	0	0	0.00
设备维护费和租金	60	0.09	80	0.06	100	0.06	160	0.07	320	0.10
直接成本	280	0.42	560	0.41	680	0.42	980	0.41	1240	0.40
产品研发	0	0.00	0	0.00	60	0.04	10	0.00	0	0.00
财务费用	60	0.09	95	0.07	143	0.09	232	0.10	443	0.14
管理费用	40	0.06	40	0.03	40	0.02	40	0.02	40	0.01
成本合计	521	0.82	877	0.64	1131	0.70	1564	0.66	2237	0.72

由表 7-34 可以看出，从第二年到第六年，费用比例均小于 1，说明各项支出小于收入，企业盈利，其中第五年费用比例最低为 0.66，说明本年成本控制较好；第二年成本比例最大为 0.82，主要是由于企业初建，花费 60W 市场准入开拓费和 ISO 资

格认证费用，费用比例为 0.09，直接加大了费用比例。此外，在各项成本费用里，直接成本是最大的一笔支出，其次是设备维护费和租金、广告费和财务费用，设备维护费和产能有关，产能越大，需要的设备相对增加，维护费就要增加。广告费和营销策略有关，财务费用和筹资策略有关，在每年的年度规划会议上就要做好整体战略规划，使整体成本趋于合理。管理费用是一项固定费用，产能越大，分摊的成本费用越小。

（二）影响成本的因素分析

1. 广告费用因素分析

广告费用不好的原因大致可以从以下几个方面考虑。

（1）市场定位不清楚

最简单的原因就是没有进入毛利大、数量大的市场，订单量不足。结果销售额过少，相对广告费用成本过高。

（2）产品定位不清晰

有限的生产能力没有定位在毛利大的产品上，低端产品过多造成成本过高。

（3）对竞争对手分析不足

"理性"与"非理性"对手往往影响自己的广告费用投入思考。缺乏对策会造成"优势订单"流失，或者成为盲目的"标王"，广告费用成本过高。

（4）缺乏费用预算控制

"预计销售额"与"费用预算"的关系考虑不足。比如广告预算应当控制在"总计划销售额"的 10% 左右。

由此可以看出，降低广告费用的成本分摊是需要仔细分析的。广告费用效益的优劣评价原则是通过使用最小的广告投入，拿回价格恰当、满足可销售量的销售订单。

2. 市场开拓与 ISO 资格认证费用因素分析

市场开拓与 ISO 资格认证费用效益不好的分析原因大致与广告费用情况相同。

3. 设备维修与厂房租金费用因素分析

此项效益不好的分析因素大致可以从以下两个方面考虑。

（1）缺乏生产线投资回报意识

不同生产线维修费不同，自动线和柔性线都是 20W，租赁线维修费为 65W，超级手工为 5W，自动线、柔性线和租赁线产能均为 4 个，超级手工产能为 1 个，是选择 4 个产品分摊到 20W 维修费用上，还是选择 1 个产品分摊到 5W 的维修费呢？

（2）误解资产与费用的关系

许多同学认为在沙盘经营中"租厂房"更合适。其理由是租大厂房租金每年 40W，6 年累计是 240W，而大厂房购买价格是 400W。

其实购买厂房属于"资产形式转换"，将流动资金转换为固定资金。而租金是费用，将计入成本。由于这种误解，许多团队的租金成本很大，利润不高。

由以上可以看出降低维修费用与厂房租金费用的成本分摊是需要仔细分析的。维修费用效益的提高思路应当是"淘汰"产能低的生产线，特别是手工生产线；租金费用效益的提高的思路应当是充分利用融资手段，购买厂房，降低租金。

4. 直接成本因素分析

(1) 生产加工费用考虑不周

手工生产线生产高端产品，加工费用很大。例如生产 P4 超级手工生产线加工费 10W，需要 2 个季度，而自动生产线加工费也是 10W，但只需要 1 个季度。所以生产高端产品不应使用超级手工生产线。

(2) 订单价格因素的忽略

多数同学在选择订单时，对订单的价格因素考虑不够，特别是产品库存大量积压时挑单往往"偏袒"于订单数量；现金流"窘迫"时偏好于应收款期限。而对价格对于直接成本的隐含影响没有感觉。

例如 P1 产品的直接成本是 20W，但 P1 价格差异很大，高价格可以达到 58W，低价格为 46W。

由此可见，直接成本效益提高的思路应当是"高端产品"使用产能高的生产线，订单也要兼顾销售价格因素。

5. 研发因素分析

(1) 产品定位不准

对各产品"毛利"、产品生产周期的思考不清晰。例如，对 P4 过早研发会造成不合理资金占用，过迟会影响销售量，结果势必造成研发成本过高。

(2) 资源使用过于分散

每年经营要考虑"集中优势资源歼灭战"，如果"坛坛罐罐"都不舍丢弃，势必会造成资源过于分散，研发成本过高。

6. 财务费用因素分析

(1) 融资策略失当

各种贷款中利息最低的是"短期贷款"。如果对资金链没有规划，没有"财务杠杆"意识，过多地进行长期贷款，财务成本势必很高。

(2) 现金流控制失当

缺乏现金流的控制意识，未理解"企业血液"的重要含义。特别是没有进行全年资金计划预算，在现金流"危机"时过多地使用"贴现"，造成财务成本很高。

因此，财务费用效益的提高思路应当是融资的前瞻规划、资金链的时时控制。

7. 管理费用因素分析

管理费用是一项固定费用，此项费用效益不好的分析因素只有一个——销售额太低。因为各团队的管理费用是相同的，销售额高的自然分摊比例小。

8. 全成本核算分析

将各项费用的成本分摊累加到一起，就形成了全成本核算数据，将各年的数据形成对比，可以有针对性地分析经营不善的原因，并找出管理改进的思路。

复习思考题

1. ERP 沙盘模拟演练时，是否真的就是零库存最优呢？适量的原材料和产品库存有什么作用？
2. 经过几年的经营，你觉得你的企业在哪些方面还存在不足？
3. 未来几年，你觉得你的企业应在哪些方面有所改进？
4. 经过几年的经营，你的哪些知识得到了应用？你还需要学哪些知识？
5. 你的哪些能力存在不足？哪些能力需要加强？

一试身手

想知道自己是否会用管理分析的工具及方法进行相应的各项管理工作？做好准备，智勇闯关吧。

1. 分析你经营的企业各期广告投入产出比，是否合理？
2. 对你经营的企业完成如下的财务分析。

	分析指标	第1年	第2年	第3年	第4年	第5年	第6年
盈利能力	毛利率						
	销售利润率						
	净资产收益率						
偿债能力	流动比率						
	速动比率						
	固定资产长期适配率						
	资产负债率						
成长能力	销售收入成长率						
	利润成长率						
	净资产成长率						
营运能力	总资产周转率						
	应收账款周转率						
	存货周转率						
	流动资产周转率						
	固定资产周转率						

3. 用杜邦分析法分析你所经营的企业，有哪些需要改进的地方？

第八章　ERP沙盘模拟经营心得和总结

章前导读

"一将功成万骨枯",这句话除了对战争残酷性的批判之外,还揭示了一个更加深刻的管理学问题,那就是完全依靠管理实践在实战中培养管理者,其代价是极其惨重的,任何组织和个人都难以承受如此巨大的培养成本。战场上的火线历练固然可以培养攻无不克的将军,大范围的岗位轮换也是培养经营型管理人才的有效方法,但这些方法同样会使组织付出高昂的培养成本,承受极大的失败风险。在沙盘活动中可以找到那种在没有硝烟的战场上厮杀的快感;见识到那种运筹帷幄之中,决胜千里之外的智慧;也可以经历一招不慎,满盘皆输的惨痛;更可以体味到那种置之死地而后生的幸运。

教学目标

本章主要学习ERP沙盘模拟的心得体会。

一、ERP物理沙盘模拟对抗比赛总结

"心态开放、亲力亲为、团结协作、换位思考",我们就是在这样的职位分工原则下,参加了紧张而又激烈的ERP沙盘模拟对抗赛。我作为小组成员,在这里总结一下这次比赛后我从中得到的一些经验。

总的来说,我们应该用一种战略的眼光去看待业务的决策和运营,我们要根据产品的需求预测作出正确而有效的企业运营决策,然后在资金预算允许的范围内,在合适的时间开发新产品,提高公司的市场地位,在此基础上,开发本地市场以外的其他新市场,进一步拓展市场领域,从而再扩大生产规模,采用现代化生产手段,努力提高生产效率。另外,六个人还要各尽其责,在必要的基础上,充分利用其他企业良好的人力资源,为企业进一步发展作铺垫,从而使企业获得更好的经济效益。

从小的方面来说,每组中必须指定一个负责任务清单的核查人员。每一步都需要安排六个人集中精力去听,去做,不能出一点差错。否则,会直接导致本年的报表不平或是下一年的任务混乱。企业运营过程中,以下几点至关重要。

(一) 广告

1. 每年年初打广告时,要注意在上年年末时留存的现金,要保证足以支付下年

的广告费，如若不够，则要立即贴现，留够下年的广告费，再做报表。

2. 第一年投广告费时，一定要占领本地市场龙头地位，而在以后几年市场竞争激烈时，至少要保住一个市场地位。另外，要问清楚评委老师有没有"二次加单"，如若没有，则营销总监只能根据市场预测一次性地投入广告费，这就从根本上给营销总监打广告增加了一定难度，这就需要更好地预测及推测市场情况。

3. 在接下来几年的运营中，广告费至关重要，一定不可马虎。只有广告打好了，才能保证拿好订单，否则，即使企业的生产能力再强，如果订单没拿够，那么生产出的产品在库存积压卖不出去就又成了问题。如果订单拿够，而产品不够，应及时考虑到其他企业，也就是周围的人力资源，做彼此间的交易，以确保企业的正常运行与稳步发展。

（二）登记销售订单

1. 一定要认真，细心。

2. 每种产品的直接成本一定要计算清楚，不能混淆。否则，将直接影响到计算毛利及净利润，从而导致报表的不平。

（三）有关长期贷款、短期贷款、高利贷

1. 如果企业在第一年的第一季度申请短贷，则要在第二年的第一季度还本付息。如果所有者权益允许，则还可续借短贷，但要支付利息。如果是企业能力允许的情况下，短贷也可提前还款，同时支付利息。

2. 企业要充分利用短贷的灵活性，根据企业资金的需要，分期短贷，这样可以减轻企业的还款压力。

3. 长贷短贷在每次还款时，都要先看贷款额度。

4. 申请贷款时，要注意一点：所有者权益×2=A，则：长贷<=A，短贷<=A，长短贷一定要分开计算。

（四）原材料入库及下原料订单

规则中规定：原材料采购需提前下达采购订单。而只要下了订单，都必须入库。所以采购经理和运营总监一定要根据 CEO 的决策提前预算出每季度每种材料下订单的个数及入库产品的种类和个数。

（五）产品研发投资

1. 一个好的企业不会局限于生产单一的产品，否则是不会长久的。

2. 越是有实力的企业，它推出的产品在市场划分中就越细，而没有远见的企业一般只会去做一种产品，所以说在"产品研发投资"上，我们应在预算允许的前提下开发多种产品，从而提高企业的市场地位，为公司的长远发展做打算。

（六）折旧

1. 当年新投资的机器设备当年不计提折旧。

2. 在计提折旧时，按年初设备价值的 1/3 计算（不计小数部分），如果设备价值小于 3M，则每年折旧 1M，直到残值为止。在折旧方面，我们应尤为注意，不能出错。

（七）新市场开拓投资，和 ISO 资格认证的投资

这里要注意的是，ISO 资格认证的投资只针对市场不针对产品。

从以上我们可以看出，一个好的企业需要有一种好的团队协作精神。比赛时，企业的起点都是一样的，当我们用数学的角度来观察它时，会发现企业的运行模式好似一条开口方向向上的抛物线。这就使我们想到必须想办法提高第二年的销售额，做到第二年尽量少赔，然后再充分发挥每条生产线的作用，以保证以后几年企业的顺利经营运行。但在比赛时，由于我们预算的不准确，没有"居安思危"的态度，以致企业在第三年时跌入低谷，这使我们每个人都明白了企业顺利运行的大忌是"急于求成"，另外，我们没有充分利用其他组良好的人力资源也是我们的教训之一。总之，这次比赛使我们每个人都受益匪浅，我们也真正体会到了"稳"中求"胜"的重要性。

二、"用友杯"全国ERP沙盘模拟大赛心得体会

ERP（企业资源计划）其基础背景设定为一家已经经营若干年的生产型企业，每组各代表不同的一个虚拟公司运营 6 年的过程，在这个训练中，每个小组的成员将分别担任公司中的重要职位：总裁（CEO）、财务总监（CFO）、营销总监（CMO）、生产总监（COO）、采购总监（CSO）。几个公司是同行业中的竞争对手。在面对来自其他企业（其他学员小组）的激烈竞争中，做出发展决策。以下是我在"用友杯"大学生 ERP 沙盘模拟对抗赛中总结的几点经验。

1. 研究

（1）研究物：规则、市场预测、生产投资回收期

我们的决策全部都要在规则下制定，同时更需要符合市场的需求，如何投入生产线及产品？首先要弄清投资回报率和投资回收期。

（2）研究人：竞争对手、自己

弄清对手的发展状况，确定谁是我们真正的对手，同时给自己定位。

2. 思路

策划大师王志纲说过："思路决定出路。"我们可以把决策分成以下几个方面。

（1）产品

产品专业化：选好毛利比较高的产品，我们可以做到重点生产某种产品或是只生产某产品，选好自己的主打产品，做好品牌。

（2）市场

市场专业化（集中化）：某种产品对应某个市场，做好产品、市场、时间的三围坐标体系，看好某重要市场。做好市场老大，也是比赛中稳定发展的好方法。

市场全面化：开发市场可以选择所有市场，但是同样做好产品、市场、时间的三

围坐标体系，重点看好要投资的那个市场，这样更能取得高利润。

(3) 生产线

全自动/柔性/半自动/手工

投资生产线一般投资全自动、半自动，柔性和手工几乎不在后期开发。

选择时间投入：A、为使得少提折旧可以选择生产线在某年第一季度建成。B、最好使生产线和产品同一时间研发完成。C、转产最好选择手工线，其他一般不转产。（特殊情况特殊对待）

(4) 融资渠道

贷款（长/短/高）：贷款和权益有关，第一年末长贷款做好，选择贷最高额（因为权益在年年下降，不贷没有机会了），长贷用于生产线投资产品研发，短贷用于维护生产和生产周转。（注：不到迫不得已不贷高利贷）

贴现：预算好，做到不贴现，贴现 1/7 的钱没有，多可惜！还减少权益！

出售厂房：出售厂房也是给你带来投资新生产的好办法。但是要预算好，做到良好运用。

3. 中心

(1) 以"权益和加分项提高"为中心

我们比赛中最后得分是：权益×(1+加分项/100)

所以你要做的每一步都要看是否影响权益的减少，哪些是加分项，在加分项和权益抵触的时候怎样选择。

(2) 以决定的决策为中心执行

"决策是民主的，执行是独断的。"我们不能在执行时拖延，"正确决策需要强硬的执行力。"所以要求我们的总监在决策时候发挥自己的创新点，在执行时候根据目标执行。

4. 回顾

回首一路走过的 ERP 对抗赛，每次比赛都是变化百般的，在这里没有什么模式可以照搬，小小沙盘中蕴涵了我们每位参赛选手的智慧，同时也贯穿了我们学习中的《财务管理》、《企业战略管理》、《生产运作管理》、《市场营销》、《市场调查与预测》等各门课程知识，真正将我们的知识运用到实践里。在沙盘中我们总结出以下几种战略方案：

(1) 占山为王

在每次比赛中，本地市场的各种产品销售和毛利都较高的市场，首年投入高广告费占据好市场老大，同时高额贷款扩大生产，运用产能占据第一，让别人望尘莫及。

(2) 厚积薄发

前期减少广告费投入，积聚力量扩大生产和产品研发，最后运用良好广告投入的方式，在后几年占据有效市场，最终超越别人。

(3) 遍地开花

本方案建立在完全认清市场的情况下，市场全部开发，合理的广告（好钢用在刀刃上）可以把自己的产品销售到毛利最高的市场上去，从而获得较高的销售额。

我们本次"用友杯"全国财经类大学生ERP沙盘模拟对抗赛，运用了厚积薄发、遍地开花的结合体，我们做到了前几年权益减少的小，同时生产线跟上，保证产能，最后才能在比赛中取得优异成绩。

三、"用友杯"全国ERP沙盘模拟大赛攻略秘笈

通过和多位ERP沙盘高手、指导教师交流探讨后，加上一点自己的研究，总结出以下一些规律性知识，希望能给ERP沙盘爱好者一些实用性的帮助。

（一）整体策略篇

俗话说："凡事预则立，不预则废。""未曾画竹，而已成竹在胸！"同样，做ERP沙盘模拟前，也要有一整套策略成型于心，方能使你的团队临危不乱，镇定自若，在变幻莫测的比赛中笑到最后。

1. 力压群雄——霸王策略

（1）策略介绍

在开赛初，筹到大量资金用于扩大产能，保证产能第一，以高广告策略（后面有详细介绍）夺取本地市场龙头地位，并随着产品开发的节奏，成功实现P1向P2，P2向P3的主流产品过度。在竞争中始终保持主流产品销售量和综合销售量第一。后期用高广告策略争夺主导产品的最高价市场的龙头地位，保持权益最高，使对手望尘莫及，难以超越，最终直捣黄龙，夺得头筹。

（2）运作要点

运作好此策略关键有两点，一是资本运作，使自己有充足的资金用于产能扩大，并能抵御强大的还款压力，使资金运转正常，所以此策略对财务总监要求很高。二是精确的产能测算与生产成本预算，如何安排自己的产能扩大节奏？如何实现零库存？如何进行产品组合与市场开发？这些都将决定着最终的成败。

（3）评述

采取霸王策略的团队要有相当的魄力，敢于破釜沉舟，谨小慎微者不宜采用。此策略的劣势在于如果资金或广告在某一环节出现失误，则会使自己陷于十分艰难的处境，过大的还款压力，可能将自己压至破产，像霸王那样自刎乌江，所以此策略风险很高。

2. 忍辱负重——越王策略

（1）策略介绍

采取此策略者通常是有很大的产能潜力，但由于期初广告运作失误，导致权益过低，处于劣势地位。所以在第二三年不得不靠P1维持生计，延缓产品开发计划，

或进行 P2 产品开发，积攒力量，渡过危险期。在第四年时，突然推出 P3 或 P4 产品，配以精确广告策略，出其不意地攻占对手们的薄弱市场！在对手忙于应对时，自己早已把 P3、P4 的最高价市场把持在手，并抓住不放，不给对手机会，最终称霸中原。

（2）运作要点

此策略制胜的关键点在于广告运作和现金测算上，因为要采取精确广告策略，所以一定要仔细分析对手情况，找到他在市场中的薄弱环节，以最小的代价夺得市场，减少成本。其次，因为要出奇兵（P3 或 P4），但这些产品对现金要求很高，所以现金测算必须准确，因为现金断流倒在其次，关键是如果完不成订单，那将前功尽弃，功亏一篑。

（3）评述

越王策略，不是一种主动的策略，多半是在不利的情况下采取的，所以团队成员要有很强的忍耐力与决断力，不要为眼前一时的困境所压倒，并学会"好钢用在刀刃上"，节约开支，降低成本，先图生存，再想夺占。

3. 见风使舵——渔翁策略

（1）策略介绍

当市场上有两家实力相当的企业争夺第一时，渔翁策略就派上用场了，首先在产能上要努力跟随前两者的开发节奏，同时内部努力降低成本，在每次新市场开辟时均采用低广告策略，规避风险，稳健经营，在双方两败俱伤时立即占领市场。

（2）运作要点

此策略的关键第一，在于一个稳字，即经营过程中一切按部就班，广告投入、产能扩大都是循序渐进，逐步实现，稳扎稳打。第二，要利用好时机，因为时机是稍纵即逝的，对对手一定要仔细分析。

（3）评述

渔翁策略在比赛中是常见的，但要成功一定要做好充分准备，只有这样才能在机会来临时，一下抓住，从而使对手无法超越。

（一）ERP 沙盘模拟各环节操作总结

团队 CEO、财务总监、生产总监、供应总监和营销总监。CEO 需要有总揽全局的魄力和眼光，财务总监要细心并且财务基础扎实，生产总监和供应总监需要精确的计算能力，而营销总监需要灵活的头脑和信息搜集能力。建立一个多样化有实力的团队，是公司成功的第一步。

游戏模拟真实经营，一旦做出决策就无法更改，所以每一步操作时一定要选对，避免点完了才发现点错了，甚至可能因一步失误而破产。企业经营的目标是股东权益最大化，它标志着企业的实力或发展潜力，它也是判别胜负的最主要因素。同时，也是银行计算借款限额的依据。因此，在经营中要时刻以权益为中心去考虑问题。

在沙盘比赛中想拿到好成绩的秘诀是：保权益、挖资金、提产能、多拿单、找冷门。

1. 公司战略制定

（1）明确企业厂房是买还是租以及时间点的把握。

（2）明确生产线是建中低端的手工线、半自动线，还是直接建中高端的全自动或柔性线；生产线的折旧，以全自动为例，还要明确第一季度建与第二季度的区别。

（3）明确 P1、P2、P3、P4 分别决定何时开始生产、何时开始研发；做好产品与市场的配合。注意厂房建设与生产线、产品研发在时间上的匹配。

（4）区域、国内、亚洲和国际市场的开发是否都要在第一年开始；ISO 认证最早什么时候投入；

（5）原材料采购、生产的人工费、行政管理费、生产线折旧、利息等都需要花钱。在开始一两年没有多少销售利润的情况下，如何省着花钱是需要特别注意的。

（6）至少制定三年的投资方案，最好将六年的方案提前制定。

在制定企业战略规划时，要注意突出重点、出奇制胜、长远思考。突出重点，是指一个企业要有自己生产营销的重点，比如公司在营运之初选择了重点发展产品 P1、P3，重点开拓本地和国际市场等，在考虑别的公司的战略基础上，避其锋芒，出奇制胜。比如，通过观察别的团队的风险偏好程度，确定自己公司的广告投入计划。长远思考，是指不要跟风盲目，坚定目标，目光长远，注重未来企业长期发展，不要只看短期盈利。

2. 市场角度

（1）本地市场，兵家开局必争之地。前三年 P1、P2 价格上涨，四年之后价格下滑。前三年可以为后期积累大量的资金，缓解贷款高利息所带来的压力。中后期可以持续经济资源，建议争夺。积压产品对前期资金短缺发展非常不利，市场第一不是 1=1 的关系，是 1=1+1 的关系，一次广告争夺成功=两次主动占据市场龙头。

（2）区域市场，开发期短，市场需求量大，三年后价格明显下滑，可以在前三年赚取足够利润后第四年退出。

（3）国内市场，该市场的成型时期与 P3 产品的开始期极其接近，也正是 P2 产品的成熟期，此市场利润很大（相对 P2 与 P3 来说）。

（4）亚洲市场，开发期长，P3 的成熟期，有 ISO 认证要求，但是利润远远大于申请认证所花费的资金。此年可以放弃区域市场的争夺而转向亚洲市场。

（5）国际市场，P2、P3、P4 的价格平凡，但是 P1 的价格极大限度地回升，要想争此市场，至少要留 1 条 P1 生产线。国际市场第六年对 P1 产品需求量较大，产品价格也较高。

注意分析主流市场和非主流市场。如本地市场是兵家必争之地，可参与竞争，也可人弃我取，占领非主流市场。

3. 产品角度

(1) P1，成本低，前期需求大。前两年无疑就是 P1 的争夺战。主要销往 3 个市场：本地–区域–国际。

(2) P2，成本不高，需求量稳定，材料补充快，研制周期短，倘若第一年本地市场老大位置没争夺到，可以利用提前开拓 P2 来争取区域市场老大位置。在第 3 年之后，可以由 P2 向 P3 转移继而争夺国内甚至亚洲老大位置。

(3) P3，利润高，研发成本高，可以作为后期压制对手与翻盘的一把利剑，建议在第 3 年后主要生产 P3 来压制科技慢的企业。可以说谁控制了 P3 市场，谁就能控制国内与亚洲市场。

(4) P4，研发成本高，研发周期长，虽然说利润不菲，但是要求高，可销售时间不长，只有 2~3 年销售期。

用产品生命周期理论分析各产品的生命周期，在经营的开始阶段，P1 处于衰退期，P2 处于成熟期，P3 处于成长期，P4 处于介绍期。

产品研发注意完成时间与生产线建成开始时间匹配，例如 P3 第三年开始价格上涨，若想第三年卖 P3 产品，建议第一年第三季度开始研发。产品研发根据市场需求预测判断，防止出现产品完成而市场无需求的情况。

4. 广告角度

想把商品卖出去必须抢到单子，如果小打广告小卖产品所得利润只能填补广告费与运营费用，但是贷款的利息逐年扣除，为了维护自己的权益，必须适量销售产品。

每年打广告时，要特别注意一下留存的现金，要保证足以支付广告费，如若不够，则要立即贷款。市场老大要不要命？这历来是困扰受训者的一个难题。广告费一定要有一个数量的限制，超过则风险较大。在开始经营年份争得的市场老大，还有保持的问题，因为计算比赛结果时第五年的市场老大才有加分。如果估计其他模拟企业广告投入较高，本企业可采用少投广告，不争老大，保存实力的策略，坐收渔利。

至于广告费的多少可以从多角度考虑：如果发现各个企业都大量囤货时，可以避其锋芒保单即可，也可以大胆压制，消耗对方的广告费，哪怕比第 2 名多投 5M。利润不在于所赚的毛利有多少，而在与对手拉开的差距有多远，压制是一种保本逼迫对手急躁犯错的战术。

打广告要看未来各市场的订单总量预测和竞争对手的拿单趋势，花钱打了广告，有多少订单能拿的，到底拿多少订单，还要看自己的产能，不仅要看当下已有生产线的产能，还要看是否当年可以投资新的生产线。要重点做某个产品，就得重点在该产品上投广告，该产品可以在已开发完成的本地、区域、国内、亚洲和国际五个市场上分别来投。广告费可以每个产品分区域投或同地区多产品的情况投少点。

广告投的多有优先选单权，容易选高利润订单，根据自己企业的资金预算结构合理投广告，因为广告的弹性很大，争取用最少的广告实现最多的产品销售，而不对财务造成很大的风险。严格按照企业生产产能选择产品订单，做到"零库存，零违约"。

5. 资金角度

企业在运营中，资金是一个非常重要的因素。资金是企业运行的血脉，在权益下降时适时贷款是一个企业发展的必要决策，资金安排不好轻则造成浪费、将利益拱手让人；重则造成企业的破产，多年苦心毁于一旦。现金流前期规划特别重要。

在模拟经营时有些参训者不借贷款，自力更生，以避免利息费用的发生，但往往最后效果不佳。经济理论已经证明，股东是欢迎企业借贷的，因为这样使股东的权益报酬率增高。现在绝不是老死不相往来的原始社会，借贷能达到用别人的钱来为自己赚钱的目的。在模拟经营中要适当借款，以应付庞大的开支和加快建设速度。

(1) 申请贷款时，要注意一点：所有者权益×2=A，则：长贷<=A，短贷<=A，长贷和短贷是分开算利息的，短贷的利息低，可是一个企业要有所突破，光靠短贷根本无法维持，最好的方法就是长短贷相结合。贴息可以缓解经济压力，开始贴息换来的代价就是权益的下降，具有双面性。

(2) 短贷本息是在借入年份下一年度相对应的季度归还，如果企业在第一年的第一季度借短贷，则要在第二年的第一季度还本付息。如果所有者权益允许，则还可续借短贷，但要支付利息。如果是企业能力允许的情况下，短贷也可提前还款，同时支付利息。注意提前做好预算，年末利息计入财务费用。

企业要充分利用短贷的灵活性，根据企业资金的需要，分期短贷，这样可以减轻企业的还款压力。并分摊于各个季度滚动使用，最佳比例是长短之比9:12。

(3) 长期贷款前期就要借足，长贷本息、广告投放计入第二年现金流，并于下年初扣除，注意本年第四季度做好预算，若年末需贴现投广告，可以选择当年结束之后再贴现。实在不得已的情况下可以将未来支付的应收账款踢贴现来获取现金，所以建议在完成账期长的订单后选择贴现，这样就不影响短账期订单的收益，而且便于总体提高收现速度增加现金。

(4) 贷款的预算，更要注意，资金周转的最大杀手是前期的贷款到期了需要还本，有时候，又会因为贷款额度的原因，赶不上以贷还贷，这种状况下破产来的是非常的轻而易举。

6. 生产线角度

想占取大面积市场份额必须能销售大量的产品，没有坚固的生产线根本无法与对手竞争，即使有单也未必敢接，造成了毁约更是得不偿失。

(1) 手工生产线，灵活，但是产率低，同样一年1M的维护费用，但是产率远远不及其他生产线。转产灵活与折旧费低是它的优势。

(2) 半自动生产线，产率比手工生产线高，但是不及全自动与柔性线，转产周期限制了它的灵活性，相对来说，是前两年比较实用的生产线。

（3）全自动生产线，产率是最高的，折旧费用适中，既使产率最大化，也让自身效益保持稳定耗损。唯一不足的就是灵活性差，转产周期长，不建议转产，可用到最后。停产半年所造成的损失远比转产后所取得的经济效益大。

（4）柔性线生产线，最灵活，产率最高的生产线。缺点是折旧率高，不建议多建设，准备一条转产备用即可。并且可以于拿取订单时灵活变化，但是价值高折旧多。

（5）变卖生产线必须是在已建成或停产时，一般情况尽量不卖。转产时间点与产品生产的计算，算准确可以防止生产线停产而浪费生产线。提前做好产品生产的预测，例如转产要与原材料相配合，准确确定后再订货。

（6）生产线选择：首先排除手工生产线，它的生产周期太长，不适合于发展。而柔性生产线又过于昂贵，影响现金流，更会影响对权益的控制。在半自动与全自动之间，由于空间因素的影响，全自动的优势显而易见。所以在六年的发展中，为使效益最大化和权益最优化，全自动生产线是不二之选，因为折旧率直接和权益挂钩，产率和分值是和柔性线相等的，实为竞争利刃。全自动线从第二季度建，柔性线一季度建，这样可以节省一年的折旧费和一年的维护费。

因为厂房可买可租，但生产线必须买，相比加分，买生产线会比较值。比如买一厂房 A，需要一次投资 32M，而租六年，租金总共才 24M，省 8M 与加 15 分比，到底选择哪个？买生产线，24M 买一条柔性生产线，加 20 分，从加分角度看比较值，但柔性线和全自动线比，产能一样，买全自动线能省 8M，在确定 6 年可能要保证某个产品的产能的情况下，建全自动线比较值，还能加 15 分。

（7）合理安排搭配生产线与市场开发。要根据市场趋势做研发产品，再根据所研发的产品做生产线的搭配，开发周期和生产线的安装周期要统一。在市场的驱动下，不断的替换低效率的生产线，高效率的生产线虽然投资比较大，但是生产效率高。前期是积累，订单数量不会太多，生产能力要求不高，但到第四年以后订单数量会剧增，所以生产能力成为制约企业发展的关键点。市场开发也必须配合生产能力跟上，但也不要盲目扩张，浪费资金。

7. 原材料

（1）要随时检查原料储备和生产情况及时下订单，避免下期生产时没原料，生产线空置很浪费的！

（2）年末仓库中最好不要有多余的原材料，如果可以，尽量实现零库存。

（3）准备预测各种原材料的需求量。在下原料订单时，要看下季度再投完成的生产线的用料、下季度完工入库后可上线生产的生产线用料、下季度新建的立马就能生产的生产线的用料。还要看生产各种产品的用料多少（即 BOM 结构）。例如预计 P3 产品拿单不足会有库存，那可以考虑提早下几个 R1 原材料，拿单时拿到 P1 产品的就可以及时生产。

8. ISO 认证与折旧

（1）认证可增加选单的机会，市场单价也较高，若所有条件相同，则先选择没有认证要求的订单。

（2）第二年起有了 ISO 单子，注意市场预测信息对认证要求的提示，注意 ISO 认证完成时间与市场需求的衔接。

（3）折旧只影响所有者权益，不影响现金流。

ISO9000 和 ISO14000 必须开发出来，晚一点都没关系，因为后面很多单都是需要这两项认证的。随着产能的提升，少量的市场不能为我们提供足够的订单，而有些订单中的 ISO 又决定着是否可以选择该订单，根据以往经验，需要 ISO 的订单往往价格高一些。所以，有必要开发所有的市场和 ISO。

9. 订单

（1）在订单会上企业的唯一目标是多拿单，拿好单。在订单选择时，常见的选单原则有：总额最大，产品数量较多时采用；单位毛利大，产品少时采用；账期最短，资金紧张时用。

（2）广告投放和订单选择至关重要，要综合考虑生产能力还有账期，确保及时交货并尽量在年底前拿到钱，避免超期罚款以及关账时现金或权益不够。

（3）现金吃紧的话选些 1 个账期就能到账的订单，一般选择 2 个账期到账的比较适中，3 个账期的话除非成品库已经有货，不然年底不好完成订单。

（4）每个订单所需产品数量要仔细算算，能在年底正好零库存当然最好，但一定不能超过生产能力。

（5）要及时记录已定订单和库存及当年生产能力。

10. 交单

（1）订单违约只能整体违约，不能部分交单，所以万一会违约，那先交大单，留小单违约。

（2）交订单后开始计算应收款的账期。

（3）违约订单可以考虑违约，也可以考虑紧急采购，但是要计算哪种对当年权益影响小。

（4）交单应于更新应收款后进行，注意不要在当季漏交，会影响应收款回收时间。

（5）应收账款应主动去收，如果未及时收回，系统会存放待下次收取，若要贴现则贴三、四季的。

11. 税

（1）权益在股本以下不交税。

（2）权益回到股本及以上的年度开始交税，首先将利润的一部分补平股本权益，剩余部分按比例交税。

(3) 税在投放广告时一并支付，应在上一年度末做好预算。

四、学生对经营规划的再思考

学生个人总结对经营规划的再思考（一）

（一）用博弈的思想制定战略

在拿到参赛规则的那一刻，首先分析参赛规则，考虑各种可能性，并分析对手的各种可能性，为每一种可能性制定一种战略。通过分析产品的市场需求预测，我们发现 P2、P3 属于高利润产品，同时，P2、P3 也属于高竞争力产品。当我们决定研发 P2、P3 的时候，同时也应该想到，像这种高利润产品组合有多少组会因为高强度竞争力而放弃，选择其他产品组合。当我们选择 P2、P3 的产品组合时，生产的比例又该如何分配，1:1、1:3、3:1，考虑到竞争对手的各种可能性，我们要能够灵活的在这三种比例中进行转换，于是，初期生产线选择了两条柔性、两条自动。初期对对手了解较少，不知道对手风险偏好，战略的制定就有一个博的过程，最好的结果是选择了竞争较小的产品，这样就能用很少的广告费销售出更多的产品，提高毛利润。一旦了解了对手的策略后，战略渐渐转向弈的过程，这时可以根据波特五力分析或 SWOT 分析来调整策略。根据 SWOT 分析有四种可选择的战略，如下表表 8-1：

表 8-1 SWOT 分析的战略

内外部因素	优势（Strength）	劣势（Weakness）
机会	SO 战略（利用优势，抓住机会）	WO 战略（利用机会，克服劣势）
威胁（Threat）	ST 战略（利用优势，减少威胁）	WT 战略（将劣势、威胁最小化）

就比如说我们在省赛中，我们 P2、P3 的战略奠定了我们产品差异化的基础，那么在第三年，我们用 SO 战略进行调整，利用优势，抓住机会扩建了两条线，从而进一步制造优势；而在第六年，因为我们第五年的失误，劣势尽显，这时我们利用竞单机会，克服销售额下滑的劣势，又一次超越对手。

（二）用战略的眼光看待业务决策和运营

同样的起点，不一样的战略眼光，衍生出各式各样的结果。

在 ERP 沙盘模拟大赛中，首先根据产品的市场需求预测作出正确而有效的业务决策，然后在资金预算允许的范围内，在合适的时间开发新产品，提高企业的市场竞争地位，在此基础上，进一步拓展市场领域，扩大生产能力，从而扩大生产规模，采用现代化生产手段，努力提高生产效率，使企业处于良好的运营状态。

从小的方面来说，财务总监的每一笔资金预算都是在总体战略思想的指导下发生的，生产总监的每一步运营流程的操作都是在大的战略指导下执行的，营销总监的每一笔广告投入都是根据总体战略思想来实现的，采购总监的每一单原料订单都是在与生产总监的密切配合下、实现"零库存"的原则下下发的。

1. 筹资

ERP 沙盘比赛中，筹资方式主要有两种：贷款和贴现。在不同情况下，这两种筹资方式各有千秋。

(1) 贷款

财务掌握着整个企业的命脉，银行贷款则是一个企业正常经营运作资金来源的重要保障，合理运用贷款优势，帮助企业渡过艰难时期。一般来说，长贷还款压力小，短贷利息少，根据长短贷这样的特点，我们制定如下贷款策略。

① 长短贷结合，利用短贷利息低的优势，灵活采用滚动短贷。

② 分期短贷，减轻还款压力。

③ 1、4 期少贷，2、3 期多贷，结合应收账款合理分配短贷。

④ 长期贷款灵活选择年限，减少不必要的财务支出。

⑤ 时刻关注贷款额度及所有者权益。

(2) 贴现

在 ERP 沙盘模拟经营中，贴现是将未到期的应收账款按一定比例贴现利息费用后兑换成现金的融资方式。贴现数目灵活，可以根据资金缺口灵活变动。在前期，企业属于扩张时期，资金比较紧张，这时尽量选择贷款比较好；在发展后期，企业可贷量增加，应收账款一般比较多，现金流一般比较充裕，这时，若出现资金缺口，贴现比较划算。

2. 广告及竞标

广告的投放决定着一个企业的市场地位，一个企业可以引导市场，也可以适应市场，选择不一样，结果也不一样。更深一步分析，企业要盈利，必须多卖产品，要想多卖产品，就必须投好广告费，拿好的订单。

(1) 深入分析产品市场需求预测，由产品来引导市场。

(2) 合理分配不同市场的广告额，抢占市场优势。

(3) 避开最高价格市场，强攻中间价格市场，用最少的广告额夺取最高的利润。

(5) 严格按照企业生产产能选择产品订单，做到"零库存，零违约"。

(6) 根据自己企业的资金预算结构合理投广告，因为广告的弹性很大，争取用最少的广告实现最多的产品销售，而不对财务造成很大的风险。

竞单其实是企业发展的一个机遇，抓住这个机遇，企业可能一下子赶超很多其他企业，当然竞单也有很大风险，可能会出现成本价竞单，恶性竞单等行为，一旦竞单失败，可能会功亏一篑。

3. 原料订单

生产与原料订单之间就如同人吃饭一样，你有多大胃口就买多大量的饭。胃口足够大，饭量太少，不足以满足需求；胃口太小，饭量太多，吃不了积压浪费。

(1) 严格按照企业生产能力下订单。

（2）每年初做好当年订单预算，按规则提前下订单。

（3）采用"零库存"原则，与财务紧密结合。

4. 生产操作

生产是一个执行过程，同时也是一个决策过程。企业总体战略决定了生产线的结构，而生产总监则根据产品订单情况决定着产品的出库，产品的转产。

（1）严格按照运营流程表中的步骤操作，不提前不推后。

（2）严格掌控生产产能，清晰了解每季产品出库情况。

（3）灵活使用柔性生产线，提前应收款回收季度。

（三）用思考的角度看待结果

一个分数并不代表最后的结果，一个结果也并不意味着结束。一个好的企业需要有一种好的团队协作精神，任何一家好的企业都是一个好的团队，团队之间的分工与协作造就了一家成功的企业。在ERP沙盘模拟中，任何一个职位都与其他四个职位环环相扣，紧密联系。

1. 团队中的五个人必须有很强的团队意识和强大的凝聚力，这项工作本身就是一项相互配合且在相互帮助中完成的工作，每个人都负有别人不可替代的任务。同时，我们应在熟练的掌握和把握自己的本职工作的基础上，也要有全局意识，自己的工作能顺利的完成并不代表着整体的工作是一个良好的发展趋势。

2. 详细的现金流量预算对企业的发展起着至关重要的作用，而比赛中预算的时间往往不够，因此提前准备十分必要，比赛的过程中，根据每年的实际情况进行调整。现金预算必须精确到每项费用的支出，并且熟悉经营的每一步骤将会给公司带来的现金流入与流出，尽量避免贴现的发生。

3. 有比赛就有博弈，那么比赛的输赢不仅仅在于自身公司的经营状况，还在于我们的对手，因此在比赛的过程中分析对手的经营状况就显得十分必要，所以，我们要充分了解竞争对手的经营状况，如生产线构成、产品研发资格、ISO认证、现金流量、销售收入、贷款额度、所有者权益等基本数据，以便进行比较、分析。

4. 团队协作与沟通方面。每个策略的制定都需要各个成员的积极沟通和配合，CEO在这当中起协调和统筹作用。每个策略的执行需要每个部门的有机衔接，在任何一个环节上都必须保持信息的畅通。

5. 要重视市场环境的变化，不能凭一时的冲动轻率作出决定，而是考虑得到企业的收益即可利用资源，权衡利弊，统筹安排。

6. 产能也是及其重要的，企业发展到后期就是以资金和产能为基础的企业之间的较量。

7. 企业的资金压力来自两方面：一是扩大生产，二是市场开拓、资格认证等一系列的包含在综合费用里的支出。前者的资金是不能动用的，因为生产才是利润的来源，但是后者是我们可以控制的，比如灵活选择ISO资格认证的时间。

8. 开源节流始终是王道，做好计划才能有条不紊，控制时间很重要。

五、学生个人总结对经营规划的再思考（二）

结合上课所学以及以前的比赛经历，我想谈一谈关于 ERP 比赛的一点认识，下面将从企业如何贷款、如何生产、如何采购、如何进行营销等几个方面结合数据来进行分析。理论总是枯燥乏味的，我只想从实战的角度来写这篇文章，希望大家看到这篇文章之后有所收获。

（一）关于总成绩是如何计算的

1. 成绩计算的公式

在比赛中，企业的经营时间是六年，也就是说每个小组要经营到第七年年初，最后根据总成绩来排名。现在来看一下总成绩是怎么计算的。

总成绩=所有者权益×（1+企业综合发展潜力/100）

企业综合发展潜力=市场资格分值+ISO 资格分值+生产资格分值+厂房分值+各条生产线分值

2. 权益和分数

从这个公式当中，我们可以清楚地知道影响最后的得分有两个因素：所有者权益和企业综合发展潜力。

3. 怎样提高所有者权益

所有者权益=毛利－（各种费用+折旧）

这里的费用不仅仅是综合费用，还包括财务费用。增加所有者权益，有三种方法：一种是在保持各种费用不变的情况下，增加毛利；一种是毛利不变，各种费用减少；还有一种就是毛利的增加幅度大于各种费用的增长速度。

（二）企业如何来选择贷款

1. 选择什么时候来贷款

在时间上，贷款具有很大的灵活性。研究发现，如果企业在第三年来选择五年的贷款，你是不用来还贷款的，因为只经营到第七年初，第三年的贷款到第八年初才还，如果选择第二年长贷的话第七年初还是要还长贷的。即使不还长期贷款，但是每年要支付贷款 10% 的利息，所以要考虑到企业目前的权益问题。如果选择在第一年来长贷，可以充分利用第一年的时间来进行生产线的建设，为后期的经营节约时间成本。并且在第一年产品的研发、市场的开阔、ISO 的认证也需要用掉一笔钱。

所以怎么来贷款呢？可以大致估算一下，生产线的建设与营销的费用要花掉多少钱，需要多少贷多少。再急需用钱的时候可以进行短期贷款。

2. 怎样来贷款

前两年根据需要选择长贷。正常情况下，长贷与短贷相结合是最好的。这样可以充分发挥长贷的稳定性和短贷灵活性的优点。贷款总额是权益的 3 倍，怎样来分配比例？在第一年的时候，可以根据前两年的需要来选择长贷，短贷用来应急之用。如果在一开始的时候就把长贷贷完，每年需要支付很高的利息，要知道利息是费用，是使权益减少的那部分，会导致在后期经营的时候利润减少。

在第一年的时候不要选择短贷，除非现金不够要破产了。第一年企业是没有任何收入的，都是支出。短贷的利息是贷款额的百分之五也是很高的。

（三）企业如何来进行生产

作为一个生产总监需要考虑一些问题：建设什么样的生产线（What），什么时候开始建设生产线（When），生产什么样的产品（What），这个自己归纳的生产线建设的3W原则。除此之外，一个合格的生产总监还应该准确地估算出产能，方便营销总监投放广告。

1. 如何来选择厂房

来分析一下这个表格，大厂房能够容纳4条生产线；小厂房能够容纳两条生产线。你有什么发现？一个小厂房和一个大厂房的总容量是六条生产线，而两个中厂房的容量也是六条生产线。我们再来看一下价格，大小的总价一共是620W，两个中厂房的价格是600W。这下就可以知道怎么来选择厂房了。

买厂房的好处是，一旦买完就属于企业的固定资产，之后就不用支付其他的费用，企业的权益也不会减少。不建议一开始就租厂房，一旦租用，之后的几年里都要支付利息，不过也可以租转买。在资金充足的条件下，还是推荐购买厂房比较划算。

2. 如何选择生产线的分析

所选择的生产线要与产品的开发进度相匹配。

第一年开始经营的时候，生产线的选择要看产品的开发进度。P1产品的开发时间是2Q，手工线的安装周期是一期，也就是一安装就可以使用，但是这时候还没有获得生产资格，就不能进行生产，就要空着，这就是等待的浪费，丰田生产系统（Toyota Production System，TPS）中指明了生产的过程中存在着七大浪费。

用自动线和柔性线生产是比较好的，首先生产效率比较高，生产线的建设周期与产品的研发周期也是相符合的，P1、P2、P3、P4产品的研发周期分别是两期、三期、四期、五期，柔性线的建设周期是四期，所以柔性线建设完成就可以生产P3。在产品都拿到生产资格之后，可以考虑用手工线来生产P3、P4产品。

3. 生产线生产哪种产品的分析

（1）根据市场预测表来进行生产

生产哪种产品要考虑到市场的需求和市场的价格。接下来，我们来看一下各个产品的需求量。见表8-2所示。

表8-2　市场需求量预测表

序号	年份	产品	本地	区域	国内	亚洲	国际
1	第2年	P1	114	81	0	0	0
2	第2年	P2	78	62	0	0	0
3	第2年	P3	35	36	0	0	0
4	第2年	P4	35	29	0	0	0
5	第3年	P1	88	74	0	0	0
6	第3年	P2	59	0	52	0	0
7	第3年	P3	37	20	43	0	0
8	第3年	P4	0	44	21	0	0
9	第4年	P1	64	88	52	0	0
10	第4年	P2	0	68	40	28	0
11	第4年	P3	42	0	18	17	0
12	第4年	P4	67	52	0	21	0
13	第5年	P1	77	72	0	52	0
14	第5年	P2	66	0	40	31	39
15	第5年	P3	38	27	0	53	0
16	第5年	P4	0	37	25	0	27
17	第6年	P1	78	0	45	50	0
18	第6年	P2	55	59	0	49	0
19	第6年	P3	35	28	31	0	32
20	第6年	P4	0	25	28	20	27

看这表要结合市场预测表来分析，要考虑市场需求也要考虑市场价格。根据这两个表格可以分析得出一定的规律，第二年本地市场对P1和P2产品的需求量要高于区域市场，单价也是本地市场高于区域市场。

(2) 有选择性地生产产品

这么多产品，企业不可能都生产，都生产投入与产出的效率不高，因此要根据市场需求有选择性地生产产品。我们来分析一下这个表格。P1产品在第二年的时候本地和区域都有需求，而且需求量较大，但是从第二年到第六年间的需求量是不断减少的，从第二年到第五年间市场价格是不断减少的，只有从第五年到第六年的价格有很小幅度的提高；P2产品的需求量从第二年到第六年也是不断减少的，但是总量比较客观；产品的价格虽然有小幅度减少，但是第六年的价格也是不错的；P3产品在第二年和第六年价格不错，从第二年到第五年间的价格是不断下降的；P4产品的市场需求量第三年和第四年是比较大的，价格在第二、第三、第六年较好，第四、第五年较差。

综合以上分析，第三年和第四年所有的产品价格都偏低，需求量也在减少。可以考虑在第三年的时候生产 P4 产品，第三年和第四年时生产 P2、P3 产品。

(3) 根据产品的毛利来确定一个主打产品和两个副产品

最低毛利比较法：挑选每一种产品在市场最低价时的毛利进行对比，比较哪种产品毛利最高。

4. 如何来估算产能

产能估算的准确与否直接影响订单的选择，对于每种产品的产能都应该有估算（见附录 1）。

（三）企业如何进行营销

作为一个营销总监应该清楚自己的职责：产品开发、市场开阔、ISO 的认证以及最重要的广告的投放和订单的选择。

1. 产品开发策略的选择

在企业经营的前期，在现金充分的前提下可以选择产品和市场同时投资。在现金不足的情况下可以优先投资企业要生产的产品，不生产的产品可以暂时不投资，但是不管怎样，营销总监的目标是拿到所有产品、市场以及 ISO 的资格，这些都关系到最后的成绩，尽量都拿到。

2. 广告投放策略

(1) 根据产能投广告

生产总监预计当年可以生产多少个产品，营销总监来确定拿几张单，一般情况下一张单有 2 到 4 个不等的产品，有的甚至更多，但这只是少数订单的情况。产品的单价越高，订单上产品的数量越少。因此，根据能够可以生产多少产品，除以每张单的平均数，就是要拿的单数了，如果余数为二，可以考虑再拿一张单。

(2) 根据市场的需求和产品的单价来投广告

这个就需要营销总监分析市场预测表和产品单价表。选择单价高的和需求多的来投放广告，价格高的多投，价格低的也不要放弃。一般情况下最低 10W+为一张单。投广告的时候要用到博弈论的思想，假设所有小组的营销总监都会分析市场预测表和产品单价表做出最优的决策，也就是所有的营销总监都会在产品单价好的市场多投广告，在需求量大的市场多投广告。此时如果都投价格高的市场必然使市场的竞争非常激烈。所以，营销总监在投放广告的时候对每一个市场都不要放弃，可以考虑投资一下单价低的市场，竞争力相对较低。

(3) 根据竞争对手投放广告的策略来投资广告

可以研究一下竞争对手广告投放的额度，投放的策略，通过竞争对手的策略来进行投放广告，但一般这种情况很难把握所以慎用。

3. 订单选择策略

选订单的时候，不是营销总监一个人的事情，所有的成员都要参与进来。生产总监计算好每个产品的产能，不仅要知道一共能够生产多少产品，还要精确到每一期可以生产多少，库存多少，方便营销总监选择订单。选择订单的时候，要先看一下交货期，一般情况下交货期都为四期，但是也有一期的，一期的单价要高一些。然后可以看一下产品的数量和产品的单价。单价高，订单上产品的数量就少；单价低，订单上产品的数量就多。至于选择数量多的还是单价高的，一是要看一下单价相差多少，如果太多，就选单价高的；如果产能太高，产品单价的差距不是很大的时候，可以选择产品数量多的单。要知道，适量的库存是有好处的，对下一年单的选择有好处。

（四）如何进行采购

在企业经营的过程当中，物流总监的任务可能是最轻松的。根据生产来采购，但是也要注意生产线的调整和新建的生产线情况。采购总监的职责就是保证生产所需的原材料，不能出现原料不足的情况。经过实战得出有选择的原材料库存，对生产是有好处的。所说的有选择是指，多采购一种产品所需的原材料，而不是一种原材料采购很多。提示一下，如果原材料采购出现失误，所购的原材料不足时则可以紧急采购。毕竟，紧急采购时原材料的单价只是原价的两倍，这也比空着要好。

（五）如何管理财务

财务总监的工作是最有挑战性的，一方面要关注企业的现金情况，另一方面要关注企业的权益还剩多少。最容易出错的还是资产负债表的填写。其实，只要有清楚的计算方法，填写资产负债表也不困难。资产负债表左右两边分别是资产、负债和所有者权益。资产这部分比较好填，关键是所有者权益中的年度净利容易出错。接下来，我们看一下怎么计算年度净利。

先根据销售额算出毛利，根据综合费用，算出折旧前利润，根据折旧，算出支付利息前利润，根据财务费用，得出税前利润，再减去所得税就是年度净利。利润留存则是上一年的年度净利。综合费用表如表8-3所示。

以上内容只是一种思维方式，遇到问题时还要依据实际问题去思考和做决策。"不谋全局者，不足谋一域"，如果在比赛之前没有一个整体的规划是很难在经营中盈利的。在商战中没有最好的方案，只有更优的方案。即使是第一名也只是他们的方案比其他组的方案相对来说更好，他们在经营的过程中失误较少或者没有失误，这是一个需要团队合作才能做好的事情。

表 8-3 市场需求量预测表

年度
管理费
广告费
维护费
损失
转产费
租金
市场开拓费
产品研发费
ISO 认证费
信息费
合计

复习思考题

1. 企业经营最重要的有哪些方面，除了课本知识你还学到了什么？
2. 谈谈你在经营过程中认为最需要关注的几个问题。

实训拓展

【实训项目】

模拟公司运营，通过团队合作、企业战略规划、预算、ERP流程管理等一系列活动，使企业在竞争的市场中获得成功。在经营企业的活动中，感悟如何能更有成效的工作，获得工作经验。

【实训内容】

1. 沙盘模拟每次9组、每组6~7个学生为一个模拟公司，学生要担任不同企业角色，每个学生至少要担任一个角色。在运营企业前，每个团队要制订出企业运营规划，运行结束后要提交模拟训练总结，与前期的规划进行对比。

2. 每小组对企业经营结果做出自己的分析，以及与竞争对手的优势和劣势分析，整改措施等。

【实训组织】

1. 模拟记录——小组每个成员按角色记录运作步骤结果，记录模拟过程中出现的问题；

2. 沙盘模拟总结报告——模拟活动结束后提交，主要总结模拟的感受和问题。

【实训考核】

1. 要求每位学生写出访问报告或小结。

2. 要求学生填写实训报告。其内容包括：① 实训项目；② 实训目的；③ 实训内容；④ 本人承担任务及完成情况；⑤ 实训小结。

3. 教师评阅后写出实训评语，实训小组或全班进行交流。

附录1 实训报告

姓名		专业（班级）	
实训项目		实训地点	
实训日期		指导教师	

实训目的	

实训条件	

实训过程记录	第一年	
	第二年	
	第三年	
	第四年	
	第五年	
	第六年	

实训总结	

指导教师意见	

附录2 沙盘模拟应用表

附表1-1 第_1_年生产计划　　　　　　　　　　　　　单位：个

年份	季度	P1	P2	P3	P4
本年度	第1季				
	第2季				
	第3季				
	第4季				
下年度	第1季				
	第2季				

附表1-2 第_1_年原料采购计划　　　　　　　　　　　单位：W

原材料 时间	R1				R2			
	季初库存	季初入库	本季使用	本季订购	季初库存	本季入库	本季使用	本季订购
第1季								
第2季								
第3季								
第4季								

原材料 时间	R3				R4			
	季初库存	本季入库	本季使用	本季订购	季初库存	本季入库	本季使用	本季订购
第1季								
第2季								
第3季								
第4季								

附表1-3 第_1_年订单登记表

市场						
产品						
数量						
交货期						
应收款账期						
销售额						
成本						
毛利						

附表 1-4　第 1 年现金预算表　　　　　　　　　　　单位：W

资金项目	年初	资金项目	第1季	第2季	第3季	第4季	资金项目	年末
年初资金		季初现金					市场开拓费	
应收款贴现		应收款贴现					ISO 认证费	
广告费		借入短贷					设备维修费	
支付应交税		短贷还本付息					年末支出合计	
长贷利息		原材料入库/出库					年末收入合计	
长贷还本		购买厂房					年末现金余额	
借入长贷		生产线费用						
年初支出合计		紧急采购原材料						
年末收入合计		加工费						
		出售产成品						
		应收款收现						
		紧急采购产成品						
		零账期订单收现						
		违约罚款						
		厂房租金						
		产品研发费						
		管理费						
		本季支出合计						
		本季收入合计						
		短贷还本付息						

要点记录

第 1 季度：

第 2 季度：

第 3 季度：

第 4 季度：

全年小结：

附表 1-5　第 1 年企业运营流程表

项目	序号	操作流程	1季	2季	3季	4季
年初项目	1	新年度规划会议				
	2	投放广告				
	3	支付上年所得税				
	4	支付长贷利息				
	5	更新长贷/长贷还款				
	6	参加订货会				
	7	申请长贷				
四季项目	1	季初盘点（请填余额）				
	2	更新短贷/短贷还本付息				
	3	申请短贷				
	4	更新原料库				
	5	下原料订单				
	6	购买/租用厂房				
	7	更新生产/完工入库				
	8	新建/在建/转产/变卖生产线				
	9	紧急采购（随时进行）				
	10	开始下一批生产				
	11	应收款更新				
	12	按订单交货				
	13	产品研发				
	14	厂房处理				
	15	市场开拓/ISO 资格认证				
	16	支付管理费/更新厂房租金				
	17	厂房贴现				
	18	出售库存				
	19	应收款贴现				
	20	季末收入合计				
	21	季末支出合计				
	22	季末数额对账 (1) + (20) − (21)				
年末项目	1	缴纳违约订单罚款				
	2	新市场/ISO 资格完成情况				
	3	支付设备维修费				
	4	计提折旧				
	5	结账				

附表 1-6　第 1 年综合管理费用明细表　　　　　　　　　　单位：W

项　目	金　额	备　注
管理费		
广告费		
维修费		
租　金		
转产费		
市场准入开拓		□本地　□区域　□国内　□亚洲　□国际
ISO 资格认证		□ISO9000　□1SO14000
产品研发		P1（　）P2（　）P3（　）P4（　）
损　失		
合　计		

附表 1-7　第 1 年利润表　　　　　　　　　　单位：W

项　目	运算符号	本年数
销售收入	+	
直接成本	−	
毛利	=	
综合费用	−	
折旧前利润		
折旧	−	
支付利息前利润	=	
财务费用（利息+贴息）	−	
税前利润	=	
所得税	−	

附表 1-8　第 1 年资产负债表　　　　　　　　　　单位：W

资产	期初数	期末数	负债和所有者权益	期初数	期末数
流动资产			负债		
现金			长期负债		
应收款			短期负债		
在制品			应付账款		
产成品			应交税金		
原材料			负债合计		
流动资产合计					
固定资产			所有者权益		
土地和建筑			股东资本		
机器与设备			利润留存		
在建工程			年度净利		
固定资产合计			所有者权益合计		
资产总计			负债和所有者权益总计		

附表 1-9　第 2 年生产计划　　　　　　　　　　　　　　　　单位：个

年份	季度	P1	P2	P3	P4
本年度	第 1 季				
	第 2 季				
	第 3 季				
	第 4 季				
下年度	第 1 季				
	第 2 季				

附表 1-10　第 2 年原料采购计划　　　　　　　　　　　　　　单位：W

原材料 时间	R1				R2			
	季初库存	季初入库	本季使用	本季订购	季初库存	本季入库	本季使用	本季订购
第 1 季								
第 2 季								
第 3 季								
第 4 季								

原材料 时间	R3				R4			
	季初库存	本季入库	本季使用	本季订购	季初库存	本季入库	本季使用	本季订购
第 1 季								
第 2 季								
第 3 季								
第 4 季								

附表 1-11　第 2 年订单登记表

市场							
产品							
数量							
交货期							
应收款账期							
销售额							
成本							
毛利							

附表 1-12　第 2 年现金预算表　　　　　单位：W

资金项目	年初	资金项目	第1季	第2季	第3季	第4季	资金项目	年末
年初资金		季初现金					市场开拓费	
应收款贴现		应收款贴现					ISO 认证费	
广告费		借入短贷					设备维修费	
支付应交税		短贷还本付息					年末支出合计	
长贷利息		原材料入库/出库					年末收入合计	
长贷还本		购买厂房					年末现金余额	
借入长贷		生产线费用						
年初支出合计		紧急采购原材料						
年末收入合计		加工费						
		出售产成品						
		应收款收现						
		紧急采购产成品						
		零账期订单收现						
		违约罚款						
		厂房租金						
		产品研发费						
		管理费						
		本季支出合计						
		本季收入合计						
		短贷还本付息						

要点记录

第 1 季度：

第 2 季度：

第 3 季度：

第 4 季度：

全年小结：

附表 1-13 第 2 年企业运营流程表

项目	序号	操作流程	1季	2季	3季	4季
年初项目	1	新年度规划会议				
	2	投放广告				
	3	支付上年所得税				
	4	支付长贷利息				
	5	更新长贷/长贷还款				
	6	参加订货会				
	7	申请长贷				
四季项目	1	季初盘点（请填余额）				
	2	更新短贷/短贷还本付息				
	3	申请短贷				
	4	更新原料库				
	5	下原料订单				
	6	购买/租用厂房				
	7	更新生产/完工入库				
	8	新建/在建/转产/变卖生产线				
	9	紧急采购（随时进行）				
	10	开始下一批生产				
	11	应收款更新				
	12	按订单交货				
	13	产品研发				
	14	厂房处理				
	15	市场开拓/ISO 资格认证				
	16	支付管理费/更新厂房租金				
	17	厂房贴现				
	18	出售库存				
	19	应收款贴现				
	20	季末收入合计				
	21	季末支出合计				
	22	季末数额对账（1）+（20）-（21）				
年末项目	1	缴纳违约订单罚款				
	2	新市场/ISO 资格完成情况				
	3	支付设备维修费				
	4	计提折旧				
	5	结账				

附表 1-14　第 2 年综合管理费用明细表　　　　　　　　　　　单位：W

项　目	金　额	备　注
管理费		
广告费		
维修费		
租　金		
转产费		
市场准入开拓		□本地　□区域　□国内　□亚洲　□国际
ISO 资格认证		□ISO9000　□1SO14000
产品研发		P1（　）P2（　）P3（　）P4（　）
损　失		
合　计		

附表 1-15　第 2 年利润表　　　　　　　　　　　　　　　　　单位：W

项　目	运算符号	本 年 数
销售收入	+	
直接成本	−	
毛利	=	
综合费用	−	
折旧前利润		
折旧	−	
支付利息前利润	=	
财务费用（利息+贴息）	−	
税前利润	=	
所得税	−	

附表 1-16　第 2 年资产负债表　　　　　　　　　　　　　　　单位：W

资产	期初数	期末数	负债和所有者权益	期初数	期末数
流动资产			负债		
现金			长期负债		
应收款			短期负债		
在制品			应付账款		
产成品			应交税金		
原材料			负债合计		
流动资产合计					
固定资产			所有者权益		
土地和建筑			股东资本		
机器与设备			利润留存		
在建工程			年度净利		
固定资产合计			所有者权益合计		
资产总计			负债和所有者权益总计		

241

附表 1-17　第 <u>3</u> 年生产计划　　　　　　　　　　　　　　单位：个

年份	季度	P1	P2	P3	P4
本年度	第 1 季				
	第 2 季				
	第 3 季				
	第 4 季				
下年度	第 1 季				
	第 2 季				

附表 1-18　第 <u>3</u> 年原料采购计划　　　　　　　　　　　　单位：W

原材料 时间	R1				R2			
	季初库存	季初入库	本季使用	本季订购	季初库存	本季入库	本季使用	本季订购
第 1 季								
第 2 季								
第 3 季								
第 4 季								

原材料 时间	R3				R4			
	季初库存	本季入库	本季使用	本季订购	季初库存	本季入库	本季使用	本季订购
第 1 季								
第 2 季								
第 3 季								
第 4 季								

附表 1-19　第 <u>3</u> 年订单登记表

市场								
产品								
数量								
交货期								
应收款账期								
销售额								
成本								
毛利								

附表 1-20　第 <u>3</u> 年现金预算表　　　　　　　　　单位：W

资金项目	年初	资金项目	第1季	第2季	第3季	第4季	资金项目	年末
年初资金		季初现金					市场开拓费	
应收款贴现		应收款贴现					ISO认证费	
广告费		借入短贷					设备维修费	
支付应交税		短贷还本付息					年末支出合计	
长贷利息		原材料入库/出库					年末收入合计	
长贷还本		购买厂房					年末现金余额	
借入长贷		生产线费用						
年初支出合计		紧急采购原材料						
年末收入合计		加工费						
		出售产成品						
		应收款收现						
		紧急采购产成品						
		零账期订单收现						
		违约罚款						
		厂房租金						
		产品研发费						
		管理费						
		本季支出合计						
		本季收入合计						
		短贷还本付息						

要点记录

第1季度：

第2季度：

第3季度：

第4季度：

全年小结：

附表 1-21 第 3 年企业运营流程表

项目	序号	操作流程	1季	2季	3季	4季
年初项目	1	新年度规划会议				
	2	投放广告				
	3	支付上年所得税				
	4	支付长贷利息				
	5	更新长贷/长贷还款				
	6	参加订货会				
	7	申请长贷				
四季项目	1	季初盘点（请填余额）				
	2	更新短贷/短贷还本付息				
	3	申请短贷				
	4	更新原料库				
	5	下原料订单				
	6	购买/租用厂房				
	7	更新生产/完工入库				
	8	新建/在建/转产/变卖生产线				
	9	紧急采购（随时进行）				
	10	开始下一批生产				
	11	应收款更新				
	12	按订单交货				
	13	产品研发				
	14	厂房处理				
	15	市场开拓/ISO 资格认证				
	16	支付管理费/更新厂房租金				
	17	厂房贴现				
	18	出售库存				
	19	应收款贴现				
	20	季末收入合计				
	21	季末支出合计				
	22	季末数额对账（1）+（20）-（21）				
年末项目	1	缴纳违约订单罚款				
	2	新市场/ISO 资格完成情况				
	3	支付设备维修费				
	4	计提折旧				
	5	结账				

附表1-22　第<u>3</u>年综合管理费用明细表　　　　　　　　　　单位：W

项　目	金　额	备　注
管理费		
广告费		
维修费		
租　金		
转产费		
市场准入开拓		□本地　□区域　□国内　□亚洲　□国际
ISO资格认证		□ISO9000　　□1SO14000
产品研发		P1（　）P2（　）P3（　）P4（　）
损　失		
合　计		

附表1-23　第<u>3</u>年利润表　　　　　　　　　　　　　　　　单位：W

项　目	运算符号	本年数
销售收入	+	
直接成本	−	
毛利	=	
综合费用	−	
折旧前利润	−	
折旧	−	
支付利息前利润	=	
财务费用（利息+贴息）	−	
税前利润	=	
所得税		

附表1-24　第<u>3</u>年资产负债表　　　　　　　　　　　　　　单位：W

资产	期初数	期末数	负债和所有者权益	期初数	期末数
流动资产			负债		
现金			长期负债		
应收款			短期负债		
在制品			应付账款		
产成品			应交税金		
原材料			负债合计		
流动资产合计					
固定资产			所有者权益		
土地和建筑			股东资本		
机器与设备			利润留存		
在建工程			年度净利		
固定资产合计			所有者权益合计		
资产总计			负债和所有者权益总计		

245

附表 1-25　第 4 年生产计划　　　　　　　　　　　单位：个

年份	季度	P1	P2	P3	P4
本年度	第1季				
	第2季				
	第3季				
	第4季				
下年度	第1季				
	第2季				

附表 1-26　第 4 年原料采购计划　　　　　　　　　单位：W

原材料 时间	R1				R2			
	季初库存	季初入库	本季使用	本季订购	季初库存	本季入库	本季使用	本季订购
第1季								
第2季								
第3季								
第4季								

原材料 时间	R3				R4			
	季初库存	本季入库	本季使用	本季订购	季初库存	本季入库	本季使用	本季订购
第1季								
第2季								
第3季								
第4季								

附表 1-27　第 4 年订单登记表

市场								
产品								
数量								
交货期								
应收款账期								
销售额								
成本								
毛利								

附表 1-28　第 4 年现金预算表　　　　　　　　单位：W

资金项目	年初	资金项目	第1季	第2季	第3季	第4季	资金项目	年末
年初资金		季初现金					市场开拓费	
应收款贴现		应收款贴现					ISO认证费	
广告费		借入短贷					设备维修费	
支付应交税		短贷还本付息					年末支出合计	
长贷利息		原材料入库/出库					年末收入合计	
长贷还本		购买厂房					年末现金余额	
借入长贷		生产线费用						
年初支出合计		紧急采购原材料						
年末收入合计		加工费						
		出售产成品						
		应收款收现						
		紧急采购产成品						
		零账期订单收现						
		违约罚款						
		厂房租金						
		产品研发费						
		管理费						
		本季支出合计						
		本季收入合计						
		短贷还本付息						

要点记录

第 1 季度：

第 2 季度：

第 3 季度：

第 4 季度：

全年小结：

附表1-29 第 4 年企业运营流程表

项目	序号	操作流程	1季	2季	3季	4季
年初项目	1	新年度规划会议				
	2	投放广告				
	3	支付上年所得税				
	4	支付长贷利息				
	5	更新长贷/长贷还款				
	6	参加订货会				
	7	申请长贷				
四季项目	1	季初盘点（请填余额）				
	2	更新短贷/短贷还本付息				
	3	申请短贷				
	4	更新原料库				
	5	下原料订单				
	6	购买/租用厂房				
	7	更新生产/完工入库				
	8	新建/在建/转产/变卖生产线				
	9	紧急采购（随时进行）				
	10	开始下一批生产				
	11	应收款更新				
	12	按订单交货				
	13	产品研发				
	14	厂房处理				
	15	市场开拓/ISO资格认证				
	16	支付管理费/更新厂房租金				
	17	厂房贴现				
	18	出售库存				
	19	应收款贴现				
	20	季末收入合计				
	21	季末支出合计				
	22	季末数额对账（1）+（20）-（21）				
年末项目	1	缴纳违约订单罚款				
	2	新市场/ISO资格完成情况				
	3	支付设备维修费				
	4	计提折旧				
	5	结账				

附表 1-30　第 4 年综合管理费用明细表　　　　　　　　　　单位：W

项　目	金　额	备　注
管理费		
广告费		
维修费		
租　金		
转产费		
市场准入开拓		□本地　□区域　□国内　□亚洲　□国际
ISO 资格认证		□ISO9000　　□1SO14000
产品研发		P1（　）P2（　）P3（　）P4（　）
损　失		
合　计		

附表 1-31　第 4 年利润表　　　　　　　　　　　　　　　　单位：W

项　目	运算符号	本年数
销售收入	+	
直接成本	-	
毛利	=	
综合费用	-	
折旧前利润	-	
折旧	-	
支付利息前利润	=	
财务费用（利息+贴息）	-	
税前利润	=	
所得税	-	

附表 1-32　第 4 年资产负债表　　　　　　　　　　　　　　单位：W

资产	期初数	期末数	负债和所有者权益	期初数	期末数
流动资产			负债		
现金			长期负债		
应收款			短期负债		
在制品			应付账款		
产成品			应交税金		
原材料			负债合计		
流动资产合计					
固定资产			所有者权益		
土地和建筑			股东资本		
机器与设备			利润留存		
在建工程			年度净利		
固定资产合计			所有者权益合计		
资产总计			负债和所有者权益总计		

249

附表 1-33　第 5 年生产计划　　　　　　　　　　　　　　　　　　　单位：个

年份	季度	P1	P2	P3	P4
本年度	第 1 季				
	第 2 季				
	第 3 季				
	第 4 季				
下年度	第 1 季				
	第 2 季				

附表 1-34　第 5 年原料采购计划　　　　　　　　　　　　　　　　　单位：W

原材料 时间	R1				R2			
	季初库存	季初入库	本季使用	本季订购	季初库存	本季入库	本季使用	本季订购
第 1 季								
第 2 季								
第 3 季								
第 4 季								

原材料 时间	R3				R4			
	季初库存	本季入库	本季使用	本季订购	季初库存	本季入库	本季使用	本季订购
第 1 季								
第 2 季								
第 3 季								
第 4 季								

附表 1-35　第 5 年订单登记表

市场									
产品									
数量									
交货期									
应收款账期									
销售额									
成本									
毛利									

附录2　沙盘模拟应用表

附表1-36　第 5 年现金预算表　　　　　　　单位：W

资金项目	年初	资金项目	第1季	第2季	第3季	第4季	资金项目	年末
年初资金		季初现金					市场开拓费	
应收款贴现		应收款贴现					ISO认证费	
广告费		借入短贷					设备维修费	
支付应交税		短贷还本付息					年末支出合计	
长贷利息		原材料入库/出库					年末收入合计	
长贷还本		购买厂房					年末现金余额	
借入长贷		生产线费用						
年初支出合计		紧急采购原材料						
年末收入合计		加工费						
		出售产成品						
		应收款收现						
		紧急采购产成品						
		零账期订单收现						
		违约罚款						
		厂房租金						
		产品研发费						
		管理费						
		本季支出合计						
		本季收入合计						
		短贷还本付息						

要点记录

第1季度：

第2季度：

第3季度：

第4季度：

全年小结：

附表 1-37 第 5 年企业运营流程表

项目	序号	操作流程	1季	2季	3季	4季
年初项目	1	新年度规划会议				
	2	投放广告				
	3	支付上年所得税				
	4	支付长贷利息				
	5	更新长贷/长贷还款				
	6	参加订货会				
	7	申请长贷				
四季项目	1	季初盘点（请填余额）				
	2	更新短贷/短贷还本付息				
	3	申请短贷				
	4	更新原料库				
	5	下原料订单				
	6	购买/租用厂房				
	7	更新生产/完工入库				
	8	新建/在建/转产/变卖生产线				
	9	紧急采购（随时进行）				
	10	开始下一批生产				
	11	应收款更新				
	12	按订单交货				
	13	产品研发				
	14	厂房处理				
	15	市场开拓/ISO 资格认证				
	16	支付管理费/更新厂房租金				
	17	厂房贴现				
	18	出售库存				
	19	应收款贴现				
	20	季末收入合计				
	21	季末支出合计				
	22	季末数额对账 (1) + (20) − (21)				
年末项目	1	缴纳违约订单罚款				
	2	新市场/ISO 资格完成情况				
	3	支付设备维修费				
	4	计提折旧				
	5	结账				

附表1-38　第 5 年综合管理费用明细表　　　　　　　　　　　　单位：W

项　目	金　额	备　注
管理费		
广告费		
维修费		
租　金		
转产费		
市场准入开拓		□本地　□区域　□国内　□亚洲　□国际
ISO资格认证		□ISO9000　　□1SO14000
产品研发		P1（　）　P2（　）　P3（　）　P4（　）
损　失		
合　计		

附表1-39　第 5 年利润表　　　　　　　　　　　　单位：W

项　目	运算符号	本 年 数
销售收入	+	
直接成本	−	
毛利	=	
综合费用	−	
折旧前利润	=	
折旧	−	
支付利息前利润	=	
财务费用（利息+贴息）	−	
税前利润	=	
所得税	−	

附表1-40　第 5 年资产负债表　　　　　　　　　　　　单位：W

资产	期初数	期末数	负债和所有者权益	期初数	期末数
流动资产			负债		
现金			长期负债		
应收款			短期负债		
在制品			应付账款		
产成品			应交税金		
原材料			负债合计		
流动资产合计					
固定资产			所有者权益		
土地和建筑			股东资本		
机器与设备			利润留存		
在建工程			年度净利		
固定资产合计			所有者权益合计		
资产总计			负债和所有者权益总计		

附表 1-41　第 6 年生产计划　　　　　　　　　　　　　　　单位：个

年份	季度	P1	P2	P3	P4
本年度	第 1 季				
	第 2 季				
	第 3 季				
	第 4 季				
下年度	第 1 季				
	第 2 季				

附表 1-42　第 6 年原料采购计划　　　　　　　　　　　　　单位：W

原材料\时间	R1				R2			
	季初库存	季初入库	本季使用	本季订购	季初库存	本季入库	本季使用	本季订购
第 1 季								
第 2 季								
第 3 季								
第 4 季								

原材料\时间	R3				R4			
	季初库存	本季入库	本季使用	本季订购	季初库存	本季入库	本季使用	本季订购
第 1 季								
第 2 季								
第 3 季								
第 4 季								

附表 1-43　第 6 年订单登记表

市场							
产品							
数量							
交货期							
应收款账期							
销售额							
成本							
毛利							

附录2 沙盘模拟应用表

附表1-44　第 6 年现金预算表　　　　　　　　　单位：W

资金项目	年初	资金项目	第1季	第2季	第3季	第4季	资金项目	年末
年初资金		季初现金					市场开拓费	
应收款贴现		应收款贴现					ISO认证费	
广告费		借入短贷					设备维修费	
支付应交税		短贷还本付息					年末支出合计	
长贷利息		原材料入库/出库					年末收入合计	
长贷还本		购买厂房					年末现金余额	
借入长贷		生产线费用						
年初支出合计		紧急采购原材料						
年末收入合计		加工费						
		出售产成品						
		应收款收现						
		紧急采购产成品						
		零账期订单收现						
		违约罚款						
		厂房租金						
		产品研发费						
		管理费						
		本季支出合计						
		本季收入合计						
		短贷还本付息						

要点记录

第1季度：

第2季度：

第3季度：

第4季度：

全年小结：

附表 1-45　第 6 年企业运营流程表

项目	序号	操作流程	1季	2季	3季	4季
年初项目	1	新年度规划会议				
	2	投放广告				
	3	支付上年所得税				
	4	支付长贷利息				
	5	更新长贷/长贷还款				
	6	参加订货会				
	7	申请长贷				
四季项目	1	季初盘点（请填余额）				
	2	更新短贷/短贷还本付息				
	3	申请短贷				
	4	更新原料库				
	5	下原料订单				
	6	购买/租用厂房				
	7	更新生产/完工入库				
	8	新建/在建/转产/变卖生产线				
	9	紧急采购（随时进行）				
	10	开始下一批生产				
	11	应收款更新				
	12	按订单交货				
	13	产品研发				
	14	厂房处理				
	15	市场开拓/ISO 资格认证				
	16	支付管理费/更新厂房租金				
	17	厂房贴现				
	18	出售库存				
	19	应收款贴现				
	20	季末收入合计				
	21	季末支出合计				
	22	季末数额对账（1）+（20）−（21）				
年末项目	1	缴纳违约订单罚款				
	2	新市场/ISO 资格完成情况				
	3	支付设备维修费				
	4	计提折旧				
	5	结账				

附表1-46　第 6 年综合管理费用明细表　　　　　　　　　　　　单位：W

项目	金额	备注
管理费		
广告费		
维修费		
租金		
转产费		
市场准入开拓		□本地　□区域　□国内　□亚洲　□国际
ISO资格认证		□ISO9000　　□ISO14000
产品研发		P1（　）P2（　）P3（　）P4（　）
损失		
合计		

附表1-47　第 6 年利润表　　　　　　　　　　　　　　　　　　单位：W

项目	运算符号	本年数
销售收入	+	
直接成本	-	
毛利	=	
综合费用	-	
折旧前利润	=	
折旧	-	
支付利息前利润	=	
财务费用（利息+贴息）	-	
税前利润	=	
所得税	-	

附表1-48　第 6 年资产负债表　　　　　　　　　　　　　　　　单位：W

资产	期初数	期末数	负债和所有者权益	期初数	期末数
流动资产			负债		
现金			长期负债		
应收款			短期负债		
在制品			应付账款		
产成品			应交税金		
原材料			负债合计		
流动资产合计					
固定资产			所有者权益		
土地和建筑			股东资本		
机器与设备			利润留存		
在建工程			年度净利		
固定资产合计			所有者权益合计		
资产总计			负债和所有者权益总计		

附录3 2017年河南省高职组沙盘省赛竞赛规则

一、参赛队员分工

比赛采取团队竞赛方式，每支参赛队 5 名参赛选手。每支代表队模拟一家生产制造型企业，与其他参赛队模拟的同质企业在同一市场环境中展开企业经营竞争。参赛选手分别担任如下角色：

总经理（CEO）、财务总监（CFO）、生产总监（CPO）、营销总监（CMO）、采购总监（CLO）。

二、运行方式及监督

本次大赛采用"新道新商战 V5.0"沙盘系统（以下简称"系统"），最终结果以"系统"为准。运行中的销售竞单在电子模拟运行系统中进行，各队在本队运行地参加市场订货会和交易活动，包括贷款、原材料入库、交货、应收账款贴现及回收，均在本地计算机上完成选单。

各参赛队应备有至少一台具有有线网卡的笔记本电脑接入局域网，作为运行平台（比赛期间只允许一台电脑接入局域网操作），并安装录屏软件。比赛过程中，学生端最好启动录屏文件，全程录制经营过程，建议每一年经营录制为一个独立的文件。一旦发生问题，以录屏结果为证，裁决争议。如果擅自停止录屏过程，按系统的实际运行状态执行。

比赛期间带队老师不允许入场；所有参赛队员不得使用手机与外界联系，电脑仅限于作为系统运行平台，可以自制一些工具，但不得使用各种手段，通过 Internet 与外界联系，否则取消参赛资格。

比赛期间计时的时间以本赛区所用服务器上时间为准，赛前选手可以按照服务器时间调整自己电脑上的时间。大赛设裁判组，负责大赛中所有比赛过程的监督和争议裁决。

提请注意：自带电脑操作系统和浏览器要保持干净、无病毒，IE 浏览器版本在（包括）8.0 以上（要求使用谷歌浏览器），同时需要安装 flash player 插件。请各队至少配备两台电脑，以防万一。

三、企业运营流程

企业运营流程建议按照运营流程表中列示的流程执行，比赛期间不能还原。

每年经营结束后，各参赛队需要在系统中填制资产负债表、综合费用表、利润表。如果不填，则视同报表错误一次，并扣分（详见罚分规则），但不影响经营。此次比赛不需要交纸质报表给裁判核对。

注：

1. 三张报表均需填写，请注意报表切换，请使用同一台电脑提交；

2. 保存按钮可暂存已填写内容，请全部填写完毕后再做提交，提交后无法再修改；

3. 数值为 0 时必须填写阿拉伯数字"0"，不填数字系统也视同填报错误。

四、竞赛规则

1. 融资

贷款类型	贷款时间	贷款额度	年利息	还款方式
长期贷款	每年年初	所有长贷和短贷之和不能超过上年权益的 3 倍	10%	年初付息，到期还本；
短期贷款	每季度初		5%	到期一次还本付息；
资金贴现	任何时间	视应收款额	10%（1 季，2 季），12.5%（3 季，4 季）	贴现各账期分开核算，分开计息。
库存拍卖		原材料八折，成品按成本价		

规则说明：

（1）长期和短期贷款信用额度

长短期贷款的总额度（包括已借但未到还款期的贷款）为上年权益总计的 3 倍，长期贷款、短期贷款必须为大于等于 10W 的整数申请。例：第一年所有者权益为 358，第一年已借四年期长贷 506W（且未申请短期贷款），则第二年可贷款总额度为：358×3-506=568W。

(2) 贷款规则

a. 长期贷款每年必须支付利息，到期归还本金。长期贷款最多可贷 5 年。

b. 结束年时，不要求归还没有到期的各类贷款。

c. 短期贷款年限为 1 年，如果某一季度有短期贷款需要归还，且同时还拥有贷款额度时，必须先归还到期的短期贷款，才能申请新的短期贷款。

d. 所有的贷款不允许提前还款。

e. 企业间不允许私自融资，只允许企业向银行贷款，银行不提供高利贷。

f. 贷款利息计算时四舍五入。例：短期贷款 210W，则利息为：210×5%=10.5W，四舍五入，实际支付利息为 11W。

g. 长期贷款利息是根据长期贷款的贷款总额乘以利率计算。例：第 1 年申请 504W 长期贷款，第 2 年申请 204W 长期贷款，则第 3 年所需要支付的长期贷款利息为（504+204）×10%=70.8W，四舍五入，实际支付利息为 71W。

(3) 出售库存规则

a. 原材料打八折出售。例：出售 1 个原材料获得 10×0.8=8W。

b. 出售产成品按产品的成本价计算。例：出售 1 个 P2 获得 1×30=30W。

2. 厂房

厂房	买价	租金	售价	容量
大厂房	420W	42W/年	420W	4 条
中厂房	300W	30 W/年	300W	3 条
小厂房	180W	18W/年	180W	2 条

规则说明：

a. 租用或购买厂房可以在任何季度进行。如果决定租用厂房或者厂房买转租，租金在开始租用的季度支付。

b. 厂房租入后，一年后可作租转买、退租等处理（例：第一年第一季度租厂房，则以后每一年的第一季度末"厂房处理"均可"租转买"），如果到期没有选择"租转买"，系统自动做续租处理，租金在当季结束时和行政管理费一并扣除。

c. 要新建或租赁生产线，必须购买或租用厂房，没有购买或租用厂房不能新建或租赁生产线。

d. 如果厂房中没有生产线，可以选择厂房退租。

e. 厂房出售得到 4 个账期的应收款，紧急情况下可进行厂房贴现（4 季贴现），直接得到现金，如厂房中有生产线，同时要扣租金。

f. 厂房使用可以任意组合，但总数不能超过四个。

3. 生产线

生产线	购置费	安装周期	生产周期	总转产费	转产周期	维修费	残值
超级手工线	35W	无	2Q	0W	无	5W/年	5W
租赁线	0W	无	1Q	20W	1Q	70W/年	-85W
自动线	150W	3Q	1Q	20W	1Q	20W/年	30W
柔性线	200W	4Q	1Q	0W	无	20W/年	40W

（1）在"系统"中新建生产线，需先选择厂房，然后选择生产线的类型，特别要确定生产产品的类型；生产产品一经确定，本生产线所生产的产品便不能更换，如需更换，须在建成后，进行转产处理。

（2）每次操作可建一条生产线，同一季度可重复操作多次，直至生产线位置全部铺满。自动线和柔性线待最后一期投资到位后，必须到下一季度才算安装完成，允许投入使用。超级手工线和租赁线当季购入（或租入）当季即可使用。

（3）新建生产线一经确认，即可进入第一期在建，当季便自动扣除现金。

（4）不论何时出售生产线，从生产线净值中取出相当于残值的部分计入现金，净值与残值之差计入损失。

（5）只有空的并且已经建成的生产线方可转产。

（6）当年建成的生产线、转产中生产线都要交维修费；凡已出售的生产线（包括退租的租赁线）和新购正在安装的生产线不交纳维护费。

（7）生产线不允许在不同厂房间移动。

（8）租赁线不需要购置费，不用安装周期，不计提折旧，维修费可以理解为租金；其在出售时（可理解为退租），系统将扣85W/条的清理费用，记入损失；该类生产线不计小分。

（9）超级手工线不计小分。

生产线折旧（平均年限法）

生产线	购置费	残值	建成第1年	建成第2年	建成第3年	建成第4年	建成第5年
超级手工线	35W	5W	0	10W	10W	10W	0
自动线	150W	30W	0	30W	30W	30W	30W
柔性线	200W	40W	0	40W	40W	40W	40W

当年建成生产线当年不计提折旧，当净值等于残值时生产线不再计提折旧，但可以继续使用。

4. 产品研发

要想生产某种产品，先要获得该产品的生产许可证。而要获得生产许可证，则必须经过产品研发。P1、P2、P3、P4、P5产品都需要研发后才能获得生产许可。研发需要分期投入研发费用。投资规则如下表：

名称	开发费用	开发总额	开发周期	加工费	直接成本	产品组成
P1	10W/季	20W	2 季	10W/个	20W/个	R1
P2	10W/季	30W	3 季	10W/个	30W/个	R2+R3
P3	10W/季	40W	4 季	10W/个	40W/个	R1+R3+R4
P4	11W/季	55W	5 季	10W/个	50W/个	P1+R2+R4
P5	12W/季	72W	6 季	10W/个	60W/个	P2+R1+R3

（1）产品研发可以中断或终止，但不允许超前或集中投入。已投资的研发费不能回收。

（2）如果开发没有完成，"系统"不允许开工生产。

5. ISO 资格认证

ISO类型	每年研发费用	年限	全部研发费用
ISO9000	10W/年	2 年	20W
ISO14000	10W/年	3 年	30W

（1）无须交维护费，中途停止使用，也可继续拥有资格并在以后年份使用。

（2）ISO 认证，只有在第四季度末才可以操作。

6. 市场开拓

市场	每年开拓费	开拓年限	全部开拓费用
本地	10W/年	1 年	10W
区域	10W/年	1 年	10W
国内	10W/年	2 年	20W
亚洲	10W/年	3 年	30W
国际	10W/年	4 年	40W

（1）无须交维护费，中途可停止使用，也可继续拥有资格并在以后年份使用。

（2）市场开拓，只有在第四季度才可以操作。

（3）投资中断已投入的资金依然有效。

7. 原料

名称	购买价格	提前期
R1	10W/个	1 季
R2	10W/个	1 季
R3	10W/个	2 季
R4	10W/个	2 季

（1）没有下订单的原材料不能采购入库。

（2）所有预订的原材料到期必须全额现金购买。

（3）紧急采购时，原料是直接成本的2倍，即20W/个，在利润表中，直接成本仍然按照标准成本记录，紧急采购多付出的成本计入综合费用表中的"损失"。

8. 选单规则

在一个回合中，每投放10W广告费理论上将获得一次选单机会，此后每增加20W理论上多一次选单机会。如：本地P1投入30W表示最多有2次选单机会，但是能否选到2次取决于市场需求及竞争态势。如果投小于10W广告则无选单机会，但仍扣广告费，对计算市场广告额有效。广告投放可以是非10倍数，如11W，12W，且投12W比投11W或10W优先选单。

投放广告，只有裁判宣布的最晚时间，没有最早时间。即你在系统里当年经营结束后即可马上投下一年的广告。

选单时首先以当年本市场本产品广告额投放大小顺序依次选单；如果两队本市场本产品广告额相同，则看本市场广告投放总额；如果本市场广告总额也相同，则看上年本市场销售排名；如仍无法决定，先投广告者先选单。第一年无订单。

选单时，两个市场同时开单，各队需要同时关注两个市场的选单进展，其中一个市场先结束，则第三个市场立即开单，即任何时候会有两个市场同开，除非到最后只剩下一个市场选单未结束。如某年有本地、区域、国内、亚洲四个市场有选单，则系统将本地、区域同时放单，各市场按P1、P2、P3、P4、P5顺序独立放单，若本地市场选单结束，则国内市场立即开单，此时区域、国内二市场保持同开，紧接着区域结束选单，则亚洲市场立即放单，即国内、亚洲二市场同开。选单时各队需要点击相应的市场按钮（如"国内"），某一市场选单结束，系统不会自动跳到其他市场。

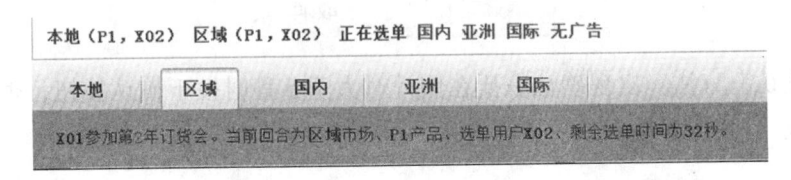

选单界面如下：

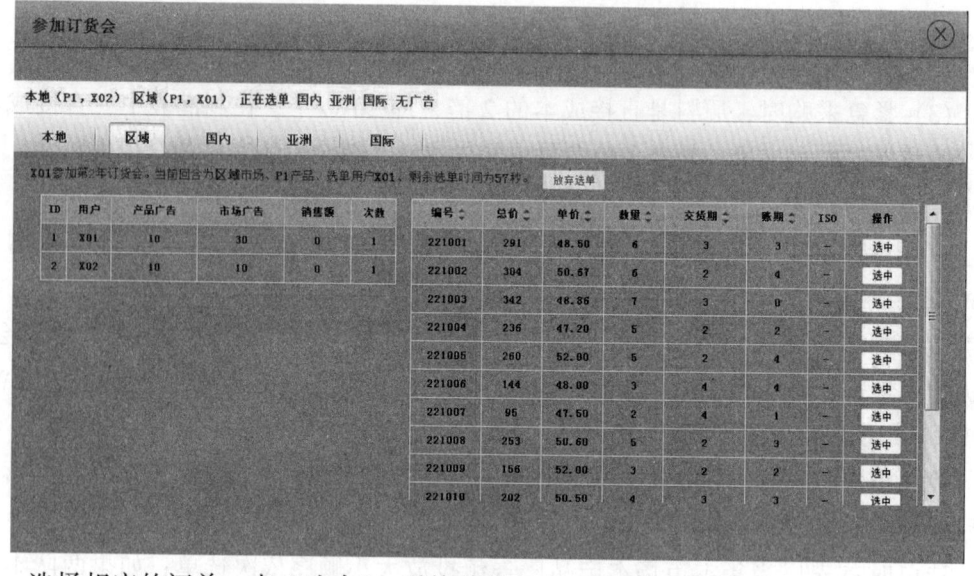

选择相应的订单，点"选中"，系统将提示是否确认选中该订单，例如下图：

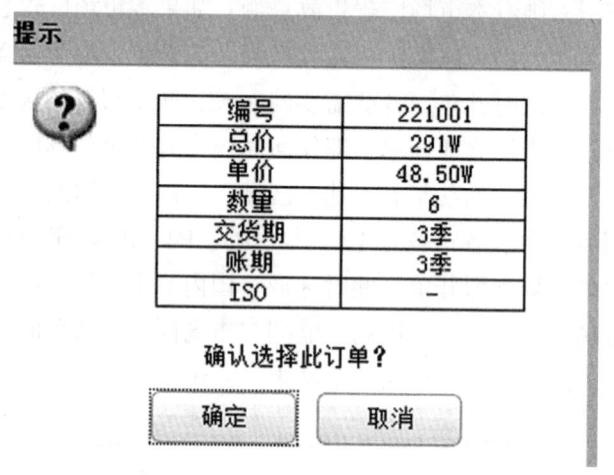

点"确认"（注：出现确认框要在倒计时大于 5 秒时按下确认按钮，否则可能造成选单无效。）系统会提示成功获得订单，如下图：

提请注意：
● 出现确认框要在倒计时大于 5 秒时按下确认按钮，否则可能造成选单无效；
● 在某细分市场（如本地 P1）有多次选单机会，只要放弃一次，则视同放弃该细分市场所有选单机会；
- 选单时各队仍为一台电脑联接入网；
- 本次比赛无市场老大。

9. 竞单会

在第4年和第6年订货会后，召开竞单会。系统一次同时放3张竞单，具体竞拍订单的信息将和市场预测图一起下发。

参与竞标的订单标明了订单编号、市场、产品、数量、ISO要求等，而总价、交货期、账期三项为空。竞标订单的相关要求说明如下。

（1）投标资质

参与投标的公司需要有相应市场、ISO认证的资质，但不必有生产资格。

中标的公司需为该单支付10W标书费，计入广告费。

（如果已竞得单数+本次同时竞单数）×10 >现金余额，则不能再竞，即必须有一定现金库存作为保证金。如同时竞3张订单，库存现金为54W，已经竞得3张订单，扣除了30W标书费，还剩余24W库存现金，则不能继续参与竞单，因为万一再竞得3张，24W库存现金不足支付标书费30W。

为防止恶意竞单，对竞得单张数进行限制，如果 {某队已竞得单张数>ROUND（3×该年竞单总张数/参赛队数)}，则不能继续竞单。

提请注意：
- ROUND 表示四舍五入；
- 如上式为等于，可以继续参与竞单；
- 参赛队数指经营中的队伍，破产退出经营则不算其内。

如某年竞单，共有40张，20队参与竞单，当一队已经得到7张单，因为7>ROUND（3×40/20)，所以不能继续竞单；但如果已经竞得6张，可以继续参与。

（2）投标

参与投标的公司须根据所投标的订单，在系统规定时间（90秒，以倒计时秒形式显示）填写总价、交货期、账期三项内容，确认后由系统按照：

得分=100+（5-交货期）×2+应收账期-8×总价/（该产品直接成本×数量）

以得分最高者中标。如果计算分数相同，则先提交者中标。

提请注意：
- 总价不能低于（可以等于）成本价，也不能高于（可以等于）成本价的三倍；
- 必须为竞单留足时间，如在倒计时小于等于5秒再提交，可能无效；
- 竞得订单与选中订单一样，算市场销售额。

10. 订单交货

订单必须在规定季或提前交货，应收账期从交货季开始算起。应收款收回系统自动完成，不需要各队填写收回金额。

11. 取整规则（均精确或舍到个位整数）

违约金扣除——四舍五入；

库存拍卖所得现金——向下取整；

贴现费用——向上取整；

扣税——四舍五入；

长短贷利息——四舍五入。

12. 关于违约问题

所有订单要求在本年度内完成（按订单上的产品数量和交货期交货）。如果订单没有完成，则视为违约订单，按下列条款加以处罚。

（1）分别按违约订单销售总额的20%（四舍五入）计算违约金，并在当年第4季度结束后扣除，违约金记入"损失"。例：某组违约了以下两张订单：

订单编号	市场	产品	数量	总价	状态	得单年份	交货期	账期	ISO	交货时间
180166	区域	P4	3	372W	违约	第3年	3季	1季	-	-
180218	国内	P4	2	249W	违约	第3年	4季	3季	-	-
180038	本地	P4	1	127W	已交货	第2年	4季	0季	-	第2年第4季
180007	本地	P1	3	145W	已交货	第2年	4季	1季	-	第2年第4季

则缴纳的违约金分别为：372×20%=74.4W≈74W；249×20%=49.8W≈50W

合计为 74+50=124W

（2）违约订单一律收回。

13. 重要参数

违约金比例	20.0 %	贷款额倍数	3 倍
产品折价率	100.0 %	原料折价率	80.0 %
长贷利率	10.0 %	短贷利率	5.0 %
1，2期贴现率	10.0 %	3，4期贴现率	12.5 %
初始现金	600 W	管理费	10W
信息费	1 W	所得税率	25.0 %
最大长贷年限	5 年	最小得单广告额	10W
原料紧急采购倍数	2 倍	产品紧急采购倍数	3 倍
选单时间	45 秒	首位选单补时	20 秒
市场同开数量	2	市场老大	无
竞单时间	90 秒	竞单同竞数	3
最大厂房数量	4 个		

提请注意：

● 每市场每产品选单时第一个队选单时间为65秒，自第二个队起，选单时间设为45秒；

● 初始资金为600W；

● 信息费1W/次/队，即交1W可以查看一队企业信息，交费企业以EXCEL表格形式获得被间谍企业详细信息（可看到的信息框架结构如附件EXCEL表所示）。竞单会时无法使用间谍。

14. 竞赛排名

6年经营结束后，将根据各队的总成绩进行排名，分数高者排名在前。

总成绩=所有者权益×（1+企业综合发展潜力/100）- 罚分

企业综合发展潜力如下：

项目	综合发展潜力系数
自动线	+8/条
柔性线	+10/条
本地市场开发	+7
区域市场开发	+7
国内市场开发	+8
亚洲市场开发	+9
国际市场开发	+10
ISO9000	+8
ISO14000	+10
P1产品开发	+7
P2产品开发	+8
P3产品开发	+9
P4产品开发	+10
P5产品开发	+11
大厂房	+10
中厂房	+8
小厂房	+7

提请注意：

● 如有若干队分数相同，则参照各队第6年经营结束后的最终权益，权益高者排名在前；若权益仍相等，则参照第6年经营结束时间，先结束第6年经营的队伍排名在前。

● 破产队伍按照在系统内的破产时间顺序先后参与排名（举例：U01 组第四年第二个季度破产，U03 组第四年第四个季度破产，则排名时 U03 组排名在 U01 组之前）。

● 生产线建成即加分（第 6 年年末缴纳维修费的生产线才算建成），无须生产出产品，也无须有在制品。超级手工线、租赁线无加分。

15. 罚分细则

（1）运行超时扣分

运行超时有两种情况：一是指不能在规定时间完成广告投放（可提前投广告）；二是指不能在规定时间完成当年经营（以点击系统中"当年结束"按钮并确认为准）。

处罚：按总分 50 分/分钟（不满一分钟按一分钟计算）计算罚分，最多不能超过 10 分钟。如果到 10 分钟后还不能完成相应的运行，将取消其参赛资格。

注意：投放广告时间、完成经营时间及提交报表时间系统均会记录，作为扣分依据。

（2）报表错误扣分

必须按规定时间在系统中填制资产负债表，如果上交的报表与系统自动生成的报表对照有误，在总得分中扣罚 50 分/次，并以系统提供的报表为准修订。

注意：对上交报表时间会作规定，延误交报表即视为错误一次，即使后来在系统中填制正确也要扣分。由运营超时引发延误交报表视同报表错误并扣分（即如果某队超时 4 分钟，将被扣除 50×4+50=250 分）。

（3）其他违规扣分

在运行过程中下列情况属违规：

a. 对裁判正确的判罚不服从；

b. 在比赛期间擅自到其他赛区走动；

c. 指导教师擅自进入比赛现场；

d. 其他严重影响比赛正常进行的活动。

如有以上行为者，视情节轻重，在第 6 年经营结束后扣除该队总得分 500~2000 分。

（4）所有罚分在第 6 年经营结束后计算总成绩时一起扣除。

16. 破产处理

当参赛队权益为负（指当年结束系统生成生成资产负债表时为负）或现金断流时（权益和现金可以为零），企业破产。

参赛队破产后，直接退出比赛。

17. 关于巡盘

年末由裁判统一发令，可观看对手的电脑屏幕，并可要求对方点开除了订单信息以外的任何信息，且不允许拒绝。巡盘期间至少留一人在本组。不允许操作对手电脑。巡盘过程中不允许拍照，否则取消比赛资格。每一年经营结束后，将有 10 分钟巡盘时间。

四、其他说明

1. 本次比赛中，各企业之间不允许进行任何交易，包括现金及应收款的流通、原材料、产成品的买卖等。

2. 企业每年的运营时间为一个小时（不含选单时间，第一年运营时间为 45 分钟，第六年运营时间 50 分钟），如果发生特殊情况，经裁判组同意后可作适当调整。

3. 比赛过程中，学生端要求启动录屏文件，用于全程录制经营过程，把每一年经营录制为一个独立的文件。一旦发生问题，以录屏结果为证，裁决争议。如果擅自停止录屏过程，按裁判端服务器系统的实际运行状态执行。录屏软件由各队在比赛前安装完成，并提前学会如何使用。

4. 比赛期间，各队建议带两台笔记本，一台接入比赛，另一台以备用，允许使用自制的计算工具，但每组笔记本均不允许通过网络与外界联系，违者直接取消比赛资格。

5. 每一年投放广告结束后，将给各组 3 分钟的时间观看各组广告单；每一年经营结束后，裁判将公布各队综合费用表、利润表、资产负债表。

6. 每一年经营结束后，将有 10 分钟看盘时间（具体时间根据各区参赛队伍数量而定），看盘期间各队至少要留一名选手在组位，否则后果自负。

7. 比赛开始前，各参赛队 CEO 抽签决定组号。

8. 欢迎各位老师加入河南沙盘教师交流微信群（学生勿入）：

欢迎各位同学加入沙盘 qq 群：233183953，比赛相关资料将在群中第一时间发布，敬请关注。

9. 本规则解释权归大赛裁判组。

附录4 2018年黑龙江省职业院校学生技能大赛（高职组）沙盘模拟经营赛项

一、竞赛方式

比赛采取团队竞赛方式，每支参赛队5名参赛选手，1~2名指导老师。每支代表队模拟一家生产制造型企业，与其他参赛队模拟的同性质企业在同一市场环境中展开企业经营竞争。参赛选手分别担任如下角色：总经理、财务总监、营销总监、采购总监、生产总监。

本次比赛模拟企业连续6年经营，并以最后一年的最终经营得分/罚分，计算参赛队名次。比赛按团队计分，不计算参赛选手个人得分。

二、运行方式及监督

本次大赛采用"新道新商战"沙盘系统V5.0（以下简称"系统"），所有经营操作都必须在该系统中执行，竞赛成绩以新商战沙盘系统操作为准。

本次沙盘比赛阶段统一使用组织方提供的台式电脑，各参赛队伍可根据自身需要自备一台笔记本电脑（不提供网线及电源插口）。

比赛过程中，学生端必须启动录屏文件，全程录制经营过程，建议每一年经营录制为一个独立的文件。一旦发生问题，以录屏结果为证，裁决争议。如果擅自停止录屏过程，按系统实际运行状态执行。

比赛期间所有比赛选手严禁携带任何通讯设备，为了系统更快更顺畅的运行，每队自带的笔记本电脑不允许接入比赛系统，请大家自觉遵守，如果恶意接入，裁判有权终止该队比赛。

大赛设裁判组，负责大赛中所有比赛过程的监督和争议裁决。

比赛期间计时时间以本赛区所用服务器上时间为准，赛前选手可以按照服务器时间调整自己电脑上的时间，大赛设裁判组，负责大赛中所有比赛过程的监督和争议裁决。

三、企业运营流程

企业运营流程建议按照运营流程表（最后页）中列出的流程执行，比赛期间不做经营还原。

每年经营结束后，各参赛队需要在系统中填制三表（综合费用表、利润表、资产负债表）。如果不填，则视同报表错误一次，并扣分（详见罚分规则），但不影响经营。

四、竞赛规则

1. 生产线

生产线	购置费	安装周期	生产周期	总转产费	转产周期	维修费	残值
超级手工线	35W	无	2Q	0W	无	5W/年	5W
租赁线	0W	无	1Q	20W	1Q	70W/年	−85W
自动线	150W	3Q	1Q	20W	1Q	20W/年	30W
柔性线	200W	4Q	1Q	0W	无	20W/年	40W

● 建设：生产线开始建设及建成后，不允许在不同厂房间移动。

● 转产：只有空的并且已经建成的生产线方可转产。

● 维护费：建成的生产线及转产中的生产线均需交维修费。

● 出售：不论何时出售生产线，从生产线净值中取出相当于残值的部分计入现金，净值与残值之差计入损失。

● 租赁线：购置费为 0W，不用安装，不计提折旧，维修费可以理解为租金，系统将扣 85W/条，其在出售时（可理解为退租），系统将扣除 85W/条的清理费用，记入损失；每年年末扣租赁费用。

● 计分：租赁线不计加分。

2. 折旧（平均年限法）

生产线	购置费	残值	建成第 1 年	建成第 2 年	建成第 3 年	建成第 4 年	建成第 5 年
手工线	35W	5W	0W	10W	10W	10W	0W
自动线	150W	30W	0W	30W	30W	30W	30W
柔性线	200W	40W	0W	40W	40W	40W	40W

● 生产线按年计提折旧，生产线建成第一年不计提折旧。

● 当净值等于残值时生产线不再计提折旧，但可以继续使用。

● 租赁线不计提折旧。

3. 融资

贷款类型	贷款时间	贷款额度	年息	还款方式
长期贷款	每年年初	所有长贷和短贷之和不能超过上年权益的 3 倍	10%	年初付息，到期还本；每次贷款额为不小于 10 的整数
短期贷款	每季度初		5%	到期一次还本付息；每次贷款额为不小于 10 的整数
资金贴现	任何时间	视应收款额	10%（1 季，2 季），12.5%（3 季，4 季）	各账期贴现分别核算，分别计息
库存拍卖		库存原材料及产成品均按成本八折售出		

- 长贷利息计算：所有不同年份长贷加总再乘以利率，然后四舍五入记入利息。
- 短贷利息计算：按每笔短贷分别计算，然后四舍五入计入利息。29W 短贷的利息为 1.45W，四舍五入后记为 1W。
- 贴息计算：1 季或 2 季贴现贴息=（1 季金额或 2 季金额）×10%，小数位向上取整。

3 季或 4 季贴现贴息=（3 季金额或 4 季金额）×12.5%，小数位向上取整。

4. 厂房

厂房	买价	租金	售价	容量	
大厂房	420W	42W/年	420W（4Q）	4 条	厂房出售得到 4 个账期的应收款，紧急情况下可厂房贴现（4 季贴现），直接得到现金，如厂房中有生产线，同时要扣租金。
中厂房	300W	30W/年	200W（4Q）	3 条	
小厂房	180W	18W/年	180W/(4Q)	2 条	

- 购买、租赁：每季度均可进行租赁或购买。
- 租赁处理：厂房租期为 1 年；如第 1 年 2 季新租用的厂房，则第 2 年 2 季到期。厂房到期后可在"厂房处理"进行"租转买"、"退租"（退租要求厂房中没有任何生产线）处理。
- 续租：如果租赁到期，未对厂房进行"厂房处理"，则原来租用的厂房在季末自动续租。
- 折旧：厂房不计提折旧。
- 各类厂房可以任意组合使用，但总数不能超过 4 个；如：租一个大厂房买三个小厂房。

5. 市场准入

市场	开发费	时间	
本地	10W/年	1 年	开发费用按开发时间在四季度末平均支付，不允许加速投资，但可中断投资。市场开发完成后，领取相应的市场准入证。
区域	10W/年	1 年	
国内	10W/年	2 年	
亚洲	10W/年	3 年	
国际	10W/年	4 年	

- 无须交维护费，中途停止使用，也可继续拥有资格并在以后年份使用。
- 市场开拓，每年只有在第四季度末才可以操作。
- 投资中断，已投入的资金依然有效。

6. 资格认证

认证	ISO9000	ISO14000	
时间	2 年	2 年	开发费用按开发时间在四季度末平均支付，不允许加速投资，但可中断投资。开发完成后，领取相应的认证。
费用	10W/年	15W/年	

- 无须交维护费，中途停止使用，也可继续拥有资格并在以后年份使用。
- ISO 认证，每年只有在第四季度末才可以操作。

7. 产品

名称	开发费用	开发周期	加工费	直接成本	产品组成
P1	10W/季	2 季	10W/个	20W/个	R1
P2	10W/季	2 季	10W/个	30W/个	R2+R3
P3	10W/季	4 季	10W/个	40W/个	R1+R3+R4
P4	11W/季	5 季	10W/个	50W/个	R2+R4+P1（注意 P1 为中品）
P5	12W/季	6 季	10W/个	60W/个	R1+R3+P2（注意 P2 为中品）

8. 原料

名称	购买价格	提前期
R1	10W/个	1 季
R2	10W/个	1 季
R3	10W/个	2 季
R4	10W/个	2 季

原材料到货时必须以现金支付货款，不允许赊账。

9. 紧急采购

付款即到货，紧急采购原材料价格为正常采购价格的 2 倍，产成品价格为直接成本的 3 倍。

紧急采购原材料和产品时，直接扣除现金。上报报表时，成本仍然按照标准成本记录，紧急采购多付出的成本计入综合费用表损失项。

10. 选单规则

投 10W 广告有一次选单机会，每增加 20W 多一次机会，如果投小于 10W 广告则无选单机会，但仍扣广告费，对计算市场广告额有效。广告投放额可以为 11W、13W。

投广告时，只规定最晚时间，没有最早时间，即当年经营结束后可以马上投广告。

以本市场本产品广告额投放大小顺序依次选单；如果两队本市场本产品广告额相同，则看本市场广告投放总额；如果本市场广告总额也相同，则看上年本市场销售排名；如仍无法决定，先投广告者先选单。

第一年无订单。

选单时，两个市场同时开单，各队需要同时关注两个市场的选单进展，其中一个市场先结束，则第三个市场立即开单，即任何时候会有两个市场同开，除非到最后只剩下一个市场选单未结束。如某年有本地、区域、国内、亚洲四个市场有选单，则系统将本地、区域同时放单,各市场按 P1、P2、P3、P4 顺序独立放单,若本地市场选单结束,则国内市场立即开单,此时区域、国内二市场保持同开,紧接着区域结束选单,则亚洲市场立即放单,即国内、亚洲二市场同开。选单时各队需要点击相应"市场"按钮,一市场选单结束,系统不会自动跳到其他市场。

● 选单顺序

(1) 以本市场、本产品广告额投放大小顺序依次选单;

(2) 如果两队本市场本产品广告额相同,则看本市场所有产品广告投放总额;

(3) 如果本市场所有产品广告投放总额也相同,则看上年本市场销售排名;

(4) 如仍无法决定,先投广告者先选单,依据系统时间决定;

(5) 第一年无订单。

● 开单顺序

(1) 选单时,两个市场同时开单,各队需要同时关注两个市场的选单进展;

(2) 当其中一个市场先结束,则第三个市场立即开单,即任何时候都会有两个市场同开,直到最后只剩下一个市场选单未结束;

(3) 市场开放顺序:本地+区域、国内、亚洲、国际;

(4) 各市场内产品按 P1、P2、P3、P4 顺序独立放单;

(5) 选单时各队需要点击相应"市场"按钮,一个市场选单结束,系统不会自动跳到新开放的市场。

举例:假设有本地、区域、国内、亚洲 4 个市场进行选单,首先本地和区域市场同时开单,当本地市场选单结束,则国内市场立即开单,此时区域、国内二市场保持同开,当区域结束选单后,则亚洲市场立即放单,即国内、亚洲二市场同开,直至选单结束。

注意:

● 出现确认框要在倒计时大于 10 秒时按下确认按钮,否则可能造成选单无效,由此产生的后果由参赛队伍自行负责;

● 在某细分市场(如本地、P1)有多次选单机会,只要放弃一次,则视同放弃该细分市场所有轮次的选单机会;

● 本次比赛无市场老大;

● 参赛队破产后,直接退出比赛。

11. 竞单会(系统一次同时开放 3 张订单竞标,并显示所有订单,具体有竞单的年份以市场预测发布为准)

参与竞标的订单标明了订单编号、市场、产品、数量、ISO 要求等,而总价、交货期、账期三项为空。竞标订单的相关要求说明如下:

竞拍会的订单,价格、交货期、账期都是根据各个队伍的情况自己填写选择的,系统默认的总价是成本价,交货期为 1 期交货,账期为 4 账期,需要根据需求手工修改。

(1) 投标资质

参与投标的公司需要有相应市场、ISO 认证的资质，但不必有生产资格。

中标的公司需为该单支付 10W 中标服务费，在竞标会结束后一次性扣除，计入广告费里面。

如果（已竞得单数+本次同时竞单数）×10＞现金余额，则不能再竞。即必须有一定现金库存作为保证金。如同时竞 3 张订单，库存现金为 58W，已经竞得 3 张订单，扣除了 30W 标书费，还剩余 28W 库存现金，则不能继续参与竞单，因为万一再竞得 3 张，28W 库存现金不足支付标书费 30W。

为防止恶意竞单，对竞得单张数进行限制，如果 {某队已竞得单张数＞ROUND (3×该年竞单总张数/参赛队数)}，则不能继续竞单。

注意：

● ROUND 表示四舍五入；

● 如上式为等于，可以继续参与竞单。

如某年竞单，共有 40 张，20 队参与竞单，当一队已经得到 7 张单，因为 7＞ROUND (3×40/20)，所以不能继续竞单；但如果已经竞得 6 张，可以继续参与。

(2) 投标

参与投标的公司须根据所投标的订单，在系统规定时间（90 秒，以倒计时秒形式显示）填写总价、交货期、账期三项内容，确认后由系统按照：

得分=100+（5-交货期）×2+应收账期-8×总价/（该产品直接成本×数量）

以得分最高者中标。如果计算分数相同，则先提交者中标。

提请注意：

● 总价不能低于（可以等于）成本价，也不能高于（可以等于）成本价的三倍；

● 必须为竞单留足时间，出现确认框要在倒计时大于 10 秒时按下确认按钮，否则可能造成选单无效，由此产生的后果由参赛队伍自行负责；

● 竞得订单与选中订单一样，算市场销售额；

● 竞单时不允许紧急采购，不允许市场间谍。

12. 订单规则

● 交货：订单必须按照交货期提交，可以提前交货。

● 应收账款：应收账期从交货季开始算起。应收款收回由系统自动完成，不需要各队填写收回金额。

● 违约：在订单规定交货季度未交货，系统收回订单，同时按照订单销售金额的 20%四舍五入罚款。罚款在当年结束时现金扣除，违约金计入损失。

13. 取整规则（均精确或舍到个位数）

● 违约金扣除——四舍五入（每张订单单独计算）；

- 贴现费用——向上取整；
- 扣税——四舍五入；
- 长短贷利息——四舍五入。

14. 特殊费用项目

- 损失：库存折价拍卖、生产线变卖、紧急采购、订单违约造成的损失计入综合费用表损失项。
- 融资：增减资计入股东资本或特别贷款（均不算所得税）。

15. 重要参数

系统参数

最小得单广告额	10 W	拍卖会同拍数量	3 个
竞拍会竞单时间	90 秒	初始现金(股东资本)	600 W
贴现率(1,2期)	10.0 %	贴现率(3,4期)	12.5 %
紧急采购倍数(原料)	2 倍	紧急采购倍数(产品)	3 倍
所得税率	25.0 %	信息费	2 W
库存折价率(原料)	80.0 %	库存折价率(产品)	80.0 %
贷款额倍数	3 倍	长期贷款利率	10.0 %
最大长贷年限	5 年	管理费	10 W
订单首选补时	25 秒	是否存在市场老大	● 无 ○ 有
订会市场同开数量	2 个	订货会选单时间	35 秒
违约扣款百分比	20.0 %	短期贷款利率	5.0 %
厂房数	4 个		

[确认] [取消]

- 每市场每产品选单时第一个队选单时间为 60 秒，自第二个队起，选单时间设为 35 秒。
- 信息费 2W/次/队，即交 2W 可以查看一队企业信息，交费企业以 EXCEL 表格形式获得被间谍企业详细信息（可看到的信息框架结构如附件 EXCEL 表所示）。

间谍

免费获得自己公司的综合信息　　[确认下载]

花费 2W 获得 SX02 ▼ 公司的综合信息　　[确认下载]

[关闭]

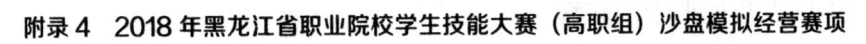

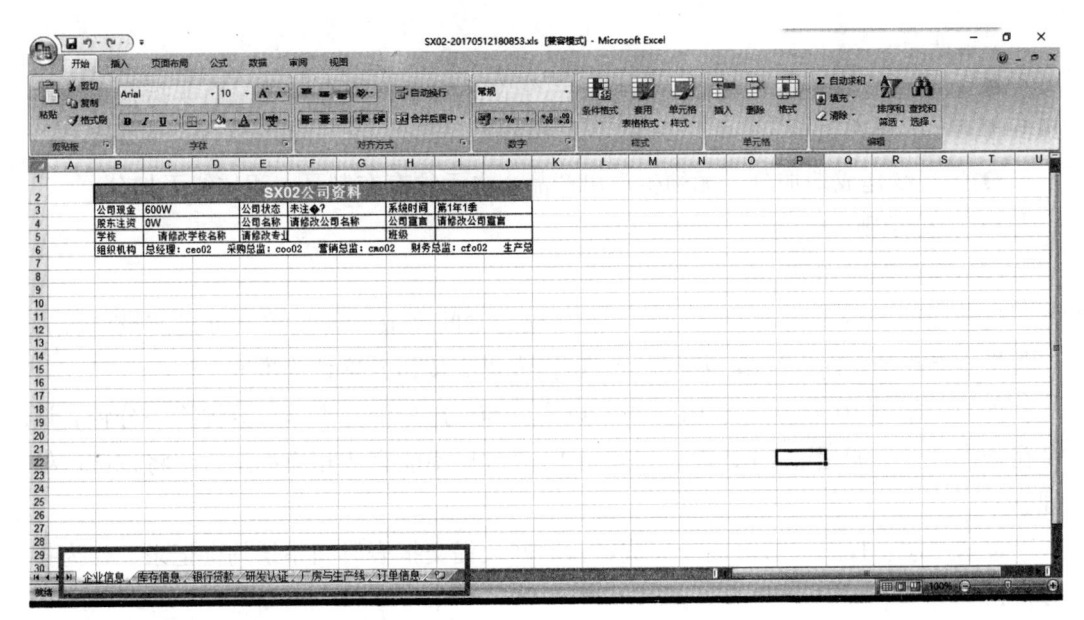

● 间谍无法看到对手的广告。

16. 竞赛排名

完成预先规定的经营年限，将根据各队的最后分数进行评分，分数高者为优胜。

总成绩=所有者权益×（1+企业综合发展潜力/100）−罚分

企业综合发展潜力如下：

项目	综合发展潜力系数
自动线	+8/条
柔性线	+10/条
大厂房	+10/个
中厂房	+8/个
小厂房	+7/个
本地市场开发	+7
区域市场开发	+7
国内市场开发	+8
亚洲市场开发	+9
国际市场开发	+10
ISO9000	+8
ISO14000	+10
P1产品开发	+7
P2产品开发	+8
P3产品开发	+9
P4产品开发	+10
P5产品开发	+11

提请注意：

● 如有多支队伍分数相同，则最后一年在系统中先结束经营（而非指在系统中填制报表）者排名靠前；

● 生产线建成即加分，无须生产出产品，也无须有在制品。租赁线无加分。

17. 罚分规则

（1）运行超时扣分

运行超时有两种情况：一是指不能在规定时间完成广告投放（可提前投广告）；二是指不能在规定时间完成当年经营（以报表提交按钮并确认为准）。

处罚：超时10分钟（含10分钟）以内以50分/分钟（不满一分钟算一分钟）计算罚分，最多不能超过10分钟。如果到10分钟后不能完成相应的运行，将按破产处理。

提请注意：投放广告时间、完成经营时间及提交报表时间系统均会记录，作为扣分依据。

（2）报表错误扣分

必须按规定时间在系统中填制资产负债表，如果上交的报表与系统自动生成的报表对照有误，在总得分中扣罚500分/次，并以系统提供的报表为准修订。

注意：上交报表错误和运营时间超时分别计算罚分，如上交报表延时但正确则只计算运营超时罚分，如果上交报表延时并错误则既要计算运营超时罚分同时也要计算报表错误罚分。

（3）其他违规扣分

在运行过程中下列情况属违规：

a. 对裁判正确的判罚不服从；

b. 在比赛期间擅自到其他赛场走动；

c. 指导教师擅自进入比赛现场；

d. 其他严重影响比赛正常进行的活动。

如有以上行为者，视情节轻重，扣除该队总得分的800~2000分。

18. 破产处理

当参赛队权益为负（指当年结束系统生成资产负债表时为负）或现金断流时（权益和现金可以为零），企业破产。

参赛队破产后，直接退出比赛。按照破产的先后顺序进行排名，系统经营年度中破产时间靠前者排名靠后，同时破产名次并列。

19. 操作要点

● 生产线转产、下一批生产、出售生产线均在相应生产线图标上直接操作；

● 应收款收回由系统自动完成，不需要各队填写收回金额；

● 系统只显示当前可以操作的运行图标；

附录 4 2018 年黑龙江省职业院校学生技能大赛（高职组）沙盘模拟经营赛项

● 选单时必须注意各市场状态（正在选单、选单结束、无订单），选单时各队需要点击相应"市场"按钮，一市场选单结束，系统不会自动跳到其他市场。界面如下：

20. 系统整体操作界面

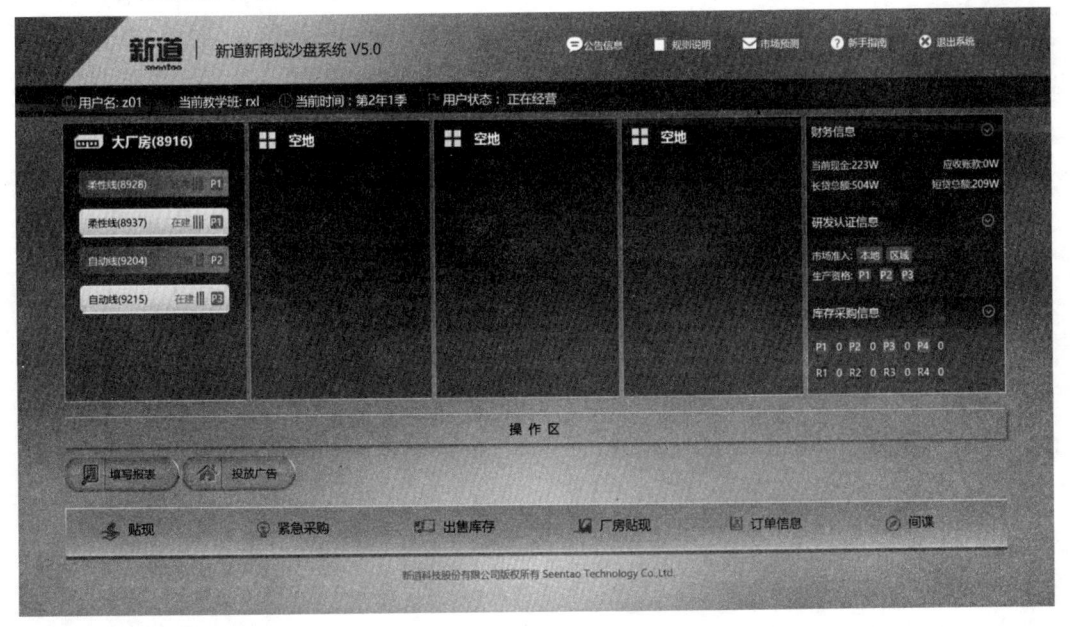

21. 关于公共间谍

年末由裁判统一发令，可通过电子间谍下载查看其他组的信息。公共间谍期间信息费为 0。第 6 年经营结束后不需要间谍。

22. 凡是因为未仔细阅读或未遵照本规则，导致比赛中出现不利局面，由参赛队伍自行负责。大赛组委会在比赛过程中不对规则进行任何解释工作。

2018 年黑龙江省职业院校学生技能大赛（高职组）模拟经营赛项组委会对以上规则享有最终解释权。

2018 年黑龙江省职业院校学生技能大赛（高职组）
模拟经营赛项组委会
2018 年 5 月

参考文献

[1] 董红杰，吴泽强.企业经营 ERP 沙盘应用教程［M］.北京：北京大学出版社，2012.

[2] 李爱红，吕永霞，喻竹.ERP 沙盘实训教程［M］.北京：高等教育出版社，2018.

[3] 逄卉一，邓文博，李芳懿.ERP 沙盘模拟（第 2 版）［M］.北京：清华大学版社，2011.

[4] 王新玲，郑文昭，马雪文.ERP 沙盘模拟高级指导教程［M］.北京：清华大学出版社，2016.

[5] 喻竹，令狐荣波，陈玉霞，孙一玲.电子沙盘应用教程教程［M］.北京：高等教育出版社，2018.

[6] 张前.ERP 沙盘模拟原理与实训［M］.北京：北京大学出版社，2017.

[7] 周爱群，邓文博，包纯玉.企业经营竞争模拟实训教程［M］.北京：高等教育版社，2018.

[8] 周菁，吴云端，谢筠，王海飞.ERP 沙盘企业经营模拟现代模拟演练［M］.北京：中国工信出版社，2019.

[9] 张毅，制造资源计划 MPR 及其应用［M］.清华大学出版社，2009.10.

[10] 陈齐坤，MRP 制造资源计划基础［M］.企业管理出版社，2010.11.

[11] 罗红，ERP 原理·设计·实施［M］.电子工业出版社，2009.4.

[12] 刘永泽，陈力军.中级财务会计［M］.东北财经大学出版社，2009.

[13] 刘平.ERP 企业经营沙盘模拟实训手册［M］.东北财经大学出版社，2011.7.

[14] 石焱.用友 ERP 生产管理系统实验教程［M］.清华大学出版社，2009.10.

图书在版编目（CIP）数据

ERP沙盘模拟应用教程 / 王保安, 张春平, 王翠兰主编. -- 北京：中国书籍出版社, 2019.9
ISBN 978-7-5068-7399-4

Ⅰ.①E… Ⅱ.①王… ②张… ③王… Ⅲ.①企业管理-计算机管理系统-高等学校-教材 Ⅳ.①F272.7

中国版本图书馆CIP数据核字(2019)第183134号

ERP沙盘模拟应用教程

王保安 张春平 王翠兰 主编

责任编辑	禚 悦
责任印制	孙马飞 马 芝
封面设计	范 荣
出版发行	中国书籍出版社
地　　址	北京市丰台区三路居路97号（邮编：100073）
电　　话	（010）52257143（总编室）　　（010）52257140（发行部）
电子邮箱	eo@chinabp.com.cn
经　　销	全国新华书店
印　　刷	青岛瑞克印务有限公司
开　　本	787 mm × 1092 mm　1 / 16
字　　数	372千字
印　　张	18
版　　次	2019年9月第1版　2019年9月第1次印刷
书　　号	ISBN 978-7-5068-7399-4
定　　价	45.00元

版权所有　翻印必究